MARIEN-HOSPITAL DÜSSELDORF
— Akademisches Lehrkrankenhaus —
Rochusstraße 2
4000 Düsseldorf

Hefte zur Unfallheilkunde
Beihefte zur Zeitschrift „Der Unfallchirurg"

Herausgegeben von:
J. Rehn, L. Schweiberer und H. Tscherne

205

Ernst Orthner

Die Peronaeussehnen-luxation

Geleitwort von M. Wagner

Mit 117 Abbildungen und 13 Tabellen

Springer-Verlag
Berlin Heidelberg New York
London Paris Tokio
Hong Kong Barcelona
Budapest

Reihenherausgeber

Prof. Dr. Jörg Rehn
Mauracher Straße 15, D-7809 Denzlingen

Prof. Dr. Leonhard Schweiberer
Direktor der Chirurgischen Universitätsklinik München-Innenstadt
Nußbaumstraße 20, D-8000 München 2

Prof. Dr. Harald Tscherne
Medizinische Hochschule, Unfallchirurgische Klinik
Konstanty-Gutschow-Straße 8, D-3000 Hannover 61

Autor

Univ. Doz. Dr. Ernst Orthner
Abteilung für Unfallchirurgie des Krankenhauses Zell
Thumersbacherstrasse 59, A-5700 Zell/See

ISBN 3-540-51648-4 Springer-Verlag Berlin Heidelberg New York
ISBN 0-387-51648-4 Springer-Verlag New York Berlin Heidelberg

CIP-Titelaufnahme der Deutschen Bibliothek.
Orthner, Ernst: Die Peronaeussehnenluxation/Ernst Orthner. [Geleitw. von M. Wagner]. – Berlin; Heidelberg;
New York; London; Paris; Tokyo; Hong Kong; Barcelona: Springer 1991
(Hefte zur Unfallheilkunde; 205)
ISBN 3-540-51648-4 (Berlin ...)
ISBN 0-387-51648-4 (New York ...)
NE: GT

Dieses Werk ist urheberrechtlich geschützt. Die dadurch begründeten Rechte, insbesondere die der Über-
setzung, des Nachdrucks, des Vortrags, der Entnahme von Abbildungen und Tabellen, der Funksendung, der
Mikroverfilmung oder der Vervielfältigung auf anderen Wegen und der Speicherung in Datenverarbeitungs-
anlagen, bleiben, auch bei nur auszugsweiser Verwertung, vorbehalten. Eine Vervielfältigung dieses Werkes
oder von Teilen dieses Werkes ist auch im Einzelfall nur in den Grenzen der gesetzlichen Bestimmungen
des Urheberrechtsgesetzes der Bundesrepublik Deutschland vom 9. September 1965 in der jeweils geltenden
Fassung zulässig. Sie ist grundsätzlich vergütungspflichtig. Zuwiderhandlungen unterliegen den Straf-
bestimmungen des Urheberrechtsgesetzes.

© Springer-Verlag Berlin Heidelberg 1991
Printed in Germany.

Die Wiedergabe von Gebrauchsnamen, Handelsnamen, Warenbezeichnungen usw. in diesem Buch berechtigt
auch ohne besondere Kennzeichnung nicht zu der Annahme, daß solche Namen im Sinne der Warenzeichen-
und Markenschutz-Gesetzgebung als frei zu betrachten wären und daher von jedermann benutzt werden
dürften.

Produkthaftung: Für Angaben über Dosierungsanweisungen und Applikationsformen kann vom Verlag keine
Gewähr übernommen werden. Derartige Angaben müssen vom jeweiligen Anwender im Einzelfall anhand
anderer Literaturstellen auf ihre Richtigkeit überprüft werden.

Satz, Druck und Einband: Ernst Kieser GmbH, 8902 Neusäß
24/3140-5 4 3 2 1 0 – Gedruckt auf säurefreiem Papier

Herrn Univ.-Prof. Dr. Emanuel Trojan gewidmet

Geleitwort

Es ist ein Verdienst des Autors alle neuen wissenschaftlichen Erkenntnisse über die Luxation der Peroneussehnen in geordneter Form darzustellen. Vielen Studenten und Ärzten sind diese neuen Erkenntnisse bisher kaum zugänglich, nicht zuletzt deshalb, weil eine geschlossene „Übersichtsarbeit" bisher nicht existierte.

Der Autor hat zahlreiche eigene anatomische und histologische Serienuntersuchungen durchgeführt, um die Problematik der Pathomechanik und Disposition dieser Verletzung besser zu erfassen. In einem umfassenden Kapitel wird über die einzelnen diagnostischen Möglichkeiten referiert und die Wertigkeit der jeweiligen Methoden erwogen. Die unterschiedlichen Möglichkeiten der Therapie und die Vor- und Nachteile der einzelnen chirurgischen und konservativen Methoden werden anhand der eigenen experimentellen Untersuchungen und der großen klinischen Erfahrung des Autors, sowie im Spiegel der Literatur beleuchtet. So werden Richtlinien für die Behandlung dieser Verletzung aufgestellt.

Die Luxation der Peroneussehnen ist eine seltene Verletzungsform, die jedoch auch häufig übersehen bzw. fehlgedeutet wird. Dieses Buch stellt einen wichtigen Beitrag dar, um diese Verletzung rechtzeitig zu diagnostizieren und korrekt zu behandeln.

Univ. Prof. Dr. M. Wagner
Vorstand der unfallchir. Abteilung der Landeskrankenanstalten, Salzburg

Danksagung

Herrn Prof. Dr. Emanuel Trojan (Vorstand der I. Universitätsklinik für Unfallchirurgie, Wien) möchte ich für die großzügige Förderung und das stete Interesse an den Untersuchungen danken.

Für die Mitarbeit an den anatomischen und histologischen Untersuchungen bin ich meinen Kollegen Frau Dr. Martina Reichel (LKA Salzburg, Unfallabteilung), Dr. Rudolf Mallinger (Institut für Mikromorphologie und Elektronenmikroskopie) sowie Herrn Prof. Dr. J. Thurner (Vorstand des Pathologischen Institutes der LKA Salzburg) und Sr. Amalia Glantschnig zu besonderem Dank verpflichtet.

Herr Prof. Dr. W. Firbas (Vorstand des Anatomischen Institutes der Universität Wien) ermöglichte die experimentellen Studien zur Pathomechanik, wofür ich ihm herzlich danken möchte.

Herrn Dr. R. Weinstabl habe ich für die Mitarbeit an den experimentellen Untersuchungen zu danken.

Frau Henriette Doppler danke ich für die ausgezeichneten graphischen Abbildungen, Herrn Peter Rossi für die hervorragende Aufbereitung des Bildmaterials.

Herrn Prof. Dr. M. Wagner (Vorstand der Unfallchirurgischen Abteilung der LKA Salzburg) danke ich für die stete Förderung meiner wissenschaftlichen Arbeit.

Herrn Doz. Dr. W. Scharf danke ich besonders für die Unterstützung und kritische Beurteilung der Ergebnisse.

Die Mittel für die experimentellen Untersuchungen wurden aus dem Lorenz-Böhler-Fond bereitgestellt, wofür ich herzlich danke.

Inhaltsverzeichnis

1	Einleitung und Zielsetzung	1
2	Anatomie	3
2.1	Vorbemerkungen	3
2.2	Phylogenese	4
2.3	Deskriptive Anatomie	5
2.3.1	Muskelloge	5
2.3.2	Muskulatur	6
2.3.3	Fascie und Retinaculum musculorum peronaeorum superius et inferius	9
2.3.4	Vagina synovialis	10
2.3.5	Retromalleolare Gleitrinne	10
2.4	Funktionelle Anatomie	12
2.5	Anatomische Untersuchungen	13
2.5.1	Fragestellung	13
2.5.2	Material und Methode	13
2.5.3	Ergebnisse	18
2.5.4	Diskussion	30
3	Histologie	35
3.1	Vorbemerkungen	35
3.2	Histologische Untersuchungen	35
3.2.1	Fragestellung	35
3.2.2	Material und Methode	35
3.2.3	Ergebnisse	37
3.3	Diskussion	61
4	Mechanik	65
4.1	Vorbemerkungen	65
4.2	Mechanische Untersuchungen	66
4.2.1	Fragestellung	66
4.2.2	Material und Methode	67
4.2.3	Ergebnisse	69
4.2.4	Diskussion	72
5	Einteilung der Peronaeussehnenluxationen	79
6	Luxationsarten – Disposition	83

7	Häufigkeit von Peronaeussehnenluxationen	91
8	Diagnostik	93
8.1	Klinik	93
8.2	Provokationstest	96
8.3	Radiologische Untersuchungen	97
8.4	Ultraschall	115
8.5	Kernspintomographie	115
8.6	Begleitverletzungen	116
9	Therapie	121
9.1	Konservative Therapie	121
9.2	Operative Therapie	123
9.2.1	Ergebnisse nach operativer Therapie frischer Peronaeussehnenluxationen	123
9.2.2	Ergebnisse nach operativer Therapie chronischer Peronaeussehnenluxationen	127
9.3	Eigenes therapeutisches Vorgehen	136
9.4	Operationsmethoden	137
10	Differentialdiagnose	169
11	Schlußfolgerungen	179
12	Zusammenfassung	181
Literatur		183
Sachverzeichnis		193

1 Einleitung und Zielsetzung

„Sehnenluxationen sind außerordentlich seltene Vorkommnisse, am häufigsten ist jedoch die Luxation der Peronaeussehne" [163, 195]. Grundsätzlich können alle Sehnen luxieren, die an exponierten Skelettabschnitten über ein knöchernes Gleitlager verlaufen und so die Richtung ihrer Zugwirkung ändern [186]. Eine Peronaeussehnenluxation liegt vor, wenn beide Sehnen der Mm. peronaei oder die Sehne des *M. peronaeus longus* alleine ihre knöcherne Gleitrinne hinter der Fibula verlassen und vor den Außenknöchel springen. Bei den Peronaeussehnen begünstigt der eigenartige bogenförmige Verlauf am Außenknöchel deren Luxation, wobei die Peronaeus-longus-Sehne eher als die Peronaeus-brevis-Sehne luxiert [161].

Patienten mit subluxierenden oder luxierenden Peronaeussehnen zeigen ein weites Spektrum an Problemen. Dieses reicht von lediglich geringen Beschwerden über dem *Außenknöchel* bis zur chronischen Sprunggelenkinstabilität [98, 111, 197, 236]. So berichteten Martens et al. [141], daß ihre 11 Patienten mit chronischer Peronaeussehnenluxation über eine subjektive Sprunggelenkinstabilität sowie Schwellneigung klagen und Earle et al. [58] betonen, daß Patienten mit luxierenden Peronaeussehnen bei der Sportausübung, und besonders beim Skisport, behindert sind. Marti [142] gibt an, daß 6 seiner 12 Patienten mit chronischer Peronaeussehnenluxation ihre sportliche Aktivität aufgrund der subjektiven Instabilität des Sprunggelenks reduzieren mußten.

Obwohl viele Operationsmethoden sowohl für die Behandlung der akuten als auch der chronischen Peronaeussehnenluxation entwickelt wurden, fehlen eingehende Zusammenstellungen der Ergebnisse. Die Tatsache, daß nur relativ wenige Mitteilungen über die Behandlung der frischen Verletzung, jedoch zahlreiche Operationsmethoden zur Therapie der chronischen Verletzung zu finden sind, weist darauf hin, daß diese Verletzung häufig übersehen wird. Auch Sarmiento u. Wolf [205] stellen fest, daß die akute Peronaeussehnenluxation meist übersehen wird und folglich fast alle Fälle chronisch werden. Im Folgenden soll versucht werden, ausgehend von anatomischen und histologischen Serienuntersuchungen, die Problematik der Pathomechanik, Disposition, Diagnose, Therapie und Nachbehandlung anhand eigener Untersuchungen und im Spiegel der Literatur zu betrachten. Die Durchsicht der Literatur erlaubt eine Gruppierung der angegebenen Therapiemöglichkeiten, d. h. die Analyse größerer Fallzahlen für unterschiedliche Behandlungsprinzipien. Richtlinien für die Behandlung dieser relativ seltenen Verletzung werden aufgestellt. Eine Diskussion über die möglichen Differentialdiagnosen schließt die Behandlung dieses Themas ab und soll helfen, diese Verletzung rechtzeitig zu diagnostizieren und zu behandeln.

2 Anatomie

2.1 Vorbemerkungen

Die Erstbeschreibung einer Sehnenluxation geht vermutlich auf Cooper (Zit. nach [145]) zurück. Er beschreibt in seiner *Myotomia reformata* (London 1694) eine Luxation der Fingerstrecksehnen über die Mittelhandköpfchen nach ulnar. Beschrieben und gesichert sind überdies seit langem Verrenkungen der Sehnen des M. abductor pollicis longus [37], des M. extensor carpi ulnaris aus der Loge unter dem Lig. carpi transversum [139], der langen Sehnen des M. biceps brachii nach medial über das Tuberculum minus [1, 41, 217], der Sehne des M. tibialis posterior um den Innenknöchel [208] und der Peronaeussehnen um den Außenknöchel.

Eine Luxation einer Peronaeussehne wurde erstmals 1803 von Monteggia [153] beschrieben; er beobachtete diese Verrenkung bei einem Balletttänzer.

1833 beschrieb Dupuytren [56] eine Knochenabsprengung vom Außenknöchel, die als knöcherner Abriß des Retinaculum superius gedeutet werden kann. 1844 empfiehlt Cooper [42] bei einer Peronaeussehnenluxation die konservative Therapie. 1875 erscheint die erste Übersicht bei Blanulet [21], eine weitere 1877 bei Gutierez [89], welcher auch neuerlich die charakteristische Knochenabsprengung vom Außenknöchel bei knöchernem Abriß des Retinaculum superius beschreibt.

1879 empfiehlt Mollière (Zit. nach [116]) erstmals die operative Therapie mit einer subcutanen Operationstechnik (zit. nach [116]), 1882 führt Maydl [145] die erste offene Operationsmethode ein.

1901 betont Reerink [189], daß erst ein ausreichend dokumentierter, konservativ behandelter Fall in der Literatur erscheint.

1908 stellt Puyhaubert [184] 26 Fälle aus der Literatur zusammen und geht besonders auf die habituelle Luxation ein.

1910 beschreibt Ehrich [63] die Aplasie des Retinaculum superius. Moutier [157] fügt der Literatur 1921 17 eigene Fälle, davon 14 traumatische, hinzu, so daß sich die Gesamtzahl der bis dahin publizierten Fälle auf 50 erhöht.

1937 erwähnt Volkmann [239] als erster im deutschen Schrifttum die Möglichkeit einer knöchernen Absprengung der Peronaeussehnenscheide.

1942 erfolgt die Beschreibung im japanischen Schrifttum durch Tashiro [229].

1953 stellen Allaria u. Franz [4] die zu diesem Zeitpunkt bevorzugten Operationsmethoden zusammen.

1955 erwähnen Bertrand u. Franck [18] im französischen Schrifttum, daß Knochenabsprengungen vom Außenknöchel mit einer Peronaeussehnenluxation verbunden sein können.

Erst 1959 stellt schließlich Moritz [154] die Knochenabsprengung vom Außenknöchel als pathognomonisch für eine Peronaeussehnenluxation dar und betont die Häufigkeit dieser Verletzung beim Skisport.

1961 bestätigt Murr [162] diese Tatsache für den deutschsprachigen Raum. Die Bedeutung der Insuffizienz der Peronaealmuskulatur und der Peronaeussehnenluxation als Ursache für wiederkehrende Instabilitätsprobleme am oberen Sprunggelenk wurde erst in den letzten Jahren im amerikanischen Schrifttum herausgearbeitet [3, 10, 236]. In diesem wird auch vereinzelt die Peronaeussehnenluxation als Subluxation bezeichnet. Da, wie Rockwood u. Green [197] schreiben, die Subluxation mit einer Ruptur des *Retinaculum superius* verbunden ist, muß angenommen werden, daß mit der Bezeichnung Subluxation die Luxation gemeint ist.

2.2 Phylogenese

Phylogenetisch sind die Mm. peronaei Dorsalflexoren. Durch ihre Wanderung hinter den Malleolus lateralis werden sie zu *pronierenden Plantarflexoren* [28, 78, 130] und Gegenspielern der *supinierenden plantarflektierenden* Beuger [192]. Somit sind sie wichtige aktive Stabilisatoren im unteren Sprunggelenk. Zusätzlich geht die Gruppe der Mm. peronaei digitorum im M. peronaeus brevis auf. Reimann [192] konnte an einem sehr großen Material zeigen, daß phylogenetische Reste dieser Muskelgruppen als akzessorische Muskeln bei Mittel- und Westeuropäern in 13% der Fälle gefunden werden, noch viel seltener bei Osteuropäern und Indern.

Da aus einer ganzen Muskelgruppe ein einzelner Muskel entstand und dieser zusätzlich nach dorsal wanderte, finden sich zahlreiche unterschiedliche akzessorische Peronaealmuskeln. Die Erstbeschreibung dieser Muskelgruppe erfolgte bereits 1816 durch Otto [174].

Die Vielzahl unterschiedlich benannter akzessorischer Muskeln wurde entsprechend ihres Ursprungs von Reimann [192] geordnet und einer Systematisierung unterzogen. Er unterscheidet 4 Typen der *Mm. peronaei accessorii:*

1. M. peronaeus accessorius superior: entspringt proximal des M. peronaeus longus am Condylus lateralis tibiae.
2. M. peronaeus accessorius medius: entspringt zwischen M. peronaeus longus und M. peronaeus brevis an der Fibula.
3. M. peronaeus accessorius inferior: entspringt distal des M. peronaeus brevis an der Fibula.
4. M. peronaeus accessorius imus: entspringt distal eines gleichzeitig vorkommenden M. peronaeus accessorius inferior an der Fibula.

Gleichzeitig beschreibt Reimann [192] 8 mögliche Ansatzstellen für die akzessorische Muskulatur (Abb. 1).

Außerdem ist der Ansatz des M. peronaeus longus vom Fußaußenrand durch die *Planta pedis* nach medial gewandert, so daß dieser Muskel nun als ein aktiver Stabilisator des Quergewölbes wirkt. Er hat dabei jedoch an Dynamik verloren.

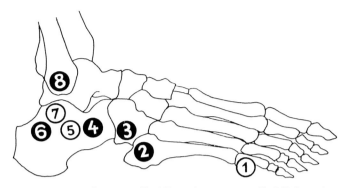

Abb. 1. Mögliche Ansatzstellen der Mm. peronaei accessorii. *1* Dorsalaponeurose V, *2* Tuberositas ossis metatarsalis V, *3* Os cuboideum, *4* Trochleae peronaealis, *5* Tendo musculi peronaei longi, *6* Außenfläche des Tuber calcanei, *7* Lig. calcaneofibulare, *8* Malleolus lateralis. (Mit freundlicher Genehmigung von Herrn Univ.-Doz. Dr. R. Reimann sowie der Akademischen Verlagsgesellschaft Gerst & Partig K.-G., Leipzig, Erstpublikation in [192]

Als Folge dieser Wanderung der beiden Peronaealmuskeln nach dorsal und der gleichzeitigen Medialverlagerung des Ansatzes des M. peronaeus longus ist der schraubenförmige Verlauf des proximal weiter lateral entspringenden und distal weit medial ansetzenden M. peronaeus longus um den M. peronaeus brevis zu erachten. Diese extrem steile *Schraubentour* führt dazu, daß sich die Sehnen der beiden Muskeln etwa in Höhe des Außenknöchels überkreuzen, dabei aber nicht frei gegeneinander verschieblich sind. Über die Auswirkungen auf die *Pathomechanik* der Peronaeussehnenluxation, insbesondere die isolierte Luxation der Sehne des M. peronaeus longus, soll weiter unten eingegangen werden (Abb. 2) (s. Abschn. 4.2.4 „Pathomechanik", S. 72).

2.3 Deskriptive Anatomie

2.3.1 Muskelloge

Die Muskulatur des Unterschenkels wird durch die Fascia cruris, die Septa intermuscularis, Tibia und Fibula in 4 voneinander annähernd vollständig abgegrenzte Compartments getrennt. Das laterale Compartment enthält die Peronaealmuskulatur.

Begrenzt wird der osteofibröse Raum nach medial durch die Facies lateralis fibulae, nach dorsal durch das Septum intermusculare posterius, welches vom Margo posterius fibulae entspringt, nach ventral durch das Septum intermusculare anterius, welches vom Margo anterius fibulae entspringt, und nach lateral durch die Fascia cruris. Die bindegewebigen Wände dienen dabei der Muskulatur teilweise als Ursprung und erteilen der Fascie z. T. aponeurotischen Charakter. Neben den Muskeln enthält diese Kammer lediglich den N. peronaeus superficialis sowie, auf einem kürzeren Abschnitt, den N. peronaeus profundus.

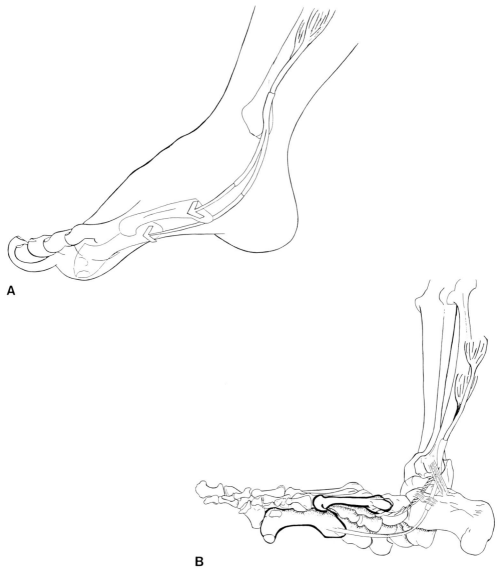

Abb. 2 A, B. Unterschenkel und Fuß von lateral. Der proximal lateral liegende M. peronaeus longus unterkreuzt die Sehne des M. peronaeus brevis nach medial (Schraubentour). In Spitzfußstellung (**A**) ist der Kreuzungswinkel kleiner als in Hakenfußstellung (**B**)

2.3.2 Muskulatur

M. peronaeus longus

Der M. peronaeus longus umschließt als zweiköpfiger Muskel gemeinsam mit der Fibula einen im Querschnitt dreieckigen Raum, in dem der N. peronaeus superficialis verläuft

[101], und entspringt vom Caput laterale tibiae unmittelbar vor dem oberen Tibiofibulargelenk, vom Caput fibulae, vom oberen Drittel der Facies lateralis fibulae, vom Lig. intermusculare fibulae, vom Septum intermusculare posterius sowie von der Innenfläche der Fascia cruris [101, 123].

Zusätzlich konnte Reimann [192] in 38% aller untersuchten Wadenbeine eine Crista musculi peronaei longi feststellen. Diese dient einem intramuskulär gelegenen aponeurotischen Blatt als Ursprung, welches sich oft bis zum Condylus lateralis tibiae verfolgen läßt.

Der M. peronaeus longus liegt lateral, daher auch oberflächlicher als der M. peronaeus brevis, und geht früher als dieser in seinen sehnigen Anteil über. Die Sehne des M. peronaeus brevis (Abb. 3) und zieht, um die Außenknöchelspitze verlaufend und auf dem Lig. calcaneofibulare liegend, nach vorne unten. Von der Außenknöchelspitze zieht die Sehne des M. peronaeus longus an die Außenfläche des Calcaneus, nun unterhalb der Sehne des M. peronaeus brevis liegend. Der Processus trochlearis calcanei trennt beide Sehnen voneinander und dient gleichzeitig als Ansatz für das Retinaculum inferius. Nach der Untersuchung von Edwards [61] ist der Processus trochlearis calcanei in 24% der Fälle gut ausgebildet, in 20% vorhanden, aber weniger ausgeprägt, in 14% nur mehr als Rippe über einer Rinne für die Sehne des M. peronaeus longus zu erkennen, und in 42% der Fälle fehlt er vollständig. Diese Angaben entsprechen etwa denjenigen von Gruber [87], Pfitzner [179] und Stieda [222–224]. Stieda konnte zeigen, daß in jenen Fällen, in denen ein Processus trochlearis calcanei fehlt, das Retinaculum inferius die beiden Sehnen voneinander trennt und in Form einer Scheidewand an der Außenwand des Fersenbeins ansetzt. Distal des Processus trochlearis trennen sich die Wege der Sehnen der Peronaealmuskulatur. Die Sehne des M. peronaeus longus zieht entlang der Außenseite des Calcaneus nach distal plantar und biegt dorsal der Tuberositas ossis metatarsalis V zur Planta pedis um. An dieser Stelle ist in 14–26% der Fälle ein Sesambein eingelagert [33, 84]. Die Sehne gleitet über das Os cuboideum [222–224] und wird anschließend durch das Lig. calcaneocuboideum plantare in einen Kanal eingeschlossen, der von einer engen Sehnenscheide ausgekleidet ist. Am Ende des Kanals zerfällt die Sehne in mehrere Bündel. Das stärkste heftet sich an die laterale Facette der Tuberositas ossis metatarsale primum. Ein weiteres, schwächeres Bündel heftet sich an die laterale Facette des Os cuneiforme primum. Verbindungen bestehen auch zum Os cuneiforme mediale sowie zum Os metatarsale II und III [101, 123, 222–224]. Eine zarte Bandverbindung besteht zum M. interosseus externus dorsalis primus [222–224].

Die Peronaeus-longus-Sehne zieht demnach in einer langen *Schraubentour* von proximal lateral nach distal medial um den M. peronaeus brevis herum und wird durch 2 Hypomochlia unterstützt (Abb. 3 A, B).

M. peronaeus brevis

Der M. peronaeus brevis entspringt von der Facies lateralis fibulae sowie vom Septum intermusculare anterius und wird dabei größtenteils vom M. peronaeus longus überdeckt. Der Muskel geht viel weiter distal als der M. peronaeus longus in seine Sehne über, diese ist stärker abgeplattet und bis knapp oberhalb des Knöchels strahlen noch Muskelfasern in sie ein. Der Außenknöchelfläche eng anliegend und von der Sehne des M. peronaeus longus bedeckt zieht die Sehne um den Knöchel. Nach ventral plantar absteigend verläuft die Sehne oberhalb des Processus trochlearis calcanei, am Os cuboideum vorbei zur Tuberositas ossis metatarsalis quinti, um an dieser oben lateral anzusetzen. Regelmäßig findet sich eine Verbindung zur Sehne des M. extensor digitorum longus. Die Sehne des M. peronaeus brevis verläuft demnach gradliniger als die Sehne des M. peronaeus longus, von medial proximal nach lateral distal. Die Ursache liegt in der *Phylogenese* (s. Abschn. 2.2) (Abb. 4).

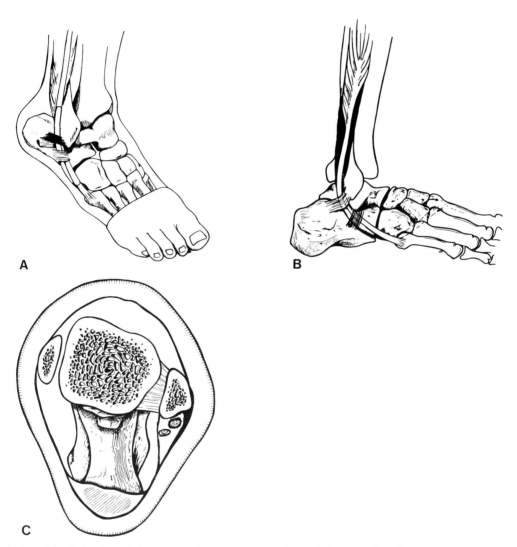

Abb. 3 A–C. Rechter Fuß von lateral, die Peronaeussehnen ziehen zwischen Retinaculum superius und Lig. calcaneofibulare nach distal (**A**). Die Beziehungen der Retinacula zum Fußskelett (**B**). Querschnitt knapp oberhalb des Sprunggelenks in Höhe des Retinaculum superius (**C**)

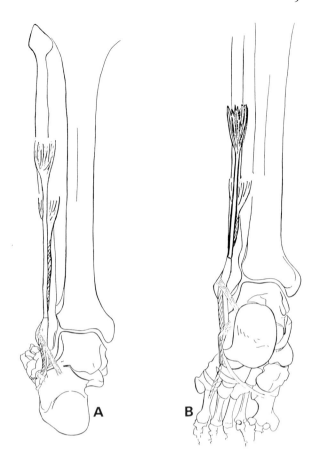

Abb. 4 A, B. Lage der Mm. peronaei zum Fußskelett in Rechtwinkelstellung (**A**) und Plantarflexion (**B**) des Fußes

Die Innervation beider Muskeln erfolgt durch den N. peronaeus superficialis, der zuerst in den M. peronaeus longus eintritt, diesen durchquert und zwischen M. peronaeus longus und brevis nach distal zieht. Vom Hauptstamm des Nervs gehen mehrere kleine Äste zu beiden Muskeln.

2.3.3 Fascie und Retinaculum musculorum peronaeorum superius et inferius

Die Fascia cruris ist beugeseitig in 2 Blätter aufgespalten: die Lamina superficialis und die Lamina profunda. Diese umgeben die Loge der oberflächlichen Plantarflexoren. Oberhalb des Calcaneus umgreifen beide Fascienblätter die Achillessehne. Nach lateral zu vereinigen sich beide Blätter, umfassen das fetthaltige Bindegewebe und legen sich dem Außenknöchel eng an. So entsteht hinter dem Außenknöchel der osteofibröse Raum für die Peronaealsehnen. In Höhe des Außenknöchels findet sich eine als Retinaculum musculorum peronaeorum superius bezeichnete Verstärkung, welche sich als schmaler, platter Bandzug von der Außenknöchelhinterkante bis gegen das *Fersenbein* erstreckt. Dieser, in der Literatur nur wenig beachtete Bandzug ist nach Lanz-Wachsmuth [123] ein verstärkter Anteil der Lamina profunda fasciae cruris. Distal des oberen Sprunggelenks, bereits am Fußrücken, ist die Fascia cruris ventral zum Retinaculum musculorum extensorum inferius verstärkt. Das deltaförmige Band entspringt vom lateralen Fußrand sowie an der Außenseite des Fersenbeins, überbrückt dabei die Peronaealsehnen und ist ober- und unterhalb von diesen am *Fersenbein* befestigt [60]. Kollagene Faserlamellen, die beide Peronaealsehnen in Höhe des Fersenbeins trennen, bilden 2 getrennte Sehnenkanäle und werden als Retinaculum musculorum peronaeorum inferius bezeichnet. Als Fortsetzung der Anheftung des Retinaculum musculorum extensorum inferius [60] setzt es sich aus oberflächlichen und tiefen Fasern zusammen, welche vom Calcaneus entspringen und an diesem auch wieder ansetzen. Die tiefe Schicht bildet ein Septum, welches beide Peronaeussehnenscheiden voneinander trennt [183]. In 42% der Fälle [61] setzt das Septum direkt am Fersenbein an, in den anderen an der unterschiedlich stark ausgebildeten Trochlea peronaealis calcanei. Im weiteren Verlauf bildet das Retinaculum musculorum extensorum inferius am Fußrücken eine schlingenähnliche Struktur, welche die Strecksehnen, nebeneinander gestaffelt, einschließt. Es zieht dann nach proximal und medial, um am Innenknöchel anzusetzen. Seine typische Form (alte Nomenklatur: Lig. cruciforme) erhält dieses Band durch einen Verstärkungszug, der vom medialen Fußrand entspringt und am Fußrücken in das andere Band einstrahlt.

2.3.4 Vagina synovialis

Die Peronaealsehnen werden an ihrem Umlenkpunkt am Außenknöchel von einer gemeinsamen Sehnenscheide umhüllt. Diese entwickelt sich proximal in Höhe des Endes des Muskelfleisches. Distal der Außenknöchelspitze teilt sich die Sehnenscheide, beide Sehnen werden von einer eigenen handschuhartigen Vorstülpung bis distal der Trochlea peronaealis calcanei umhüllt. Die Sehne des M. peronaeus longus wird zusätzlich noch in der Planta pedis, nach ihrer Umlenkung um das Os cuboideum, von einer eigenen Sehnenscheide umhüllt (Vagina tendinis musculi peronaei longi plantaris), die in seltenen Fällen mit der proximalen Sehnenscheide in Verbindung stehen kann [123].

2.3.5 Retromalleolare Gleitrinne

Die äußerst variable Form der Fibula ist eine Folge der auf sie einwirkenden Kräfte. Dolgo-Saburoff [55] beschrieb die Kantenbildung als Folge der Zugbelastung durch die den Muskeln als Ursprung dienenden Septa intermuscularia und die Form der Flächen als Ergebnis des Muskeldrucks am Ursprung. Die Fibula ist, mit Ausnahme des proximalen und distalen Endes, allseits von Muskulatur umgeben. Am distalen Ende findet sich dorsalseitig ein muskelfreies Dreieck, das sich durch den divergierenden Verlauf der Extensoren und der Peronaealmuskulatur oberhalb des Außenknöchels ergibt [192]. Diese nach dorsal gerichtete Fläche geht aus der Facies lateralis fibulae hervor, die sich am distalen Fibulaende nach dorsal dreht.

Das muskelfreie Dreieck wird zumeist von einer lateralen und einer medialen Leiste begrenzt. Die Leisten sind anatomisch nicht benannte Ausläufer des Margo anterior fibulae, für die Edwards [61] die Bezeichnung Crus anterius cristae anterioris fibulae und Crus posterius cristae anterioris fibulae vorgeschlagen hat. Im Gegensatz zu den Kanten der Fibula, die den Septa als Ursprung dienen, werden diese beiden Leisten von der Unterschenkelfascie (lateral) bzw. vom Bindegewebe (medial) bedeckt.

Über Form und Ausbildung der beiden Leisten finden sich in der Literatur nur wenige Mitteilungen. So berichtet Lanz-Wachsmuth [123] lediglich von Fehlformen des Malleolus lateralis, die zu einer Peronaeussehnenluxation führen können. 1889 geht Stieda [222–224] auf diese Struktur in einer ansonst sehr ausführlichen Abhandlung über die Mm. peronaei überhaupt nicht ein, ebenso wie Krause [117], Spaltholz [220] oder auch Thomson [232].

Eine Analyse dieser Strukturen ist lediglich in 3 Arbeiten zu finden. Die erste Analyse geht auf Edwards [61] zurück. Er beschreibt, daß die laterale Begrenzung des retromalleolaren Sulcus manchmal durch eine knöcherne Leiste erhöht wird, die knapp oberhalb der Außenknöchelspitze ihre größte Höhe erreicht. Durch diese Leiste entsteht eine knöcherne Begrenzung, die die Luxation der Peronaeussehnen verhindern soll. Edwards [61] fand diese Leiste jedoch nur in 22% seiner Präparate deutlich und in 48% zumindest schwach entwickelt, jedoch in 30% fehlend. Die Länge der Leiste schwankte zwischen 8 und 20 mm, die Breite an der Basis zwischen 2 und 4 mm. Die durchschnittliche Höhe betrug 2 mm, erreichte aber gelegentlich bis zu 4 mm. Eine mediale Leiste konnte er in 71% der Fälle feststellen. Sie war weniger ausgeprägt, erreichte eine Länge von 8–9 mm und hatte häufig den Charakter eines Tuberculums, das etwa weiter proximal als die laterale Leiste lag.

Zwischen diesen beiden Leisten fand sich in 82% der Präparate ein definierter Sulcus, welcher am Knochenpräparat flach war und nur gelegentlich eine Tiefe von 2–3 mm erreichte. In 11% der Präparate war die Fibularückfläche flach und in 7% sogar konvex.

62% der Rinnen waren zwischen 6 und 7 mm breit, wobei die schmalste Rinne einen Durchmesser von 5 mm, die breiteste einen von 10 mm zeigte.

Muralt [161] unterscheidet in seinen Untersuchungen zwischen einem kräftigen Führungswulst, einer flachen Gleitrinne mit deutlichem Führungswulst und der schmalen seichten Gleitrinne ohne Führungswulst, ohne jedoch weiter zu differenzieren. Auf die Häufigkeit der einzelnen Typen geht er bei seinen Knochenpräparaten nicht ein, betont aber die Bedeutung der Konfiguration des knöchernen Hypomochlions.

Radke u. Fink [186] und Fink [72] differenzieren 1975 schließlich die einzelnen Sulcustypen am isolierten Knochenpräparat. In der Aufsicht verjüngte sich in 64% der Fälle der Sulcus nach distal (Abb. 5 A), in 14% waren die Begrenzungsleisten parallel (Abb. 5 B) und in 10% divergierten die Wände des Sulcus nach distal (Abb. 5 C). Bei 12% ihrer Präparate war keine Differenzierung möglich. Die Betrachtung des knöchernen Profils des Sulcus ermöglichte eine Typisierung. In 29% der Fälle fand sich eine Gleitrinne mit 2 seitlich gut ausgebildeten knöchernen Begrenzungen: Typ 1. Typ 2 und 3 wurden gemeinsam analysiert und fanden sich in insgesamt 59% der Präparate. Typ 2 zeigte lateral ein kräftiges, steil nach medial abfallendes Widerlager. Typ 3 wies als mediale Begrenzung nur eine flache Erhebung, die meist weiter proximal erkennbar war, worauf bereits Edwards [61] hingewiesen hat. Als Typ 4 fanden Radke u. Fink [186] und Fink [72] in 4% der Fälle eine flache und in 8% eine leicht konvexe Außenknöchelrückfläche, also etwas weniger häufig als Edwards [61] (11% bzw. 7%).

Die Sulcustiefe schwankte zwischen 0,00 und 1,93 mm, mit einem 50%-Median bei 1,1 mm und einer durchschnittlichen Tiefe von 0,85 mm. Als Normbereich gibt er $x \pm 2 S = 0,3–1,73$ mm an.

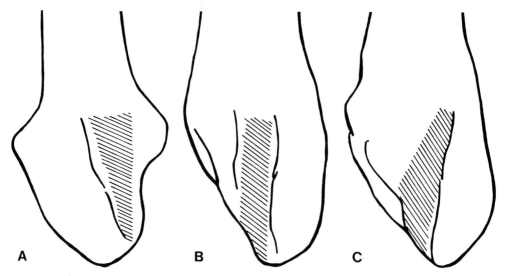

Abb. 5. A–C. Sulcustypen nach Radke u. Fink [186] (s. Text)

Letztlich wurde auch der Steigungswinkel vom Sulcusgrund bis zum Gipfelpunkt der lateralen Sulcusbegrenzung bestimmt. Dieser variierte zwischen 3,0 und 26,1°, mit einem Mittelwert von 12,1°. Die Verteilungskurve hatte ihren Gipfel zwischen 9 und 11° bei einer Streuungsbreite von $X \pm S$ von 7,3–16,9°, die durchschnittliche Sulcusbreite betrug 6,11 mm.

2.4 Funktionelle Anatomie

Die Mm. peronaei longus und brevis wirken als Plantarflexoren, die gleichzeitig den Fuß abduzieren und den lateralen Fußrand heben. Sie ermöglichen damit eine Plantarflexion, Abduktion und Eversion des Fußes und sind daher als aktive *Pronatoren* Gegenspieler der langen Zehenbeuger und des *supinierenden* M. triceps surae. Gemeinsam mit diesen sind sie aktive Stabilisatoren des *Sprunggelenks*. Als kräftige Pronatoren greifen sie auch in die Bewegung der Mittelfußgelenke ein.

Da sie funktionelle Agonisten des Außenknöchel-Band-Apperates sind, kommt ihnen, besonders bei dessen Insuffizienz, große Bedeutung zu [3, 10, 236]. In der Standphase läßt sich elektroneurophysiologisch eine deutliche Anspannung des M. peronaeus longus feststellen, was auf seine Bedeutung für die Verspannung des *Quergewölbes* hinweist. Der M. peronaeus brevis tritt in der Schwungphase in Aktion und hat seine größte Bedeutung beim 2. Teil des Gehaktes bzw. beim Abheben des Fußes von der Unterlage im Sprung [241]. Die *Kraft* der *Mm. peronaei* ist unterschiedlich. Hermann u. Reys (zit. nach [120]) konnten eine absolute Muskelkraft von durchschnittlich 6,24 bzw. 5,25 kg ermitteln. Die Zugkraft soll noch durch eine Schleuderwirkung verstärkt werden, die sich beim Wechsel von der Supination-Inversion zu Pronation-Eversion bzw. bei entsprechender Vorspannung der Muskulatur ergeben soll. Die *Gleitstrecke* der Peronacalsehnen beträgt nach Messungen von Muralt [161] an der Leiche 2–3 cm, beim Lebenden und besonders bei Jugendlichen mit hypotonischem Kapsel-Band-Apparat soll sie länger sein.

Wie wichtig die Peronaealmuskulatur für die Stabilisierung des oberen und unteren Sprunggelenks und für die normale Skelettentwicklung ist, zeigt eine Mitteilung von Griffiths [85]. Dieser berichtet über 3 Patienten, deren offene Durchtrennung der Peronaeussehnen nicht behandelt wurde. Bei 2 Kindern kam es in der weiteren Entwicklung zur Varusstellung des Fersenbeins, der 1. Mittelfußknochen berührte beim Stehen den Boden nicht, bei Dorsalflexion kam es automatisch zur Supinationsstellung im *unteren Sprunggelenk*. Das 3. Kind hatte zusätzlich eine Verletzung der distalen Fibulaepiphyse erlitten. Diese verödete, woraufsich eine Valgusstellung der Ferse entwickelte. Selbst bei dieser Ausgangssituation kam es bei Dorsalflexion des Fußes zur zwangsweisen Supination im unteren Sprunggelenk. Das Ergebnis war bei allen Patienten schlecht.

Lipscomb u. Kelly [134] hingegen berichten über 3 gute bis zufriedenstellende Ergebnisse nach primärer Naht von multiplen, auch die Peronaei betreffenden Sehnenverletzungen.

2.5 Anatomische Untersuchungen

2.5.1 Fragestellung

In der einschlägigen Literatur lassen sich, wie bereits erwähnt, nur 2 systematische Untersuchungen der retromalleolaren Gleitrinne finden. Bei beiden handelt es sich um isolierte Beurteilungen der retromalleolaren Rinne am macerierten Knochenpräparat, die an der Bedeutung der knöchernen Führung zweifeln lassen [61, 186]. Andererseits betont Muralt [161] die Wichtigkeit der Ausbildung des Führungswulstes und insbesondere die Bedeutung der Konfiguration des knöchernen Hypomochlions.

Wir entschlossen uns deshalb zu einer systematischen Untersuchung der Ausformung der retromalleolaren Gleitrinne unter besonderer Berücksichtigung der Weichteile, um folgende Fragen zu beantworten:

Läßt sich ein Retinaculum superius et inferius regelmäßig nachweisen? Wie ist diese Struktur dimensioniert? Bestehen Unterschiede im Seitenvergleich? Besteht ein Zusammenhang zwischen der Ausbildung des Retinaculum superius und der Ausformung der retromalleolaren Gleitrinne?

2.5.2 Material und Methode

Die Untersuchung erfolgte an 50 paarweise gewonnenen Unterschenkel-Band-Präparaten frischer Leichen. Das Durchschnittsalter der Leichen, deren Präparate untersucht wurden, lag bei 64,8 Jahren, mit einem 50%-Median von 65 Jahren. 46 Präparate stammten von Männern, 4 von Frauen.

Die Entnahme erfolgte innerhalb von 24 h post mortem. Haut und Subcutis wurden abpräpariert und zurückgeschlagen, anschließend der Außenknöchel-Band-Apparat, die vordere Syndesmose und das Retinaculum superius et inferius dargestellt. Zur Präparation des Lig. calcaneofibulare und des Retinaculum superius wurde zuerst das Retina-

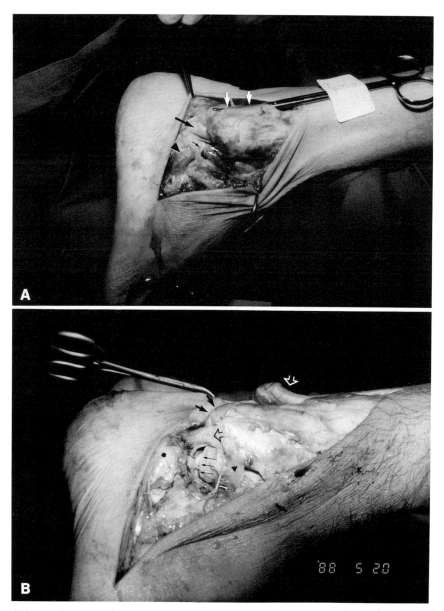

Abb. 6 A, B. Anatomischer Situs eines rechten Sprunggelenks nach Extraction der Peronaeussehnen. **A** Eine Schere ist in das dünne und schwach ausgebildete osteofibröse Rohr eingeführt (⊂▶); Retinaculum inferius (▶), Lig. calcaneofibulare (→), Articulatio subtalaris (↠). **B** Zu sehen sind die zurückgeschlagenen Peronaeussehnen (⇥), das Retinaculum superius zieht vom Außenknöchel nach medial, dorsal und caudal (↠); Lig. calcaneofibulare (⇨), Retinaculum inferius (*), Articulatio subtalaris (⇉), Lig. talofibulare anterius (▶)

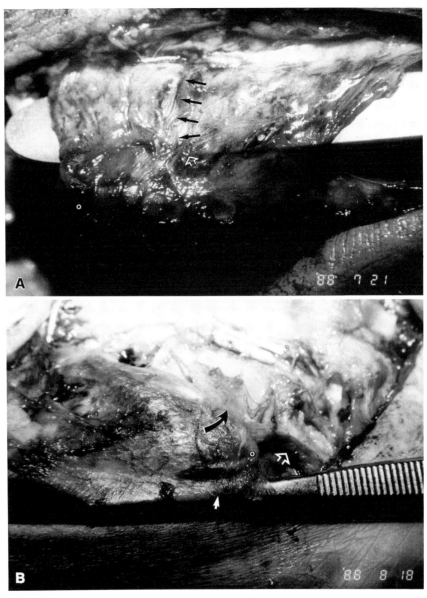

Abb. 7 A, B. Retinaculum superius. **A** Ein sehr kräftig ausgebildetes Retinaculum superius eines rechten Beins, gut erkennbar die Grenzen zwischen eigentlichem Retinaculum und der Fascia cruris (→). In das Rohr ist ein Skalpellgriff eingeführt, das Verschwinden der Kante des Griffs (⇨) zeigt den Beginn des Retinaculum superius; Fibula (●). **B** Das in diesem Präparat schmale Retinaculum ist gut gegen die Umgebung abgrenzbar (⇨), der Dichtesprung ist deutlich; Lig. calcaneofibulare (↘), Lig. talofibulare anterius (●), Außenknöchelspitze (⇨)

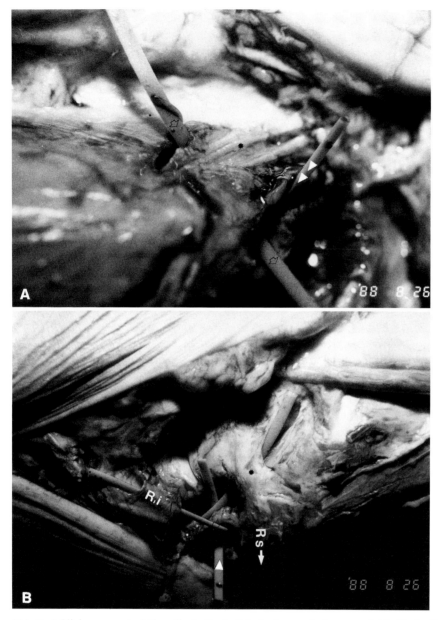

Abb. 8. A Blick von ventral über die Außenknöchelspitze nach dorsocaudal in Verlaufsrichtung des Retinaculum superius (*), ein Vessel loop (◊) zieht unter dem Retinaculum durch, ein 2. (▶) unterfährt das Lig. calcaneofibulare. Man beachte die Strukturierung des Retinaculum superius. **B** Von lateral, angeschlungen sind das Lig. talofibulare anterius (*), das Lig. calcaneofibulare (▶). Ein Vessel loop zieht dorsal durch das Retinaculum inferius

culum sowie seine Fortsetzung nach distal, die Vagina synovialis musculorum peronaeorum communis, dargestellt und nach exakter distaler Abgrenzung des Retinaculum superius die Sehnenscheide unterhalb der *Außenknöchelspitze* eröffnet, die Sehnen in Höhe der Außenknöchelspitze durchtrennt und nach proximal aus dem osteofibrösen Rohr herausgezogen (Abb. 6).

Erst jetzt wurde das Lig. calcaneofibulare, ebenso wie das Retinaculum superius, in ganzer Breite exakt präpariert und nach proximal abgegrenzt, was bei einem Großteil der Präparate anhand eines gut erkennbaren Dichtesprungs möglich war (Abb. 7, 8 A).

War die Abgrenzung nicht exakt möglich, wurde nach Extraktion der Sehnen ein kontrastgebender Körper vom distalen Ende her eingeführt. Damit war in allen restlichen Präparaten ein proximales Ende des Retinaculum superius definierbar. Zur Darstellung des Retinaculum inferius wurden die Sehnen in Höhe des Cuboids dargestellt und nach distal extrahiert. Durch Präparation des Verlaufs der Sehnenscheide nach distal ließ sich anhand des deutlichen Dichtesprungs an Anfang und Ende das Retinaculum inferius abgrenzen (Abb. 8 B).

Nach Durchtrennen der Achillessehne konnte das *obere Sprunggelenk* durchbewegt werden. Es wurden nun die einzelnen Strukturen und deren Relation zueinander in Rechtwinkelstellung des oberen Sprunggelenks mit Hilfe einer Präzisionsschublehre vermessen (Abb. 9).

Anschließend wurden alle präparierten Bandstrukturen an deren außenknöchelfernen Ansatzpunkten knochennah durchtrennt und nach Durchtrennung der Membrana interossea sowie der vorderen und hinteren Syndesmose der Außenknöchel mit den anhaftenden Bandstrukturen, nach querer Osteotomie, etwa 7 cm oberhalb der Spitze, in toto entnommen. Die beiden, bereits zuvor in Höhe der Außenknöchelspitze durchtrennten Sehnen wurden ebenfalls entnommen.

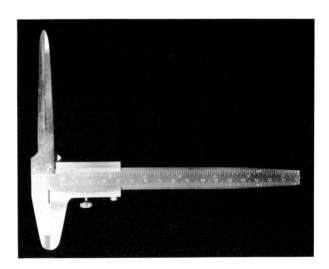

Abb. 9. Präzisionsschublehre (Meßgenauigkeit 0,05 mm)

Noch vor dem Einlegen in 7% gepufferte Formaldehydlösung, in welcher die Präparate mindestens 1 Woche fixiert wurden, wurde der Durchmesser des osteofibrösen Rohrs durch Einführen zylindrischer genormter Metallstifte, welche in Millimeterabstufung verfügbar waren, bestimmt.

Nach der Fixation wurde das retromalleolare *osteofibröse Rohr* in seinem größten Sagittaldurchmesser eröffnet und die *retromalleolare Gleitrinne* vermessen. Die Bestimmung von Länge und Breite der einzelnen Strukturen erfolgte mit der Präzisionsschublehre (Meßgenauigkeit 1/20 mm; Abb. 9). Zur Bestimmung der Sulcustiefe wurde das durchtrennte Retinaculum nach ventral umgeschlagen und der Außenknöchel in einem Schraubstock fixiert. Durch systematisches Abtasten des *retromalleolaren Sulcus* mit einer Präzisionstiefenlehre (Meßgenauigkeit 1/100 mm) konnte die maximale Tiefe bestimmt werden (Abb. 10).

Die Bestimmung des Winkels, den die beiden, für die Umlenkung der Peronaeussehnen wichtigen Flächen des *Außenknöchels (dorsale bzw. dorsocaudale Fläche)* gegeneinander einnehmen und mit dem die Peronaeussehen um den Außenknöchel ziehen können, erfolgte mit einem Goniometer. Die zur Festlegung herangezogenen Ebenen entsprachen der Ebene der Außenknöchelhinterfläche proximal sowie einer 2. tangential gelegten Ebene, die distal durch das Ende des *osteofibrösen Rohrs* sowie durch den Wendepunkt zur Ebene 1 definiert waren (Abb. 11).

2.5.3 Ergebnisse

Retinaculum

Bei allen Präparaten ließ sich makroskopisch ein Retinaculum superius darstellen. Bei 40 unserer 50 Präparate war dieses gut von der Umgebung abgrenzbar und eine präparatorisch deutliche Trennlinie darstellbar (s. Abb. 7A, B, 8A).

Abb. 10. Präzisionstiefenlehre (Meßgenauigkeit 0,01 mm)

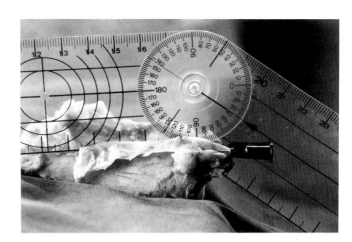

Abb. 11. Bestimmung des Winkels zwischen dorsaler Fibulafläche und ventrocaudaler Begrenzung des osteofibrösen Führungsrohrs durch Goniometer

Bei 10 Präparaten war die genaue Abgrenzung nicht ohne weiteres möglich, das Retinaculum superius erschien schwächer strukturiert. Erst das Einführen eines kontrastgebenden Mediums in das osteofibröse Rohr ermöglichte bei heller Beleuchtung die Bestimmung der proximalen und distalen Grenzen.

Bezüglich der Abgrenzbarkeit fanden sich 17mal seitengleiche Verhältnisse und 8mal eindeutige Seitendifferenzen. Die durchschnittliche Breite des makroskopisch darstellbaren Retinaculum superius betrug 13,2 mm, mit den Extremwerten 8 und 21 mm. Der 50%-Median war 13 mm. Die Rechts-links-Differenz schwankte zwischen 0 und 4 mm, mit einem Durchschnittswert von 1,9 mm und einem 50%-Median von 2 mm. Bei allen Präparaten zog das *Retinaculum* in Rechtswinkelstellung des *oberen Sprunggelenks* von ventral cranial nach dorsal caudal und nahm gemeinsam mit der Fascia cruris Verbindung mit dem Fersenbein auf. Auffallend war jedoch, daß die Definition des Retinaculum superius gegen das *Fersenbein* zu immer undeutlicher wurde und das distale Ende teilweise überhaupt nicht dargestellt werden konnte. Die für eine Bandstruktur im eigentlichen Sinne notwendige Definition von Ursprung und Ansatz war lediglich für den Ursprung am Außenknöchel regelmäßig möglich.

Die Anordnung der *Fasern* war in 37 Fällen parallel, 13mal schien sich das Retinaculum eher fächerförmig zu verbreitern. Eine exakte Längenbestimmung des Retinaculums war nicht möglich da, wie oben angeführt, eine ausreichend exakte Festlegung des distalen Endes nicht möglich war (Tabelle 1).

Das Retinaculum inferius war in fast allen Präparaten (bis auf 2) gut gegen die Umgebung abgrenzbar, die makroskopische Faserstruktur immer parallel. Die Breite schwankte zwischen 7 und 17 mm, mit einem Durchschnitt von 10,8 mm und einem 50%-Median von 11 mm. Die durchschnittliche Rechts-links-Differenz betrug 1,1 mm, mit einem 50%-Median von 1,0 mm und einer Schwankungsbreite zwischen 0 und 3 mm. Auch beim Retinaculum inferius war aufgrund der Schwierigkeit, Ursprung und Ansatz exakt abzugrenzen, eine genaue Längenbestimmung nicht möglich.

Tabelle 1. Ergebnisse der makroskopischen Untersuchung des Retinaculum superius (n = 50; 25 Paare)

Retinaculum gut abgrenzbar	40		
Retinaculum schlecht abgrenzbar	10		
Faseranordnung parallel	37		
Faseranordnung fächerförmig	13		
Abgrenzbarkeit seitengleich	17		
Abgrenzbarkeit unterschiedlich	8		
Breite des Retinaculums	(mm)	Rechts-links-Differenz	(mm)
Minimal	8,0	Minimal	0,0
Maximal	21,0	Maximal	4,0
Durchschnittlich	13,2	Durchschnittlich	1,9
50%-Median	13,0	50%-Median	2,0

Sulcus

Die Bestimmung der Länge des retromalleolaren Sulcus war ohne Kompromisse nicht möglich. Radke [185] und Fink [72], die 1975 an Knochenpräparaten die Morphologie des Sulcus malleolaris lateralis bestimmten, stellten ebenso wie Edwards [61] fest, daß eine exakte Längenmessung nicht durchführbar war, da rekonstruierbare Meßpunkte an den macerierten Präparaten nicht gefunden werden konnten.

Wir haben deshalb an unseren Knochen-Weichteil-Präparaten nach entsprechenden Referenzpunkten gesucht. Ein exakt anatomisch definierbares proximales Ende des retromalleolaren Sulcus ließ sich nicht finden, da auch unter Berücksichtigung der Weichteile keine anatomische Grenze feststellbar war.

Eine Abgrenzung des funktionell als Hypomochlion und als Widerlager wichtigen Anteils ist jedoch durch ein dünnes segelartiges Gebilde, das dem Beginn der Vagina synovialis entspricht und in allen Präparaten zu finden war, möglich gewesen (Abb. 12).

Dieses „Segel" ist mit dem proximalen Ende der glatten glänzenden *retromalleolaren Gleitfläche* identisch. Es wurde deshalb der maximale Abstand dieser Grenzlinie von der *Außenknöchelspitze* bestimmt. Die Länge betrug durchschnittlich 24,6 mm, mit einem 50%-Median von 24,4 mm und einer Schwankungsbreite von 17,9–32,1 mm. Die Rechts-links-Differenz schwankte zwischen 0,1 und 4,9 mm mit einem Durchschnitt von 2,1 mm und einem 50%-Median von 1,7 mm.

Die größte Breite der Rinne, definiert als der größte Abstand der höchsten Punkte zwischen den durch das Umschlagen des Retinaculums nach ventral entstandenen Wülsten medial und lateral, war durchschnittlich 11,0 mm, mit einem 50%-Median von 11,1 mm und einer Schwankungsbreite von 8,2–16,2 mm. Die Rechts-links-Differenz schwankte zwischen 0,0 und 3,3 mm; sie betrug durchschnittlich 1,0 mm und hatte einen 50%-Median von 0,8 mm.

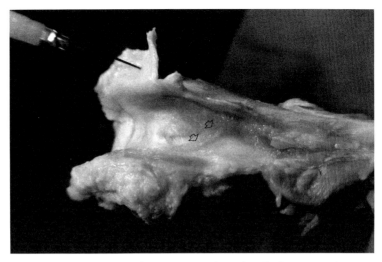

Abb. 12. Blick von dorsocranial auf die Fibularückfläche. Das Retinaculum ist längs gespalten, gut erkennbar sind die kräftige Basis des Retinaculums und die Tiefe der Führungsrinne. Der Pfeil (⇦) zeigt auf die Umschlagfalte der Vagina synovialis

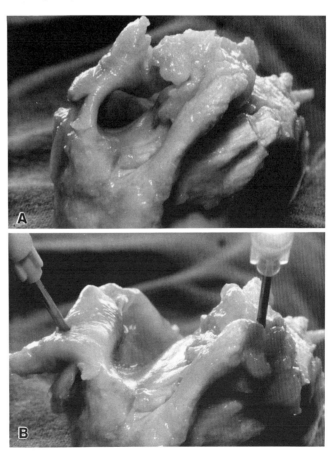

Abb. 13 A, B.

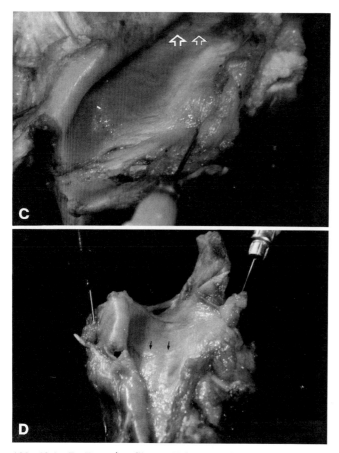

Abb. 13 A–D. Das osteofibröse Führungsrohr der Peronaealsehnen. **A** Von caudal gesehen, noch geschlossen. **B** Von caudal gesehen, das Retinaculum ist zurückgeschlagen. **C** Von oben gesehen (Umschlagfalte der Vagina synovialis ⇢). **D** Von cranial gesehen (Umschlagfalte der Vagina synovialis →).

Die Tiefe des retromalleolaren Sulcus schwankte zwischen 1,26 und 4,98 mm, mit einem 50%-Median von 3,10 mm und einer durchschnittlichen Tiefe von 3,09 mm. Beim Rechts-links-Vergleich ergab sich ein durchschnittlicher Unterschied von 0,56 mm, mit einem 50%-Median von 0,56 mm und einer Streubreite zwischen 0,05 mm und 1,31 mm (Abb. 13–17; Tabelle 2).

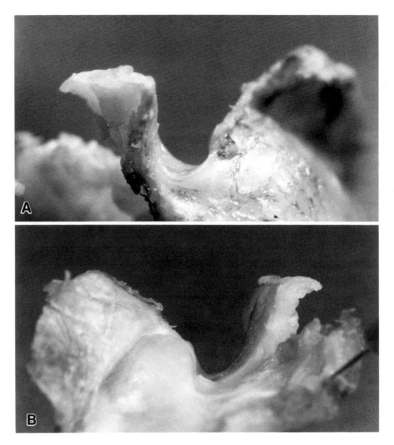

Abb. 14 A, B. Sehr tiefe Führungsrinne für die Peronaeussehnen, **A** von caudal, **B** von cranial gesehen

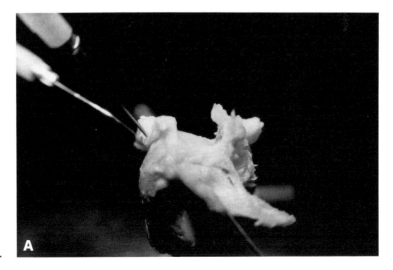

Abb. 15 A.

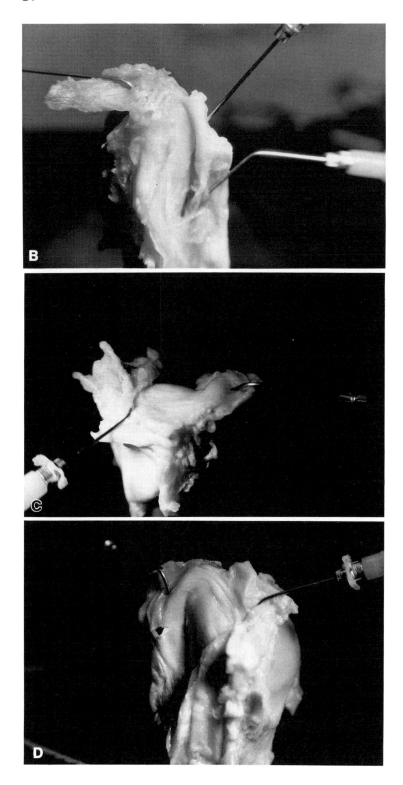

Abb. 16. Blick auf die laterale Wand eines sehr schwach ausgebildeten osteofibrösen Rohrs

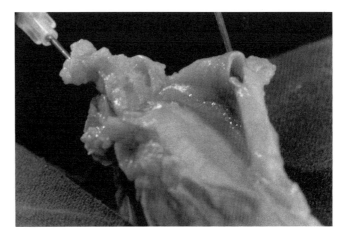

Abb. 17. Blick von dorsocranial auf das osteofibröse Führungsrohr, das Retinaculum ist nach lateral umgeschlagen, ein lateraler Wulst bildet eine zusätzliche Barierre

◄───

Abb. 15 A – D. Schwach ausgebildete Führungsrinne. **A, C** Fehlender retromalleolarer Sulcus, Blick von caudal, so daß das Retinaculum nicht sichtbar ist. **B, D** Blick von oben auf das eröffnete osteofibröse Rohr mit zurückgeschlagenem Retinaculum

Tabelle 2. Ergebnisse der makroskopischen Untersuchung des retromalleolaren Sulcus (n = 50; 25 Paare)

Länge	(mm)	Rechts-links-Differenz	(mm)
Minimal	17,9	Minimal	0,1
Maximal	32,1	Maximal	4,9
Durchschnittlich	24,6	Durchschnittlich	2,1
50%-Median	24,4	50%-Median	1,7
Breite			
Minimal	8,2	Minimal	0,0
Maximal	16,2	Maximal	3,3
Durchschnittlich	11,0	Durchschnittlich	1,0
50%-Median	11,1	50%-Median	0,8
Tiefe			
Minimal	1,26	Minimal	0,05
Maximal	4,98	Maximal	1,31
Durchschnittlich	3,09	Durchschnittlich	0,56
50%-Median	3,10	50%-Median	0,56
Durchmesser des osteofibrotischen Rohrs			
Minimal	7,0	Minimal	0,0
Maximal	13,0	Maximal	3,0
Durchschnittlich	10,9	Durchschnittlich	0,9
50%-Median	11,0	50%-Median	1,0

Der Winkel, mit dem die Außenknöchelrückfläche am distalen Fibulaende nach ventral umbiegt, betrug durchschnittlich 35,5°, mit einem 50%-Median von 36° und einer Schwankungsbreite von 28–42 mm. Die Rechts-links-Differenz belief sich auf durchschnittlich 2,3° mit einem 50%-Median von 2° und einer Schwankungsbreite von 0–7° (Tabelle 3).

Tabelle 3. Winkel zwischen dorsaler und distaler Knöchelbegrenzung (n = 50)

	Grad		Rechts-links-Differenz Grad
Minimal	28	Minimal	0
Maximal	42	Maximal	7
Durchschnittlich	35,5	Durchschnittlich	2,3
50%-Median	36	50%-Median	2

Der Durchmesser des osteofibrösen Rohrs schwankte zwischen 7–13 mm, mit einem Durchschnitt von 10,9 mm und einem 50%-Median von 11,0 mm. Im Rechts-links-Vergleich schwankte der Durchmesser zwischen 0 und 3 mm; er betrug durchschnittlich 0,9 mm mit einem 50%-Median von 1 mm (Tabelle 2).

Im Sulcus fand sich als Besonderheit bei 4 Präparaten (8%) eine Vorwölbung (Abb. 18).

Nach distal zu, in Verbindung mit dem Lig. calcaneofibulare stehend, ließ sich häufig eine kleine, nach ventral blickende Lippe beobachten, die die Berührungsfläche des Lig. calcaneofibulare mit den Peronaeussehnen verbreitert. An den von uns untersuchten Außenknöchelpräparaten stellte sich diese Ausziehung bei 27 Präparaten deutlich dar, bei 14 Präparaten war sie angedeutet vorhanden, und nur bei 9 Präparaten war diese Verbreiterung nicht festzustellen (Abb. 19).

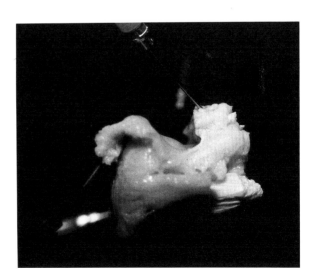

Abb. 18. Rechte Fibula von caudal gesehen, das Retinaculum ist zurückgeschlagen, in der „Führungsrinne" deutliche Höckerbildung

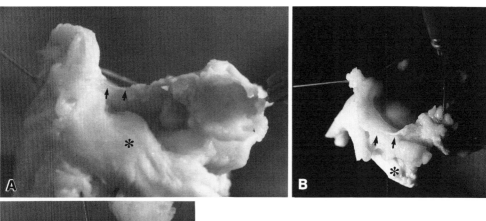
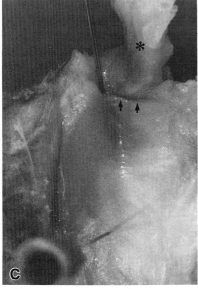

Abb. 19 A – C. Lippenförmige Ausziehung (➤) des Gleitlagers für die Peronaeussehnen an der Außenknöchelspitze mit Verbindung zum Lig. calcaneofibulare (✻). **A, B** kräftige, **C** schwache Ausformung

Peronaealsehnen

Die Bestimmung des Durchmessers der Peronaeussehnen erfolgte mit der Präzisionsschublehre. Im Querschnitt sind die Sehnen oval und besitzen demnach einen maximalen und einen minimalen Durchmesser. Der größte Durchmesser der Sehne des M. peronaeus longus betrug in Höhe der *Außenknöchelspitze* durchschnittlich 5,7 mm; er schwankte zwischen 3,5 und 7,4 mm mit einem 50%-Median von 5,6 mm. Die durchschnittliche Seitendifferenz im Rechts-links-Vergleich betrug 0,53 mm; sie schwankte zwischen 0,1 und 2,3 mm mit einem 50%-Median von 0,7 mm.

Der durchschnittlich kleinste Durchmesser der Peronaeus-longus-Sehne betrug 3,3 mm; er schwankte zwischen 2,0 und 4,8 mm mit einem 50%-Median von 3,3 mm. Die durchschnittliche Seitendifferenz betrug 0,48 mm; sie schwankte zwischen 0,0 und 1,6 mm, der 50%-Median war 0,3 mm.

Der größte Durchmesser der Peronaeus-brevis-Sehne lag bei durchschnittlich 5,2 mm; er schwankte zwischen 3,3 und 7,4 mm mit einem 50%-Median von 5,4 mm. Die Rechts-links-Differenz betrug durchschnittlich 0,52 mm; sie schwankte zwischen 0,0 und 2,2 mm mit einem 50%-Median von 1,0 mm. Der kleinste Durchmesser der Peronaeus-brevis-Sehne lag bei durchschnittlich 2,4 mm; er schwankte zwischen 1,2 und 4,0 mm mit einem 50%-Median von 2,3 mm. Die Rechts-links-Differenz war durchschnittlich 0,5 mm; sie schwankte zwischen 0,0 und 1,5 mm mit einem 50%-Median von 0,4 mm.

Faßt man die Werte für die gemeinsam durch das *osteofibröse Rohr* verlaufenden Peronaeus-longus- und Peronaeus-brevis-Sehnen zusammen, ergibt sich rein rechnerisch ein durchschnittlicher maximaler Gesamtdurchmesser von 10,9 mm, mit einer Streubreite von 6,8–14,8 mm und einem 50%-Median von 11,0 mm. Für den minimalen Gesamtdurchmesser der Peronaeus-longus- und Peronaeus-brevis-Sehnen ergeben sich durchschnittlich 5,7 mm, mit einer Streubreite von 3,2–8,8 mm und einem 50%-Median von 5,6 mm (Tabelle 4).

Tabelle 4. Durchmesser der Peronaeussehnen in Höhe der Außenknöchelspitze (n = 50)

	Peronaeus longus (mm)	Peronaeus brevis (mm)	Summe (mm)
Minimaler Längsdurchmesser	3,5	3,3	6,8
Maximaler Längsdurchmesser	7,4	7,4	14,8
Durchschnittlich	5,7	5,2	10,9
50%-Median	5,6	5,4	11,0
Rechts-links-Differenz			
Minimal	0,1	0,0	0,1
Maximal	2,3	2,2	4,5
Durchschnittlich	0,53	0,52	1,05
50%-Median	0,7	1,0	1,7
Minimaler Querdurchmesser	2,0	1,2	3,2
Maximaler Querdurchmesser	4,8	4,0	8,8
Durchschnittlich	3,3	2,4	5,7
50%-Median	3,3	2,3	5,6
Rechts-links-Differenz			
Minimal	0,0	0,0	0,0
Maximal	1,6	1,5	3,1
Durchschnittlich	0,48	0,5	0,98
50%-Median	0,3	0,4	0,7

Tangentialaufnahmen der makroskopisch und mikroskopisch untersuchten Präparate

Die makroskopischen (s. Kap. 2) und mikroskopischen (s. Kap. 3) Präparate wurden nach der Fixation in Formaldehyd entsprechend der von uns entwickelten Tangentialaufnahme der *retromalleolaren Gleitrinne* radiologisch untersucht. Dazu wurden die gewonnenen Außenknöchel mit Hilfe mehrerer Nadeln derart fixiert, daß ihre Längsachse senkrecht auf die Röntgenfilmebene ausgerichtet war, die Röntgenröhre wurde 20° gegen die Längsachse des Außenknöchels eingeneigt (entsprechend der Technik der Tangentialaufnahmen). Die gewonnenen Röntgenbilder zeigten sowohl die Konturen der Weichteile als auch die Ausformung der *retromalleolaren Gleitrinne*. Zur besseren Darstellung wurden von den Röntgenfilmen Kontaktpausen gezeichnet, wobei die Weichteilkontur ausgezogen und die Knochenkontur punktiert dargestellt wurden.

Die Abb. 20 A – E zeigt die Zusammenstellung dieser Kontaktpausen. Sie zeigen deutlich, wie stark die Knochenkontur durch die Form der Weichteile verändert wird, insbesondere, daß die eigentliche Rinne erst durch die Weichteile geformt wird.

Es muß jedoch darauf hingewiesen werden, daß am Patienten die Bestimmung der Ausformung der für die Gleitrinne entscheidenden Weichteile nicht möglich ist, da die umgebende Haut und Subcutis diese Struktur verdeckt. Mit der Tangentialaufnahme läßt sich im klinischen Alltag nur die Knochenkontur darstellen.

2.5.4 Diskussion

Die makroskopische Untersuchung zeigt, daß es Unterschiede in Ausbildung und Ausformung des Retinaculum superius gibt, wobei auch individuelle Unterschiede im Seitenvergleich bestehen; bei $^1/_3$ unserer Präparate wurde eine deutliche *Rechts-links-Differenz* gefunden. Es ließ sich aber immer eine deutlich abgrenzbare Haltestruktur für die Peronaeussehnen finden, deren Stärke jedoch von einer dünnen, mehr der Fascia cruris entsprechenden Ausformung bis zu einer kräftigen, als Widerlager imponierenden, bandartigen Struktur reichte. Die zur durchschnittlichen Länge der retromalleolaren Gleitstrecke relativ kurze Ausformung des Retinaculum superius (im Mittel 13,2 mm) zeigt, daß in Höhe der Außenknöchelspitze die größte Luxationstendenz bestehen muß.

Die größte durchschnittliche Breite der retromalleolaren Gleitrinne betrug 11,0 mm; sie entspricht damit annähernd dem durchschnittlich größten Gesamtdurchmesser beider Peronaeussehnen (10,9 mm). Auch die Extremwerte für den Gesamtdurchmesser der Sehne lassen sich mit den Extremwerten für die Breite des Sulcus sehr gut in Übereinstimmung bringen. Die ermittelten Werte decken sich hingegen nicht mit den Meßergebnissen der Bestimmung des knöchernen Sulcus durch Edwards [61] und Fink [72]. Edwards [61] findet bei seinen 178 Fibulae bei 146 einen dorsalen Sulcus. Der geringste Abstand zwischen beiden Wänden betrug 5 mm, der größte 10 mm, die Mehrheit der Präparate (62%) zeigte jedoch einen Abstand zwischen 6 und 7 mm. Bei Fink [72] betrug der durchschnittliche Wert 6,11 mm, mit einem Maximalwert von 10,3 mm und einem Minimalwert von 3,3 mm; die Werte lagen also im Bereich der Messungen von Edwards [61]. Dieser geringe Abstand ist kaum mit der Größe der Sehnen vereinbar. So würden z. B. mehr als die Hälfte der hier gemessenen Sehnenpaare bei einer durchschnittlichen gemeinsamen Breite von 10,9 mm mehr Raum beanspruchen als der größte am marcerierten Knochenpräparat gemessene Sulcus (10,3 mm) bei Fink [72] zuläßt.

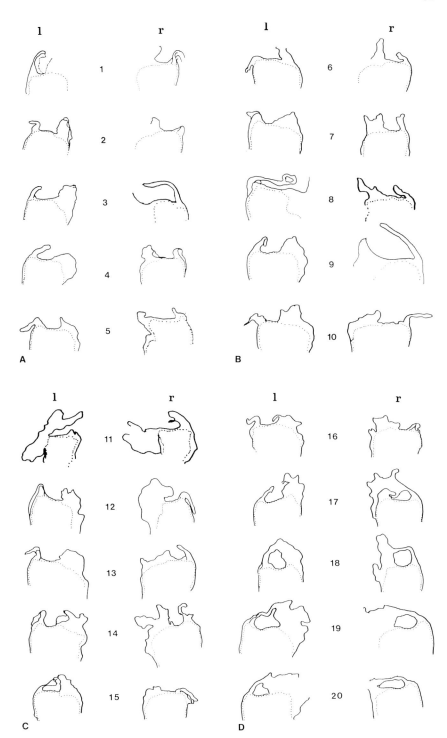

Abb. 20 A – D.

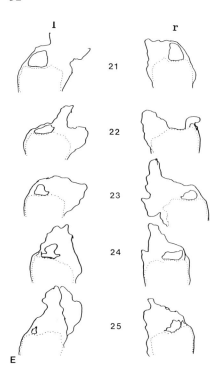

Abb. 20 A – E. Kontaktpausen der Tangentialaufnahmen des retromalleolaren Sulcus der anatomisch und histologisch untersuchten Präparate; Weichteilbegrenzung (———), Knochen-Kontur (------)

Erst durch die Weichteile entsteht eine Rinne, die in ihrer Dimensionierung den Sehnen entspricht. Die Diskrepanz der gemessenen Breite am Knochenpräparat gegenüber dem Bandpräparat bestätigt den Eindruck, daß keine Übereinstimmung zwischen der knöchernen und der Weichteilstruktur besteht. Dies läßt bereits vermuten, daß der knöchernen Ausformung der *retromalleolaren Gleitrinne* bezüglich einer mechanischen Haltefunktion nur eine untergeordnete Bedeutung zukommt.

Vergleichbare Ergebnisse finden sich auch bei Berücksichtigung der Tiefe des Sulcus. Bei Edwards [61] ist der Sulcus „normalerweise flach" und erreicht nur gelegentlich 2 – 3 mm, bei Fink [72] und Radke u. Fink [186] betragen die durchschnittlichen Sulcustiefen 0,85 mm, mit einem Maximalwert von 1,9 mm und einem fehlenden Sulcus bei 12 der 100 Präparate. Diese Tiefe des Sulcus ist nicht mit dem kleinsten durchschnittlichen Durchmesser der Sehnen (Peronaeus longus 3,3 mm, Peronaeus brevis 2,4 mm) zu vereinbaren. Berücksichtigt man jedoch die Weichteile, überragen die Sehnen den durchschnittlich 3,09 mm tiefen Sulcus kaum, solange sie nebeneinander liegen.

Das retromalleolare *osteofibröse Rohr*, dessen Aufgabe es ist, die Peronaeussehnen an der Luxation zu hindern, erfährt also erst durch die Weichteile seine eigentliche Ausformung und Dimensionierung. Erst die Weichteile bauen die für die Breite und Dicke der Sehnen erforderliche Haltestruktur in ausreichender Stärke auf. Das bestätigt die Vermutung, daß die Weichteile für die Sicherung des regelrechten Bewegungsablaufs der Peronaeussehnen verantwortlich sind.

Zur Beurteilung der Frage, ob die Größe des *Winkels*, mit dem die dorsale und distale Außenknöchelfläche zueinander versetzt sind (durchschnittlich 35,5°), einen Einfluß auf die Biomechanik der Peronaeussehnen hat, haben wir an 10 Röntgenbildern von Sprunggelenken Gesunder jenen Winkel bestimmt, mit dem die Peronaeussehnen bei Rechtwinkelstellung des Fußes am Außenknöchel umgelenkt werden. Dazu legten wir eine Tangente an die *Außenknöchelrückfläche*. Unsere 2. Bezugslinie war die Verbindungslinie zwischen Außenknöchelspitze und Apex des V. Mittelfußknochens, bzw. der gut definierten Rinne am Unterrand des Cuboids, in welche die Sehne des M. peronaeus longus umbiegt. für den Verlauf der Sehne des M. peronaeus brevis ergab sich ein durchschnittlicher Wert von 35,3°, mit einer Schwankungsbreite zwischen 31 und 39°. Für die Sehne des M. peronaeus longus ergaben sich durchschnittliche Werte von 41,2°, mit einer Schwankungsbreite von 36–45°. Es besteht also bezüglich der anatomischen Konfiguration der Außenknöchelrückfläche und dem anatomisch vorgegebenen Winkel, mit dem die Sehnen um den Außenknöchel ziehen müssen, eine sehr enge Korrelation, so daß die Sehnen normalerweise dem Außenknöchel gut anliegen.

Andererseits bedeutet ein Umlenkwinkel von 35°, bei einer als physiologisches Bewegungsminimum anzusehenden durchschnittlichen Sprunggelenkbeweglichkeit von S-20-0-40 [54], daß sich bei maximaler Plantarflexion die Sehnen, und hier besonders die Peronaeus-brevis-Sehne, von der Fibula nach dorsal entfernen können. Das widerlegt die Theorie, daß die Peronaeussehnen bei maximaler Plantarflexion nach ventral luxieren können. Sie erlangen jedoch, da sie ohne Kontakt mit der Fibularückfläche frei hinter der Fibula verlaufen, eine sehr große Bewegungsfreiheit, die es ihnen erlauben kann, gegen die Wand des osteofibrösen Rohrs dorsal des eigentlich verstärkten Anteils anzudrängen. Ob diese Überbelastung des dorsal nur mehr aus der Fascie bestehenden osteofibrösen Rohrs als Ursache für die von manchen Autoren als Ausgangsstellung für die Peronaeussehnenluxation angegebene Plantarflexion angesehen werden kann, ist aus diesen Überlegungen nicht abzuleiten, jedoch denkbar.

Die konstante Ausbildung und regelmäßige Ausformung des Retinaculum inferius bestätigt seine Bedeutung als Leitschiene für den korrekten Verlauf der Peronaeussehnen distal des *Außenknöchels*.

Das Retinaculum inferius findet regelmäßig seine Verankerung an der lateralen Calcaneusfläche, die in diesem Bereich einen kleinen rollenartigen Wulst bilden kann, den sog. Processus trochlearis calcanei. Stieda [222–224], Hyrtl [106] und viele andere Autoren beschrieben in ausgedehnten anatomischen Untersuchungen, daß dieser Processus nur inkonstant auftritt, z. B. bei Stieda [222–224] 30mal bei 106 Präparaten. Ebenso wie bei der knöchernen retromalleolaren Gleitrinne und dem Retinaculum superius findet sich auch hier die Situation, daß die ossäre Struktur inkonstant ausgebildet ist, eine ligamentäre hingegen findet sich regelmäßig. Da experimentelle Untersuchungen zeigen konnten, daß dem Retinaculum inferius zur Verhinderung einer Peronaeussehnenluxation keine Bedeutung zukommt [60, 183], wird auf diese Struktur nicht näher eingegangen. Der Rechts-links-Vergleich unserer Präparate zeigt, daß sowohl bei der Ausformung der Retinacula als auch der übrigen Strukturen Unterschiede bestehen. Die Schwankungsbreite ist für die meisten gemessenen Parameter nicht größer als 10% des erhobenen Durchschnittswertes. Nur für den minimalen Durchmesser der *Peronaeus-brevis-Sehne* wird mit 20,8% einmal die 20%-Marke überschritten.

Die Beobachtung, daß in 7 Präparaten eine deutliche Rechts-links-Differenz in der Dimensionierung des Retinaculum superius zu finden war, zeigt, daß durchaus eine einseitige Disposition zur Luxation bestehen kann. Die Durchsicht der Literatur bestätigt das Vorkommen derartiger Fälle. Der erste wurde bereits 1895 durch Kramer [115] beschrieben (s. Abschn. „Disposition", S. 83).

Zusammenfassend läßt sich aufgrund unserer anatomischen Untersuchungen feststellen, daß der Ausformung der knöchernen *retromalleolaren Gleitrinne* als Schutz gegen eine Luxation der Peronaeussehnen nur untergtergeordnete Bedeutung zukommt. Erst die Weichteile bauen eine verläßliche Haltestruktur auf. Ihrer Ausformung sowie ihren Formvarianten kommt große Bedeutung zur Sicherung der Peronaeussehnen zu.

3 Histologie

3.1 Vorbemerkungen

Histologische Untersuchungen der normalen retromalleolaren Gleitrinne und des osteofibrösen Köchers sind in der Literatur nicht zu finden. Lediglich Hildebrand [102] beschreibt 1907 in seiner Arbeit „Tendovaginitis chronica deformans und Luxation der Peronaealsehnen" eine Auffaserung des Sehnenscheidengewebes mit Quellung der Fasern, Blutungsherden und zahlreichen Gefäßen, die von breiten Zellmänteln umgeben sind, bei einer chronisch rezidivierenden, seit 6 Monaten bei einem Reiter bestehenden Peronaeussehnenluxation. Vereinzelt findet er auch Nekroseinseln. Die Sehnen selbst und die sie überziehende Sehnenscheide waren von diesem Befund nicht betroffen. Hildebrand [102] deutet diesen Befund als Folge einer chronisch verstärkten Inanspruchnahme der Peronaeussehnen. Eine Erklärung, die durch eigene Untersuchungen zur Pathomechanik bestätigt werden, da gerade bei Reitern der Fuß bevorzugt in Dorsalflexion, Abduktion und Eversion fixiert gehalten wird, so daß eine ständige mechanische Beanspruchung des Retinaculum superius die Folge ist.

3.2 Histologische Untersuchungen

3.2.1 Fragestellung

Da einschlägige Untersuchungen fehlten, stellten sich uns die folgenden Fragen:

1. Wie ist das Retinaculum superius aufgebaut?
2. Bestehen individuelle Unterschiede?
3. Ist das Retinaculum superius eine Verstärkung der Fascia cruris?
4. Wie verbindet sich das Retinaculum superius mit der Fibula?
5. Besteht ein Zusammenhang zwischen der Ausbildung des Retinaculums und der Tiefe der retromalleolaren Gleitrinne?
6. Lassen sich die einzelnen Formen der Peronaeussehnenluxation aus Unterschieden in der Ausbildung des Retinaculum superius erklären?

3.2.2 Material und Methode

Unsere Untersuchungen erfolgten an 50 Außenknöchelpräparaten gerade Verstorbener. Alle Präparate wurden innerhalb von 24 h post mortem entnommen. Bei der Entnahme wurden zuerst Haut und Subcutis abpräpariert, anschließend der Außenknöchel-Band-Apparat, die Syndesmose und das Retinaculum superius und inferius präpariert. In situ wurden dann das *osteofibröse Rohr*, der Bandapparat bzw. die Retinacula vermessen, in toto entnommen und mindestens 1 Woche in 7%igen gepuffertem Formalin fixiert. Vor der weiteren Bearbeitung wurde das osteofibröse Rohr in Höhe des größten Sagittaldurchmessers längsgespalten, die retromalleolare Gleitrinne vermessen und das Präparat mit einer oscillierenden Säge so weit zugeschnitten, daß Retinaculum superius und die *Außenknöchelhinterwand* erhalten blieben, der vordere Anteil des Knöchels jedoch entfernt wurde. Durch 96stündiges Einlegen in 7%ige Salpetersäure wurden die Präparate entkalkt. Die so entstandenen entkalkten Knochen-Band-Präparate wurden senkrecht zur Fibulahinterwand in der Horizontalebene in 5mm dicke Blöcke zerlegt, wobei der erste Schnitt in Höhe des Beginns des osteofibrösen Rohrs gelegt wurde. So ließen sich von jedem Präparat 5 Blöcke gewinnen. Bei allen Präparaten wurde, um die Korrektheit der gewählten distalsten Schnittebene zu überprüfen, zusätzlich das Gewebe distal der ersten Schnittebene eingebettet und ebenfalls histologisch aufgearbeitet. Nachdem die gewonnenen Präparate in Paraffin eingebettet worden waren, wurden sie mit dem Mikrotrom geschnitten und mit Hämotoxylin-Eosin, Azan und Elastica gefärbt, wobei von jedem Block mindestens 4 Schnitte ausgewertet wurden.

Elasticafärbung: Weigert's Resorcin Fuchsin
1. Elastica-Farbstoff 30 min
2. Spülen in Aqua destillata
3. Differenzieren in HCl-Alkohol, bis keine Wolken mehr abgehen
4. Leitungswasser 10 min
5. Aqua destillata filtern
6. Kernechtrot
7. Aqua destillata
8. Aufsteigende Alkoholreihe Xylol-Alkohol
9. Filtern
10. Aufsteigende Alkoholreihe Xylol
11. Eindecken mit Eukitt

Hämatoxylin-Eosin-Färbung
1. Entparaffinieren, mit Xylol-Alkohol
2. Aqua destillata
3. Hämotoxylin ca. 4 min
4. Aqua destillata
5. Bläuen in H_2O
6. Eosin 7 min
7. Kurz abspülen in Aqua destillata
8. Aufsteigende Alkoholreihe Xylol
9. Eindecken mit Eukitt

Lösungen. Eosin: 1%ige wäßrige Lösung mit 1 Tropfen Eisessig auf 100 ml Farblösung

Azanfärbung
1. Entparaffinieren mit Xylol-Alkohol, Aqua destillata und filtern
2. Azan 15 min im Brutschrank
3. Aqua destillata

4. Differenzieren in 1%igem Anilin – Alkohol, bis die Kerne deutlich rot auf schwach rosa gefärbtem Grund hervortreten
5. Aqua destillata
6. Unterbrechen der Differenzierung im essigsaurem Alkohol 1–2 min (1 ml Eisessig auf 100 ml 96%igen Alkohol)
7. Aqua destillata
8. 5%ige Phosphorwolframsäure zum Entfärben und Beizen des Bindegewebes 15 min
9. Aqua destillata
10. Anilinblau – orange 15 min
11. Aqua destillata
12. Aufsteigende Alkoholreihe Xylol
13. Eindecken mit Eukitt

Lösungen. Azokarmin. 0,1 g Azokarmin G in 100 ml Aqua destillata aufkochen, filtrieren, zum Filtrat 1 ml Eisessig.

Anilinblau-Orange (Stammlösung): wasserlösliches Anilinblau 0,5 g + Orange G (oder Orange III) 2,0 g werden in 100 ml Aqua destillata gelöst. Nach der Lösung fügt man 8 ml Eisessig hinzu, kocht auf, läßt erkalten und filtriert. Zur Färbung verdünnt man die Stammlösung vor Gebrauch mit Aqua destillata im Verhältnis 1:2.

Die Analyse erfolgte in normalem sowie in polarisiertem Licht. Es wurden von jedem Präparat mindestens 20 Schnitte ausgewertet, so daß eine kontinuierliche Darstellung der Strukturen möglich war.

3.2.3 Ergebnisse

Da von jedem Präparat (in Höhe des Beginns des osteofibrösen Rohrs, sowie 5, 10, 15 und 20 mm proximal davon) Schnitte in 5 vergleichbaren Ebenen zur Verfügung standen, erfolgt die Beschreibung der Ergebnisse entsprechend dieser Schnittebenen. Die Beschreibung der Präparate beginnt lateral, die des Retinaculum superius von dorsal (also von der freien Schnittkante, die durch die Spaltung des *osteofibrösen Rohrs* entstanden ist) nach ventral.

Schnittebene 1

Die Schnittebene 1 wurde in Höhe des gut erkennbaren distalen Endes des Retinaculum superius gelegt. Dieses wurde schon bei der Präparation an der Leiche definiert.

Betrachtet man in dieser Schnittebene das *distale Fibulaende* von dorsal, geht an der lateralen Fibulakante die Fascia cruris in das Periost über, wobei sich die Fascie knochennahe verstärkt. Bei allen von uns untersuchten Präparaten fand sich in der Azanfärbung und *polarisationsoptisch* am freien Schnittrand lateral eine *kollagenfaserhaltige* Bindegewebsstruktur. Die elastischen Fasern waren kurz und dünn. Mit zunehmender Nähe zum Knochen verbreiterte sich diese Struktur. Es ließen sich dabei bereits in dieser Schnittebene 2 unterschiedliche Strukturen erkennen. Eine zog nach lateral um den Außenknöchel, um in Höhe der Fibulahinterkante oder etwas ventral davon in das *Periost* des Außenknöchels überzugehen (s. Abb. 24C).

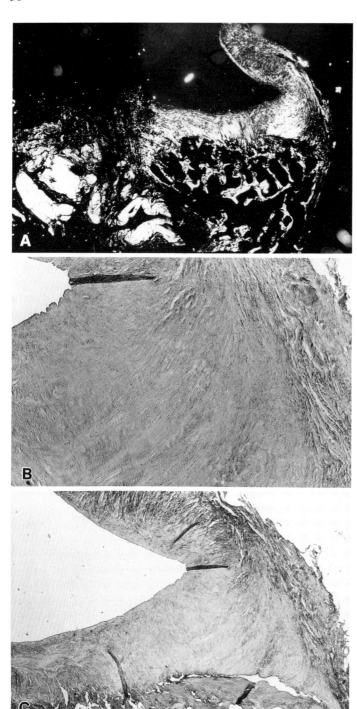

Abb. 21 A–C.

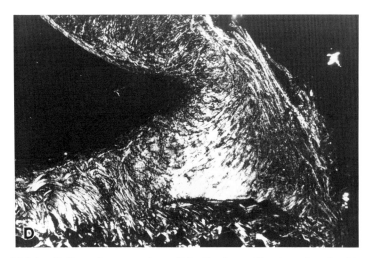

Abb. 21 A – D. Kräftig ausgebildetes Retinaculum superius mit breiter bogenförmiger dorsaler bis tangentialer Einstrahlung (Typ 3). Schnittebene I, H. E.-Färbung. **A** Polarisiertes Licht, 2,5fache Vergrößerung, **B** 12,5fache Vergrößerung, **C, D** 6,25fache Vergrößerung (**D** polarisiertes Licht)

Diese in das Periost übergehende Struktur war in allen Präparaten darstellbar und in Ausbildung und Dimensionierung vergleichbar. Die medial gelegene Struktur hingegen zeigte bereits in Schnittebene 1 deutliche Unterschiede. Sie strahlte in variabler Stärke in die *laterale Fibularhinterkante* ein, bzw. ließ sich entlang der Fibularückfläche nach medial verfolgen.

Zur Auswertung unserer Präparate verglichen wir die Breite des Retinaculums in Höhe der Außenknöchelhinterfläche. Betrug diese mehr als $^1/_4$ der Außenknöchelhinterfläche, wurde die Bezeichnung breite dorsale oder tangentiale Einstrahlung (Typ 3: Maximalvariante) gewählt (Abb. 21, 22); fand sich eine Verankerung des Retinaculums an der Fibularückfläche, die weniger als $^1/_4$ der Breite derselben erreichte, bezeichneten wir sie als schmale dorsale oder laterodorsale Einstrahlung (Typ 2: Standardtyp) (Abb. 23).

Abb. 22. Schnittebene 1, H. E., 2,0fache Vergrößerung. Breiter Übergang des Retinaculums in die Fibula (Typ 3), die Knochenkontur wird durch die Weichteile vollständig verändert; Lig. talofibulare posterius (○), mediale Wand des osteofibrösen Rohrs (▲).

Verankerte sich schließlich das Retinaculum nur an der Fibulaaußenfläche, wurde dies als laterale Einstrahlung (Typ 1: Minusvariante) bezeichnet.

In Schnittebene 1 fand sich nur bei einem Präparat (2%) eine alleinige Einstrahlung an die Fibulaaußenfläche (Typ 1). Bei 12 Präparaten (24%) strahlte der mediale Anteil des Retinaculums lateral und dorsal bzw. bevorzugt dorsal, aber schmal, ein (Typ 2). Eine breite dorsale Verankerung des *Retinaculums*, die sich hier bis zur Mitte des Außenknöchels bzw. noch weiter nach medial erstrecken konnte, fand sich in 37 Fällen (74%).

Die laterale Fibulahinterkante wird zusätzlich noch durch kollagene Fasern verstärkt, die von der Fibula entspringen und in diese wieder einstrahlen. Diese Fasern erhöhen die Fibulahinterkante ein wenig. Knochennah fanden sich Chondrocyten, es handelte sich hiermit um einen faserknorpeligen Wulst (Abb. 24 D, F).

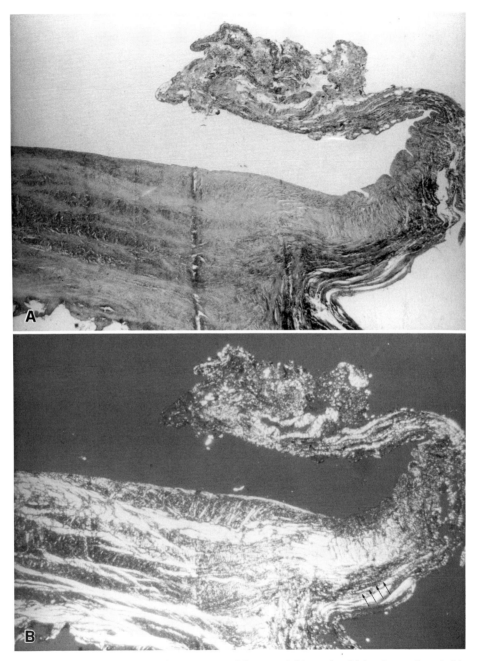

Abb. 23 A, B. Schnittebene 1, H. E., 5,0fache Vergrößerung. **A** Normales Licht. Laterodorsale bis schmal dorsale Einstrahlung des Retinaculums (Typ 2). **B** Im polarisierten Licht ist eine dunkle, das Retinaculum von der Fascie trennende Schicht sehr gut zu erkennen (⇄)

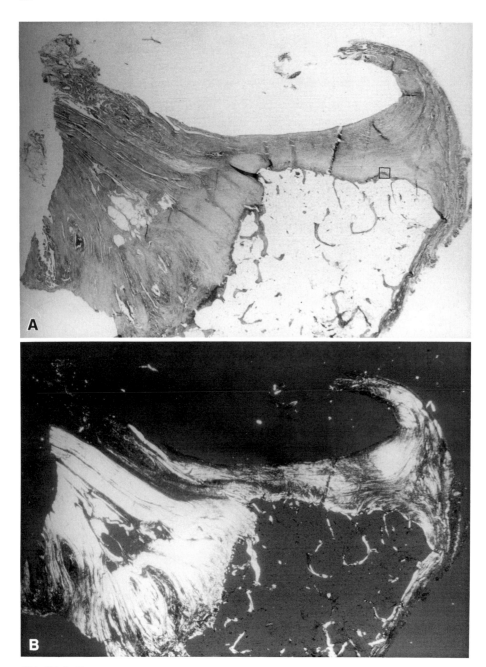

Abb. 24 A, B.

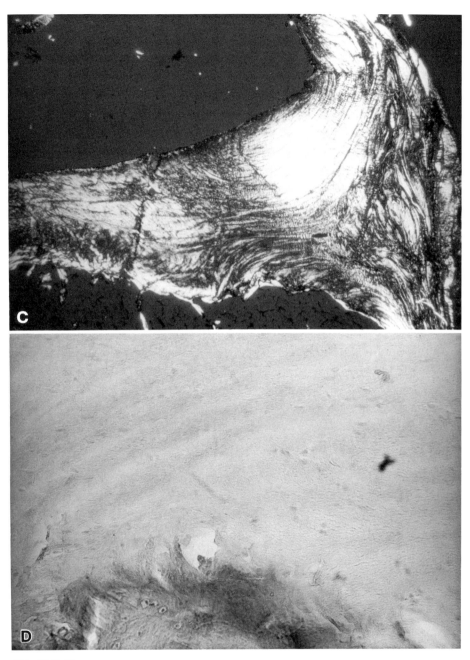

Abb. 24 C, D.

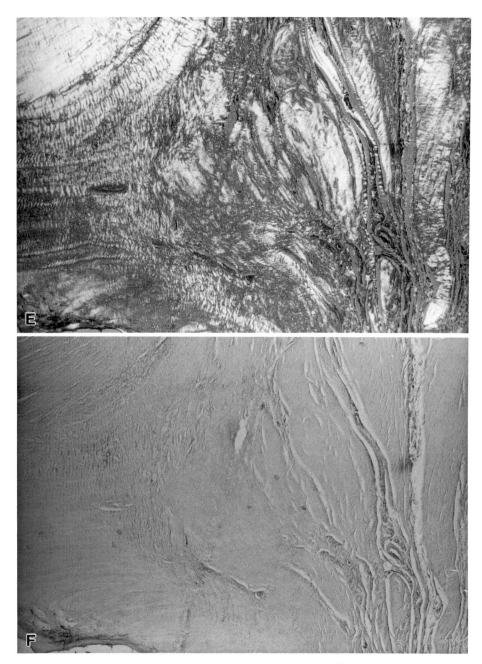

Abb. 24 A–F. Kräftige tangentiale Einstrahlung mit fließendem Übergang in die Fibularückfläche, man beachte die unterschiedliche Faserorientierung im medialen und lateralen Anteil. **A, B** Übersicht, **C** Übergang des Retinaculums in die Fibularückfläche, **D** knochennahe Chondrocyten (Ausschnitt aus Teilabbildung A), **E, F** zentrale Übergangsstruktur in Höhe der dorsolateralen Fibulakante. Schnittebene 1, H. E. **B, C, E** polarisiertes Licht, Vergrößerung: **A, B** 2,0fach, **C** 5,0fach, **D** 50,0fach, **E, F** 12,6fach

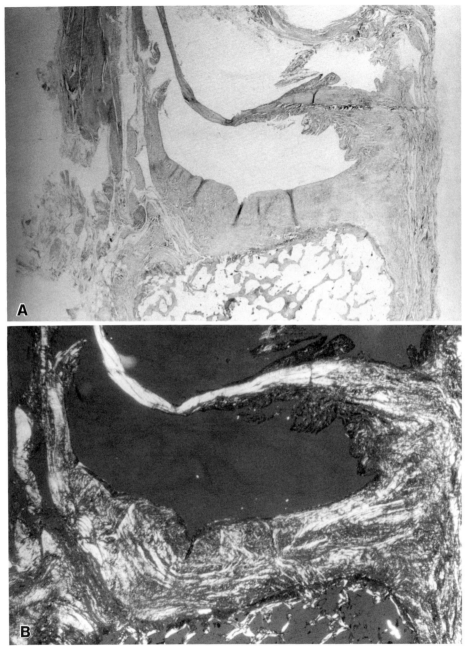

Abb. 25 A, B. Schnittebene 1, H. E. Aufgelockertes Retinaculum mit ungeordnet wirkender Faseranordnung. **A** 2,0fache, **B** 3,2fache Vergrößerung

Demzufolge kommt es an der Fibula in Höhe des Retinaculum superius zum Zusammentreffen von 3, in der Orientierung unterschiedlich ausgerichteten, kollagenen Faserstrukturen, so daß eine zentrale, ungeordnet erscheinende Übergangsstruktur entsteht (Abb. 24 E, F).

Bei 2 Präparaten ließ sich eine horizontal orientierte oder mehr aufgelockert erscheinende Struktur des kollagenen Fasergewebes des Retinaculums erkennen (Abb. 25).

Bei allen anderen waren die kollagenen Fasern zur Fibularückfläche orientiert (Abb. 21).

Nach medial zu geht das Retinaculum in das ventrale Gleitlager der Peronaeussehnen an der Fibularückfläche über. Der Übergang ist in Schnittebene 1 bevorzugt gleichmäßig bogenförmig (Abb. 21, 24). Die Fibularückfläche ist dabei von kollagenen Fasern oder, besonders am Knochen, von Faserknorpel bedeckt. Knochennah strahlen die kollagenen Fasern direkt in den Knochen ein, gegen die freie Oberfläche zu verlaufen sie im polarisationsoptischen Bild eher parallel zum Knochen, elastische Fasern sind dünn und nur spärlich zu finden (Abb. 21, 23, 24 A – C)

Von der medialen Kante der Fibularückfläche entspringt eine kollagenfaserreiche Bindegewebeschicht, die als mediale Wand des *osteofibrösen* Rohrs nach dorsal zieht. Diese Struktur ließ sich in allen untersuchten Präparaten regelmäßig nachweisen. Die kollagenen Fasern sind in ihrer Orientierung denen im lateralen Anteil des Retinaculums vergleichbar. Eine Differenzierung in mehrere Anteile ist jedoch medial nicht möglich (Abb. 24, 25). Die Innenseite des fibrösen Rohrs wird von einer einschichtigen Lage Epithel bedeckt.

Von der medialen Fibulawand entspringen parallel ausgerichtete, sehr eng aneinander liegende kollagene Fasern. Diese Faserbündel waren in Schnittebene 1 bei allen Präparaten nachweisbar und erstreckten sich bis knapp an die mediale Fibulahinterkante. Sie lassen eine Bündelung erkennen. Zwischen den Bündeln verläuft gefäßführendes Bindegewebe. Topographisch sind diese Fasern dem Lig. talofibulare posterius zuzuordnen [210]. Eine Vermengung dieser Fasern mit dem medialen Retinaculum konnte bei keinem unserer Präparate gefunden werden. Die enge Nachbarschaft beider Strukturen erweckte jedoch bei einigen Präparaten den Eindruck, daß sich der Ursprung des medialen Anteils des osteofibrösen Rohrs auf das Lig. talofibulare posterius legt und in seinem Spannungszustand von diesem beeinflußt werden kann (Abb. 22, 24).

Im Vergleich zu den anderen untersuchten Schnittebenen war in Ebene 1 die Differenzierung schwieriger, da das Zusammentreffen unterschiedlich orientierter Strukturen zu einer Neuorientierung führt, die in dieser Schnittebene, am Beginn des osteofibrösen Rohrs, noch nicht abgeschlossen ist (Abb. 25). Die Korrelation der Befunde dieser Schnittebene mit den darüberliegenden ermöglichte jedoch schließlich auch in nicht eindeutigen Fällen eine Zuordnung.

Schnittebene 2
Schnittebene 2 wurde 5 mm oberhalb von Ebene 1 gelegt. Das Retinaculum ist hier inzwischen vollständig ausgebildet. In Höhe des freien Schnittrandes des Retinaculums fand sich eine dichte kollagene Struktur, die sich nach ventral, gegen die Fibularückfläche, verbreiterte. Gleichzeitig differenzierte sich das Gewebe. Lateral stellte es sich als parallelfaserige kollagene Struktur dar, die sich auf die Fibulaaußenseite verfolgen ließ und in das Periost des Außenknöchels überging. Diese Struktur war in allen Präparaten

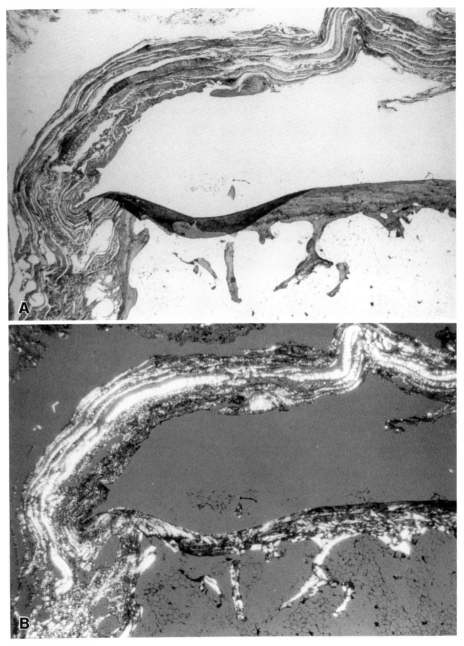

Abb. 26 A, B. Schnittebene 2, H. E., 3,2fache Vergrößerung. **A** Normales Licht. **B** polarisiertes Licht. Minusvariante (Typ 1) mit fehlender Verbreiterung zur Fibulakante ein Retinaculum im eigentlichen Sinn ist nicht darstellbar

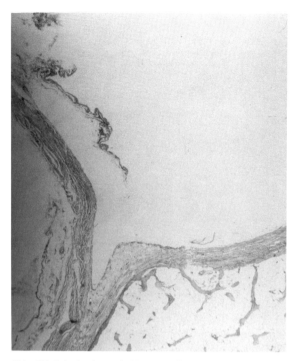

Abb. 27. Schnittebene 2, H. E., 2,0fache Vergrößerung Minusvariante, Spaltbildung um den Außenknöchel

zu finden. Eine durch die Änderung der Faserrichtung gekennzeichnete „Grenzschicht" trennte diese Struktur von dem medial gelegenen, das *Retinaculum* charakterisierenden Anteil. Diese Grenzschicht erschien im polarisationsoptischen Licht dunkel, lichtoptisch imponierte sie eher als Auflockerung der Struktur, auch Gefäße ließen sich nachweisen. Der Eindruck einer zum Außenknöchel orientierten Grenzschicht entstand und bestätigt sich auch dadurch, daß es bei der histologischen Aufarbeitung der Präparate bevorzugt in dieser Zone zur Trennung der Strukturen kam.

Das medial der Grenzschicht gelegene Bindegewebe zeigte eine zwar differenzierte, aber ebenso wie in Ebene 1 unterschiedliche Ausformung.

Eine sehr schwache Ausformung (Typ 1) fand sich bei 4 Präparaten. Es konnte keine, einem Retinaculum ähnliche Struktur dargestellt werden. Es konnte nur eine in die Außenfläche der Fibula übergehende *kollagene Struktur*, die keine wesentliche Dickenänderung zeigte, gefunden werden. Es ließ sich sogar einmal ein auf die Außenfläche des Knöchels reichender Spalt darstellen. Bei 2 dieser 4 Präparate handelt es sich um das rechte und linke Präparat derselben Leiche, also um eine beidseitig ausgebildete Minderentwicklung (Abb. 26, 27).

Als Übergangsform zum Standardtyp (Typ 2) ist ein Präparat anzusehen, bei dem ein eher schwach entwickeltes Retinaculum von der Fibulaaußenfläche und nicht von der Hinterkante entsprang (Abb. 28).

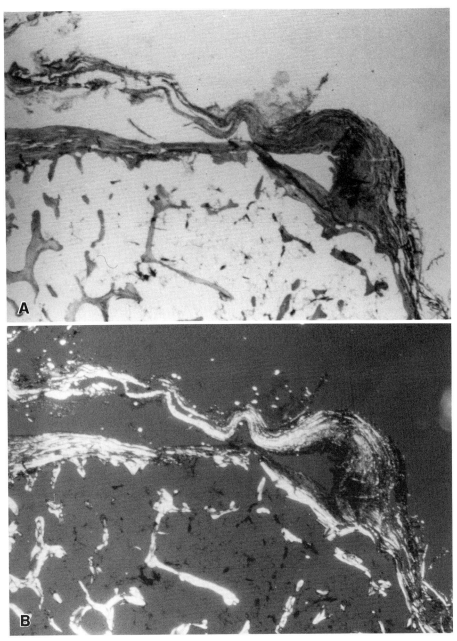

Abb. 28 A, B. Schnittebene 2, H. E. 5,0fache Vergrößerung. **A** Normales Licht, **B** polarisiertes Licht. Laterale Einstrahlung eines schwach ausgebildeten Retinaculums

Der als *Typ 2* bezeichnete, mit laterodorsaler oder schmal-dorsaler Einstrahlung fand sich bei 25 unserer Präparate (50%) (Abb. 29), und Typ 3 mit dorsal breit einstrahlender oder tangentialer Verankerung bei 21 (42%) (Abb. 30).

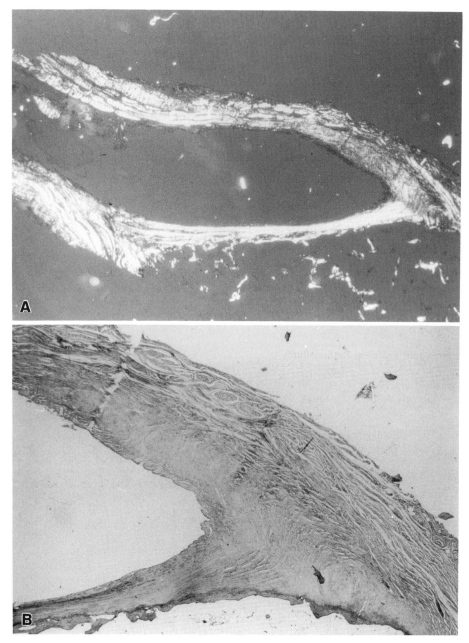

Abb. 29 A, B. Schnittebene 2, H. E. Dorsale Einstrahlung eines eher winkelig in die Fibula übergehenden Retinaculums (Typ 2). Das Retinaculum nimmt zur Fibula hin nur wenig an Breite zu. **A** 2,0fache Vergrößerung, polarisiertes Licht, **B** 5,0fache Vergrößerung (Ausschnitt)

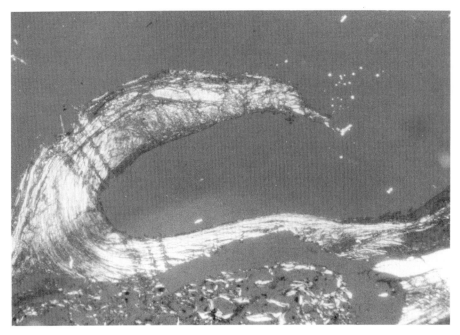

Abb. 30. Schnittebene 2, II. E. 3,2fache Vergrößerung, polarisiertes Licht. Breite bogenförmige Verankerung eines sehr kräftigen Retinaculums

Bei der polarisationsoptischen Analyse des Faserverlaufs der medialen Verstärkung zeigte sich, daß die Hauptverlaufsrichtung der Fasern bei 31 Präparaten (62%) zur Fibularückfläche gerichtet war (Abb. 30, 31); 7mal (14%) war die Struktur deutlich aufgelockert und kaum orientiert. Bei 8 Präparaten (16%) war die Faserstruktur eher parallel zur *Fibularückfläche* orientiert (Abb. 32, 33).

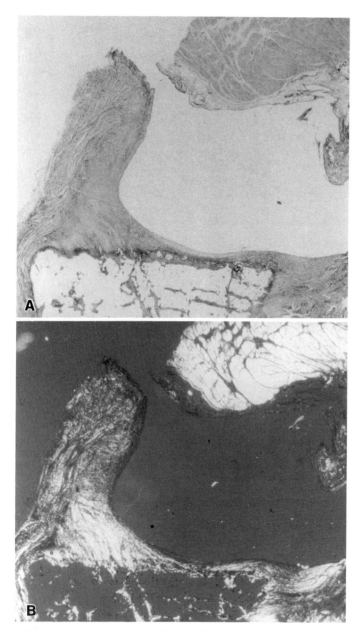

Abb. 31 A, B. Schnittebene 2, H. E. 2,0fache Vergrößerung. **A** Normales Licht, **B** polarisiertes Licht. Breite Verankerung eines kräftigen Retinaculums, man beachte die plane Fibularückfläche und die nur von den Weichteilen bestimmte Form des osteofibrösen Rohrs

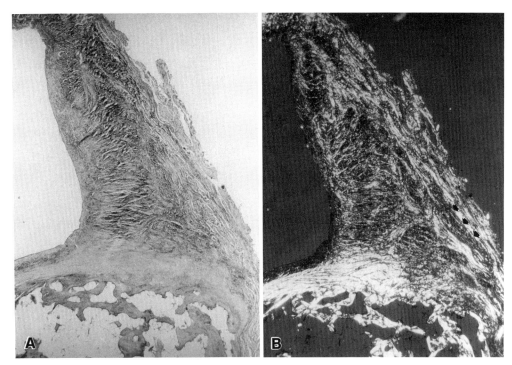

Abb. 32 A, B. Schnittebene 2, H. E. 5,0fache Vergrößerung. Kräftiges Retinaculum mit parallel zur Fibularückfläche orientierter Struktur, im polarisierten Licht ist die Grenzschicht zum lateralen Anteil des Retinaculums gut erkennbar (→). **A** Normales Licht, **B** polarisiertes Licht.

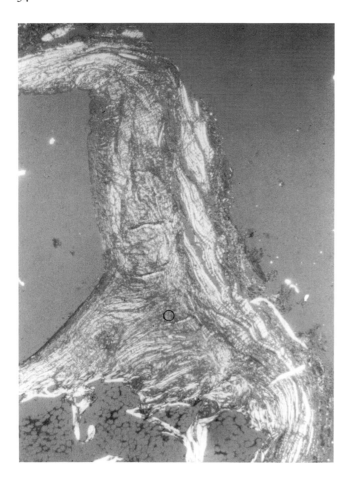

Abb. 33. Schnittebene 2, H. E., 5,0fache Vergrößerung, polarisiertes Licht. Retinaculum mit breitbasiger Verankerung an der Fibula. Die Fasern sind medial teilweise parallel zur Fibula orientiert, lateral ein in das Periost übergehendes kollagenes Bindegewebe, das gut vom medialen Anteil abgrenzbar ist; zentrale Übergangszone (○)

Bei keinem der 31 Präparate, in denen die Faserstruktur annähernd senkrecht gegen die *Fibularückfläche* verlief, fanden sich *Gefäße* innerhalb der *kollagenen Fasern* des *Retinaculums*. Bei aufgelockertem bzw. horizontal orientiertem Faserverlauf ließen sich jedoch in mehreren Fällen Gefäße darstellen. Auffallend war auch, daß beim Schneiden der Präparate mit horizontaler Faserorientierung die Risse innerhalb der Präparate bevorzugt parallel zur Fibularückfläche verliefen (Abb. 32).

Die Form der lateralen Wand des osteofibrösen Rohrs war entsprechend dem Faserverlauf und der Faserorientierung entweder die einer annähernd senkrecht emporwachsenden Wand (Abb. 33) oder mehr abgerundet, wenn die Fasern tangential in die Fibularückfläche einstrahlten (Abb. 30, 31).

Ebenso wie in Schnittebene 1, ließ sich auch in Ebene 2 eine *faserknorpelige* Erhöhung der Fibulahinterkante darstellen, die jedoch unterschiedlich ausgeprägt war (Abb. 34).

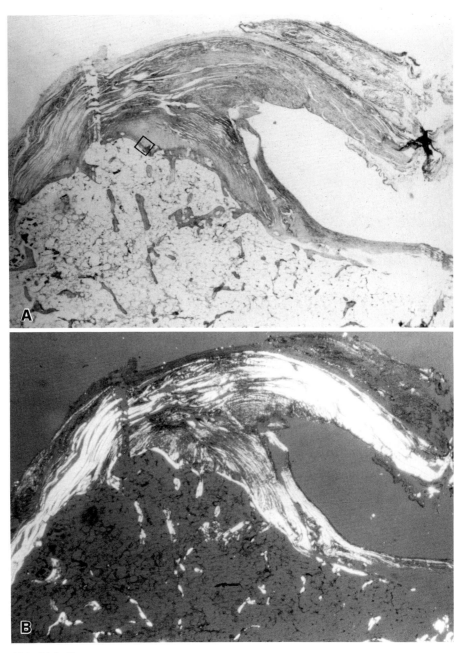

Abb. 34 A, B.

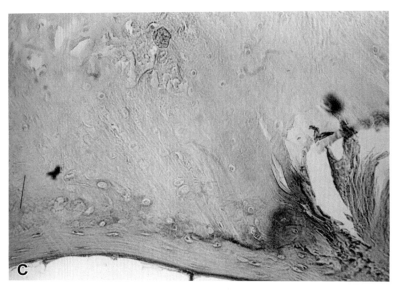

Abb. 34 A–C Schnittebene 2, H. E. **A, B** Kräftige dorsolaterale Fibulakante mit breitbasiger Verankerung des Retinaculum superius. Die Faserorientierung läßt sich vom Retinaculum auf die Fibulaaußenfläche verfolgen, ein Einstrahlen des Retinaculums in die faserknorpelige Erhöhung der Fibulahinterkante ist nicht erkennbar. (**A** 3,2fache, **B** 3,2fache Vergrößerung, polarisiertes Licht) **C** Ausschnitt aus **A** mit reichlich Chondrocyten;

17 mal war sie im Vergleich zu den anderen Ebenen in Ebene 2 am stärksten ausgebildet. Konnten lichtoptisch reichlich Chondrocyten dargestellt werden, ließen sich polarisationsoptisch tangentiale, von der Fibula entspringende und dort auch wieder ansetzende, die laterale Fibulahinterkante umgreifende Faserzüge darstellen. Die *Fibularückfläche* war bei allen Präparaten von kollagenem Bindegewebe bedeckt; knochennahe fanden sich *Chondrocyten*, die Fasern nahmen direkte Verbindung mit der *Fibula* auf; knochenfern waren die Fasern ebenso wie in Ebene 1 mehr parallel zur Fibularückfläche orientiert.

Die mediale Begrenzung des osteofibrösen Rohrs entsprang von der medialen Fibulahinterkante und setzte sich aus dicht aneinander gelagerten *kollagenen Fasern* zusammen (Abb. 31).

Die kollagenen Fasern ließen sich dabei von der Fibularückfläche bis in die mediale Wand des fibrösen Rohranteils verfolgen. Die für die laterale Wand charakteristische Verstärkung konnte medial nicht gefunden werden.

Von der medialen Fibulawand entsprangen bei 42 unserer Präparate (84%) kollagene Faserbündel, die dem Lig. talofibulare posterius zuzuordnen sind.

Die Ursprungszone des Lig. talofibulare posterius blieb auf die mediale Fibulafläche beschränkt (s. Abb. 30), wobei sie 26mal vor der Hinterkante endete und 16mal an diese heranreichte; eine Verbindung des Lig. talofibulare posterius mit den kollagenen Faserzügen der Fibularückfläche konnte mehrfach beobachtet werden. Bei 8 Präparaten (16%) ließ sich die kräftige Bandstruktur des Lig. talofibulare posterius in dieser Schnittebene nicht mehr nachweisen.

Das gesamte kollagene Bindegewebe war von wenigen dünnen und kurzen elastischen Fasern durchsetzt.

Schnittebene 3
Schnittebene 3 liegt 5 mm proximal der Schnittebene 2. In dieser Ebene ließ sich erneut eine deutliche Veränderung der Struktur erkennen. In allen Präparaten war wieder der laterale, den Außenknöchel umgreifende Anteil des Retinaculums bis zum freien Schnittrand hin nachweisbar.

Bei 18 Präparaten (36%) fand sich nur mehr eine laterale Einstrahlung der Fasern (Typ I), bei 26 (52%) eine laterodorsale oder dorsal schmale Einstrahlung (Typ II). Lediglich bei 6 Präparaten (12%) ließ sich eine breite dorsale Einstrahlung der Strukturen bis zur Mitte der *Fibula* feststellen (Typ III) (Abb. 35, 36).

Der von uns als tangential bezeichnete Typ mit Einstrahlung über die Mitte hinaus fand sich in dieser Schnittebene überhaupt nicht mehr. Die in Ebene 2 beschriebene, für das Retinaculum superius charakteristische Verstärkung des medialen Anteils war bei 37 Präparaten in dieser Ebene schwächer ausgeprägt als in Ebene 2, 10mal gleich und nur 3mal geringfügig verstärkt.

Die Anordnung der *kollagenen* Fasern, sowohl des *Retinaculums* als auch des Periosts der *Fibularückfläche*, war mit der von Ebene 2 vergleichbar. Lediglich die Faserdichte als auch die Dimensionierung der Strukturen war schwächer.

23mal war die faserknorpelige Verstärkung der lateralen Fibulahinterkante in dieser Ebene am stärksten (10mal war in keiner Ebene eine deutliche faserknorpelige Verstärkung zu finden).

Medialseitig konnte in dieser Ebene eine aus *kollagenen Fasern* bestehende Wand dargestellt werden. Das Lig. talofibulare posterius war nur noch bei 14 Präparaten (28%) darstellbar.

Die Auskleidung des osteofibrösen Rohrs zeigte besonders in den Übergangszonen vom ossären zum ligamentären Anteil eine aufgelockerte Struktur mit Einschluß von Gefäßen.

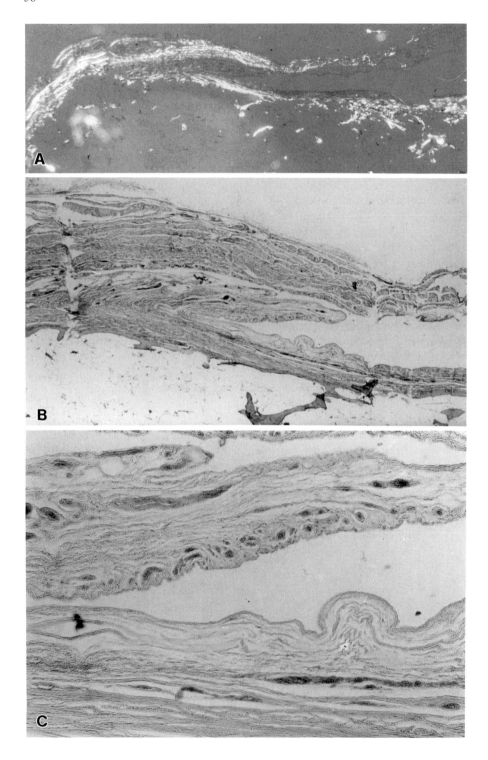

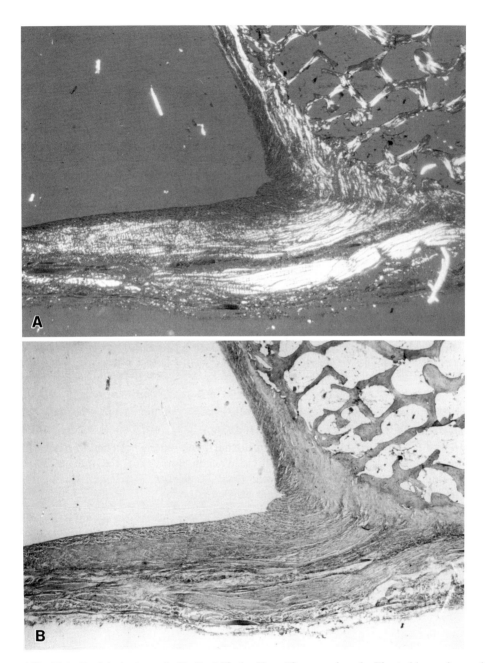

Abb. 36 A – B. Schnittebene 3, H. E. 5,0fache Vergrößerung, dorsale Einstrahlung eines schwach entwickelten Retinaculums, **A** Normales Licht, **B** polarisiertes Licht

◂——————————————————————————————————

Abb. 35 A – C. Schnittebene 3, H. E. Schmale dorsale Einstrahlung eines nur schwach ausgebildeten Retinaculums. **A** 2,0fache Vergrößerung polarisiertes Licht, **B** 8,0fache und **C** 25,0fache Vergrößerung

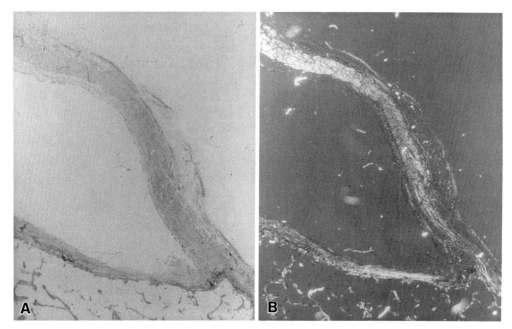

Abb. 37 A, B. Schnittebene 4, H. E. 5,0fache Vergrößerung, **A** Normales Licht, **B** Polarisiertes Licht. Ein Retinaculum im eigentlichen Sinn ist nicht mehr erkennbar. Es stellt sich der Übergang der Fascie in das Periost dar, ohne daß im polarisierten Licht eine Einstrahlung in die Fibularückfläche zu erkennen ist

Schnittebene 4 und 5
In Ebene 4 und 5, 5 bzw. 10 mm oberhalb von Ebene 3, war ein eigentliches *Retinaculum* nicht mehr vorhanden; es findet sich nur mehr ein von dorsal auf die *Außenknöchelaußenseite* ziehendes *kollagenes Bindegewebe* (Typ I). Weder ossär noch ligamentär konnte eine Verstärkung der Struktur erkannt werden (Abb. 37).

Ausformung der knöchernen Rinne
Der Vergleich der einzelnen Schnitte läßt auch eine Beurteilung der Ausformung der knöchernen Rinne im Vergleich zur Dimensionierung der ligamentären Anteile zu.

Bei 12 Präparaten (24%) ließ sich auch nach histologischer Aufarbeitung in keiner Schnittebene eine knöcherne Rinne darstellen, bei 38 Präparaten war eine knöcherne Rinne darstellbar. Deren größte Tiefe fand sich bei 14 Präparaten (36,8%) in Schnittebene 2, bei 24 (63,2%) jedoch in Höhe von Schnittebene 3, d. h. proximal der stärksten Ausformung des Retinaculums.

Ligamentär konnte durch die Ausformung des fibrösen Rohrs immer eine Rinne dargestellt werden. Am kräftigsten ausgebildet war sie bei einem Präparat (2%) in Ebene 1, 37mal (74%) in Ebene 2 und 12mal (24%) in Ebene 3.

3.3 Diskussion

Die zusammenfassende, alle Ebenen betrachtende Analyse zeigt, daß sich das Retinaculum superius aus 2 unterschiedlichen Anteilen zusammensetzt. Der laterale, auf die *Außenknöchelaußenfläche* und damit in das *Periost* übergehende Anteil war in allen Präparaten und Schnittebenen konstant nachweisbar und in Stärke sowie Faserarchitektur vergleichbar. Er ließ sich von der Fascia cruris über das Retinaculum zum Periost verfolgen. Aufgrund der topographischen Beziehungen, der dem Periost entsprechenden Dimensionierung und dem Übergang in das *Periost* des *Außenknöchels* ist dieser Anteil als Fortsetzung der *Fascia cruris* anzusehen. Durch eine besonders in Schnittebene 2 deutlich werdende Grenzschicht wird diese Struktur vom medialen Anteil des *Retinaculums* getrennt (s. Abb. 29).

Dieser mediale Anteil ist in seiner Stärke und Ausprägung sehr unterschiedlich. Er läßt sich bis in Schnittebene 3 darstellen, wirkt als Verstärkung des *osteofibrösen Rohrs* und ist damit als Retinaculum superius im engeren Sinne anzusehen. Es handelt sich dabei um eine mit der *Fibularückfläche* in Verbindung stehende anatomische Struktur, die in die *Fascia cruris* ausläuft, von dieser jedoch deutlich abgrenzbar ist und eigenständigen Charakter entwickelt. Seine Breite und Dicke ist unabhängig von der Ausformung der Fibularückfläche.

Zur Beurteilung der Ergebnisse muß festgehalten werden, daß sie für jede Ebene absolut bestimmt wurden, ihre Bedeutung jedoch erst durch die Korrelation mit der benachbarten Schnittebene beurteilt werden konnte. Dies war notwendig, da schnittechnisch in Ebene 1 eine nicht vermeidbare Verfälschung der Ergebnisse entstand. Wie bereits erwähnt, wurden die gewonnenen Präparateblöcke parallel zur Fibularückfläche geschnitten. In Höhe der Außenknöchelspitze wendet sich die Fibularückfläche jedoch nach ventral. Die Schnittebene ist also nicht mehr senkrecht zum Knochen orientiert. Folglich sind die Weichteile schräg zur Knochenrückfläche geschnitten und im Vergleich zu den anderen Schnittebenen breiter und kräftiger dargestellt. Es sind in dieser Schnittebene die Weichteile demnach überrepräsentiert. Deshalb kam auch Typ I in Ebene 1 nur einmal, Typ III jedoch besonders häufig vor. Man kann jedoch unter Berücksichtigung dieser Tatsache festhalten, daß das *Retinaculum superius* gegen die Außenknöchelspitze zu breitbasiger inseriert, nach proximal zu die Insertion schmäler wird, um schließlich in die *Fascia cruris* auszulaufen. Die histologischen Untersuchungen bestätigen die bereits makroskopisch getroffene Feststellung, daß das *Retinaculum superius* ein relativ schmales anatomisches Gebilde ist. Trotz seiner geringen Größe ist es dennoch als Hauptstabilisator der Peronaeussehnen in Höhe des *osteofibrösen retromalleolaren Rohrs* anzusehen, worauf auch seine in vielen Präparaten feststellbare, kräftige Ausformung hinweist.

Daß der Ausformung des knöchernen *retromalleolaren Sulcus* nur untergeordnete Bedeutung zukommt und das Auftreten einer Luxation besonders von der Ausbildung des *Retinaculums* abhängt, kann durch einige zusätzliche Beobachtungen erhärtet werden.

1. Das *Retinaculum* kann einen bestehenden *Sulcus* vollständig ausgleichen oder bei Fehlen eines knöchernen Sulcus eine entsprechende *Gleitrinne* aufbauen.

2. Die Zone der größten Tiefe des knöchernen Sulcus korreliert nicht mit der Zone der kräftigsten Ausformung des *Retinaculums*, sondern ist weiter proximal gelegen; beide Strukturen wirken also nicht synergistisch und sind anscheinend unabhängig voneinander entwickelt.

3. Bei 12 unserer 50 Präparate war kein knöcherner *Sulcus* darstellbar, bei den übrigen 38 war der knöcherne Sulcus in den meisten Fällen nur angedeutet, erst die Weichteile ließen eine Rinne entstehen, was sich auch histologisch bestätigte.
Unsere histologischen Untersuchungen stehen damit in Übereinstimmung zu unseren anatomischen Studien sowie zu den Analysen von Edwards [61] und Fink [72], die feststellten, daß der knöchernen retromalleolaren *Gleitrinne* keine entscheidende Bedeutung für die Stabilisierung der Peronaeussehnen zukommt. Die unterschiedliche Ausformung des *Retinaculum superius*, seine variable Befestigung an der *Fibula* und seine variable Faserarchitektur erlauben allerdings eine Erklärung für die einzelnen Formen der Peronaeussehnenluxation.

Fehlt das Retinaculum oder ist dieses nur angedeutet, kann die verbliebene Fortsetzung der Fascia cruris – der in jedem Fall vorhandene laterale Anteil des *Retinaculums* – einer Dauerbelastung kaum standhalten. Die Überdehnung der Haltestrukturen und schließlich eine Luxation bei erhöhter Dauerbelastung ist deshalb ohne weiteres vorstellbar. Die Berichte über habituelle Peronaeussehnenluxationen bei *Jockeys* bzw. *militärischen Reitern*, bei denen bevorzugt der Vorfuß in Dorsalflexion, Abduktion und Eversion gehalten wird, lassen sich damit erklären. Die in der Literatur beschriebene häufige *Beidseitigkeit* sowie die Tatsache, daß bei unseren Präparaten auch eine beidseitige *Hypo-* bzw. *Aplasie* zu finden war, unterstützen diese Annahme zusätzlich.

Die Existenz einer *interligamentären*, *subperiostalen* bzw. *knöchernen* Form der Peronaeussehnenluxation läßt sich aus der, *polarisationsoptisch* gesicherten, unterschiedlichen Faseranordnung des Retinaculums erklären. Der am häufigsten beobachtete Typ mit vertikal oder tangential in die *Fibularückfläche* einstrahlenden Fasern läßt einen sehr widerstandsfähigen Wall entstehen, der homogen strukturiert erscheint. Das Fehlen von *Gefäßen* innerhalb des *Retinaculums* ergibt eine hohe mechanische Belastbarkeit. Wird bei dieser Form die Belastungsgrenze des medialen und lateralen Anteils des Retinaculums eine *intraligamentäre* Ruptur oder, falls das Retinaculum sehr kräftig mit der Fibula verbunden ist, ein *knöcherner* Abriß desselben als Folge anzusehen. Daß in unserem Krankengut *knöcherne* Abrisse des Retinaculum superius bevorzugt bei Patienten zwischen dem 15. und 17. Lebensjahr auftraten und in diesem Lebensalter bekannterweise knöcherne Bänderausrisse häufig sind, bestätigt diese Beobachtung.

Ist der mediale Anteil des Retinaculums jedoch aufgelockert oder in der Faseranordnung mehr horizontal orientiert, ist eine *subperiostale* „Umleitung" der luxierenden Sehnen um den *Außenknöchel* möglich. Die unterschiedliche Faseranordnung zwischen dem medialen und lateralen Anteil des Retinaculums (s. Abb. 33) begünstigt sowohl einen horizontalen Riß im medialen Anteil als auch das *subperiostale* Weiterwandern unter dem lateralen Anteil. Ein ähnlicher Mechanismus ist auch vorstellbar, wenn die Kraft für eine vollständige Ruptur eines kräftigen Retinaculums nicht ausreicht und erst bei einem weiteren Trauma die Sehne subperiostal weiterwandert. Diese Möglichkeit wurde bereits 1972 theoretisch von Radke u. Fink [186] erwähnt. Die häufig darstellbare „Trennschicht" zwischen beiden Anteilen ist dabei als Wegbereiter und Leitgebilde anzusehen. Die Differenzierung, die Eckert u. Davis [59] treffen, die zwischen subperiostalen Abrissen mit und ohne Abriß der faserknorpeligen Verstärkungslippe unterscheiden, läßt sich sowohl aus der unterschiedlichen Faserorientierung als auch aus den Unterschieden in der Ausbildung der faserknorpeligen Verstärkung der dorsolateralen Fibulakante sowie der unterschiedlichen Einstrahlung der kollagenen Fasern in die Fibula erklären.

4 Mechanik

4.1 Vorbemerkungen

Untersuchungen zur Pathomechanik bzw. Pathogenese der Peronaeussehnenluxation sind in der Literatur nur wenige zu finden. Die erste experimentelle Untersuchung stammt von Schneider [211], sie wird 1895 von Kraske [116] zitiert. Dieser stellte dabei fest, daß Schneider [211] an der Leiche, „so mannigfach er seine Versuche auch modifizierte, eine Luxation der Peronaeussehnen durch gewaltsame, die Fußgelenke distorquirende Bewegungen nicht zustande bringen konnte. Er erzielte ausgedehnte Zerreißungen der Gelenkbänder, auch Abreißungen der Knochen, doch niemals eine Verschiebung der Sehnen. Die gewünschte Verrenkung trat aber sofort ein, wenn der leicht supinierte und plantarflektierte Fuß durch einen plötzlichen Zug an der Peronaeusmuskulatur in die extendierte und abduzierte Stellung hineingerissen wurde." Eden [60] stellte 1912 fest, daß bei Anspannen der Sehnen allein die Durchtrennung des oberen Haltbandes genügt, die Peronaealsehnen über den Außenknöchel luxieren zu lassen.

1956 berichtet Muralt [161] schließlich über Versuche mit Zugkräften in der Muskel-Sehnen-Achse mit schnellendem Inversions-Eversions-Bewegungen. Er konnte dabei nur bei flach ausgeprägter retromalleolarer Gleitrinne eine Luxation provozieren und betont deswegen die Bedeutung der Ausbildung des knöchernen Gleitlagers.

Obgleich nur diese 3 experimentell abgesicherten Überlegungen zur Pathomechanik vorliegen, existieren dagegen zahlreiche einander völlig widersprechende Ansichten über den der Peronaeussehnenluxation zugrundeliegenden Bewegungsablauf, wobei viele Autoren mehrere Möglichkeiten zur Diskussion stellen. So nehmen Hohmann [103] und Moritz [154] die alleinige Plantarflexion als Ursache an. Mounier – Kuhn u. Marsan [156] sowie Alm et al. [6] vermuteten eine Plantarflexions-Supinations-Bewegung mit gleichzeitiger Kontraktion der Muskulatur. Bonnin [25] nahm ebenso wie Mounier Kuhn u. Marsan [156] und auch Mc Lennon [147] („aber eher in seltenen Fällen") sowie Rodineau u. Daubinet [198] und Oden [166], eine Plantarflexions-Eversions-Bewegung an.

Miller [151] sowie Rodineau u. Daubinet [198] führen eine alleinige Inversionsbewegung an. Einen Bewegungsablauf mit Supination-Adduktion-Inversion geben Böhler [23], Schönbauer [212], Jonasch [110] und Zichner [254] an.

Ganz anders stellen sich Eden [60] und Muralt [161] den Verletzungsablauf vor: Sie vermuten einen Wechsel von Supination zur Pronation als Ursache. Schneider [211], Reerink [189], Muskat [163], Schildt [209], Catalano [36], Martini et al. [143], Blencke u. Zwirner [22], Viernstein u. Rosemeyer [238], Gurewitz [88] und Becker [16] erweitern die Vorstellung noch. Sie nehmen einen Wechsel von der Supination zur Pronation und Dorsalextension mit gleichzeitiger Kontraktion der Muskulatur an.

Eine alleinige Dorsalextension als Ursache halten Hohmann [103], Watson-Jones [242], Murr [162], Eckert u. Davis [59] sowie Rodineau u. Daubinet [198] für ausreichend, eine Dorsalextension und Inversion Ellison [65] sowie Borovoy u. Beresh [26], mit zusätzlicher Muskelkontraktion auch Stover u. Bryan [226], Mc Lennon [147] sowie Pöll u. Duijfjes [181].

Die Dorsalextension und Eversion nehmen Decoulx u. Ducloux [48], Earle et al. [58], Künzli [118], Church [38], Escalas et al. [67], Beck [13], Gould [83] sowie Mc Conkey u. Favero [146] an, die Dorsalextension und plötzliche Muskelkontraktion Campbell [35], Gianangeli u. Zaccarello [79], Sarmiento u. Wolf [205] Marti [142], Zoellner u. Clancy [255], Arrowsmith et al. [9], Wirth [248], Larsen et al. [124], Pozo u. Jackson [182] und Martens et al. [141].

Die Möglichkeit des direkten Traumas erwähnen Bürkle de La Camp u. Schwaiger [30], Alm et al. [6] sowie Rodineau u. Daubinet [198]. Rodineau u. Daubinet [198] nennen zusätzlich die Möglichkeit der Abduktion als Ursache. Volkmann [239] meint, daß eine Peronaeussehnenluxation durch heftige Distorsionen verursacht werden, kann. Diese These wurde bereits 1895 von Schneider [211] widerlegt. Viele Autoren, u. a. Kramer [115], Hildebrand [102], Estor u. Aimes [68], Platzgummer [180] etc., führen insbesondere bei beidseitigen Verletzungen die Möglichkeit der habituellen Luxation an.

Dieser Literaturüberblick zeigt, daß ohne entsprechende experimentelle Untersuchungen von diversen Autoren beinahe alle Fußstellungen als mögliche Ausgangsstellung für die Entstehung einer Peronaeussehnenluxation angenommen wurden. Als einzige Gemeinsamkeit in den Veröffentlichungen [6, 9, 13, 22, 32, 34, 35, 71, 75, 88, 124, 141, 142, 147, 156, 163, 181, 182, 189, 205, 209, 211, 238, 248, 255] kann nur der dynamische Charakter der Verletzung genannt werden.

4.2 Mechanische Untersuchungen

4.2.1 Fragestellung

Der dynamische Charakter der Peronaeussehnenluxation wird von vielen Autoren in den Vordergrund gestellt, wobei darunter entweder der plötzliche Wechsel einer Fußposition in eine andere, oder lediglich eine starke Muskelkontraktion verstanden wird. Einschlägige Publikationen [57, 58, 67, 98, 154, 162] sowie die Durchsicht der Literatur zeigen, daß die Peronaeussehnenluxation bevorzugt beim Skifahren und anderen Sport- und Bewegungsarten mit fixiertem und fest umschlossenem Fuß auftritt (Tabelle 5). Ein schnellender Wechsel von Supination-Inversion zur Dorsalextension-Eversion ist bereits aufgrund der Masse der Skischuhe und Skier nicht möglich. Dieser Mechanismus kann deshalb beim Skifahren nur in Ausnahmefällen zu einer Luxation führen. Es stellt sich vielmehr die Frage, ob nicht auch bei fixiertem Sprunggelenk und maximaler Muskelkontraktion eine Luxation der Peronaeussehnen möglich ist.

Des weiteren ist ungeklärt, warum die Peronaeussehnenluxation eine derart seltene Verletzung ist, obwohl, wie unsere anatomischen und histologischen Untersuchungen zeigen, individuelle Unterschiede in der Ausbildung des osteofibrösen Führungsrohrs bestehen, die ein häufigeres Auftreten erwarten ließen. Sie bleibt letztlich die Frage zu beantworten, ob nicht erst die Verbindung eines bestimmten Pathomechanismus mit entsprechenden Kofaktoren eine Peronaeussehnenluxation entstehen lassen.

Tabelle 5. Unfallursachen (Literatur ab 1803)

Unfallursachen differenziert	n	%
Skifahren alpin	317	62,1
Angeboren, habituell, idiopathisch	73	14,2
Fußball	32	6,3
Laufen, Tanzen, Wandern, Eislaufen	17	3,2
Sturz nach vorne	17	3,2
Sturz aus Höhe	9	1,8
Umknicken	8	1,6
Ballsport, außer Fußball	7	1,4
Reiten	7	1,4
Tennis	6	1,2
Oligohydramnion	5	1,0
Verkehrsunfall	2	0,4
Außenrotation	2	0,4
Ski nordisch, Skateboard, Ringen Sackhüpfen, Tauchen, Radfahren, Rugby, Combat (je einmal)	8	1,8
Gesamt	510	100,0

Unfallursachen nicht differenziert	n
nicht angegeben	157
Sport nicht differenziert	21
Distorsion	5
Sturz	3
Arbeit, Haushalt, Militär	3
Gesamt	189

4.2.2 Material und Methode

Die biomechanische Untersuchung wurde an insgesamt 25 menschlichen Amputaten der unteren Extremität frisch Verstorbener durchgeführt. Diese wurden dazu innerhalb von 24 h post mortem im Knie abgesetzt und bis zur Messung tiefgefroren.

Zur Messung wurden die Amputate 6 h bei Raumtemperatur aufgetaut und das obere Sprunggelenk anschließend durchbewegt, so daß eine evtl. noch vorhandene Leichenstarre vollständig gelöst wurde. Anschließend wurden die Extremitäten mit Hilfe transtibial eingebrachter Steinmann-Nägel in einem aus Bestandteilen des Fixateur externe der AO gefertigten Rahmen fixiert. Beim Setzen der Steinmann-Nägel wurde darauf geachtet, daß die Loge der Peronaealmuskulatur von diesen nicht tangiert wurde und das Sprunggelenk frei beweglich blieb (Abb. 38).

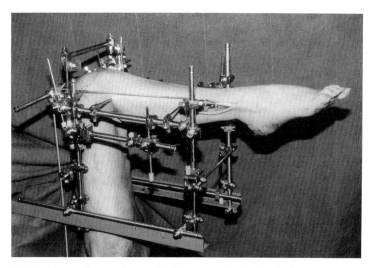

Abb. 38. Versuchsanordnung. In Plantarflexion keine Subluxation oder Luxation auslösbar

Vor unseren Versuchen fertigten wir nach einer von uns entwickelten und weiter unten beschriebenen Technik Röntgentangentialaufnahmen des retromalleolaren Sulcus an. Die untersuchten Sprunggelenke entsprachen in der Ausformung ihrer retromalleolaren Gleitrinne den Mitteilungen der Literatur sowie auch den eigenen Untersuchungen. Bei 21 Präparaten war ein Sulcus andeutungsweise oder deutlich sichtbar, bei 4 Präparaten fehlte ein entsprechend ausgeformter Sulcus.

Statische Untersuchung

An den ersten 5 Präparaten wurde der Kapsel-Band-Apparat des oberen Sprunggelenks dargestellt. Dazu wurde die Haut abpräpariert, die Subcutis, soweit notwendig, entfernt und die ligamentären Strukturen exakt freigelegt. Anschließend wurde durch Durchbewegen des Sprunggelenks versucht, die Peronaeussehnen zum Luxieren zu bringen. Die gut sichtbaren Sehnen zeigten jedoch in keiner Stellung eine Tendenz zur Luxation.

Im 2. Teil der statischen Untersuchung wurde an beiden Peronaeussehnen, etwa 8 cm oberhalb der Außenknöchelspitze, in deutlichem Abstand zum Retinaculum superius ein geflochtenes Kunststoffseil mit Hilfe von 2 gegeneinander verspannten Einlochkrallenplatten befestigt. Dieses Seil wurde in Zugrichtung der Peronaeussehnen entlang des Unterschenkels in Richtung Kniegelenk geführt und dann über eine Rolle umgelenkt. Am Ende des Seils wurde eine Last von 5 kg befestigt und die Sprunggelenke unter diesem konstanten Zug in allen Ebenen durchbewegt. Bei allen so geprüften Sprunggelenken zeigte sich, daß die Peronaeussehnen bei maximaler Plantarflexion des Fußes die Tendenz haben, sich von der Rückfläche des Außenknöchels abzuheben. Bei maximaler Plantarflexion und Adduktion kam es zusätzlich zur Medialisierung beider Sehnen. Bei Plantarflexion und Abduktion des Vorfußes konnte eine Subluxationstendenz der Peronaeussehnen nach lateral festgestellt werden.

Wählte man die Dorsalextension des oberen Sprunggelenks als Ausgangsstellung, ließ sich bei konstantem Zug an den Sehnen und gleichzeitiger Adduktion des Vorfußes keine Luxationstendenz der Peronaeussehnen feststellen. Führte man den Fuß bei dorsalextendiertem Sprunggelenk hingegen in die Abduktionsstellung und evertierte gleichzeitig den lateralen Fußrand, ließ sich bei allen Präparaten eine Wanderung der Sehnen nach lateral beobachten. Die Sehnen wölbten dabei das Retinaculum superius sichtbar vor; man hatte den Eindruck, daß die Sehnen in dieser Extremstellung – maximale Dorsalextension, maximale Abduktion und maximale Eversion – förmlich nach lateral drängen und auf das Retinaculum superius auflaufen, von diesem aber an der Luxation gehindert werden.

Da nach diesen Untersuchungen die Dorsalextension, Abduktion und Eversion des Vorfußes am ehesten die zu einer Luxation notwendigen Voraussetzungen erfüllten, haben wir in dieser Stellung bei intaktem Kapsel-Band-Apparat und intakten Retinacula die Zugbelastung so lange schrittweise gesteigert, bis es zu einer Desintegration des Systems kam. Wir konnten auf diese Weise bei keinem unserer 5 Präparate eine Peronaeussehnenluxation provozieren, vielmehr kam es bei Belastungen über 30 kp immer zu einer Ruptur der Sehnen an der Verankerung der Krallenplatten.

Dynamische Fallversuche

Als Ausgangsstellung wählten wir die beiden Extremstellungen des Fußes, bei denen in unseren statischen Versuchen eine Subluxation der Sehnen nach lateral festgestellt werden konnte.

Im Gegensatz zu den statischen Versuchen legten wir bei den dynamischen Versuchen jedoch die Peronaeussehnen ca. 5 cm oberhalb des oberen Sprunggelenks nur mehr über einen kleinen Schnitt frei und befestigten an den sparam freigelegten Sehnen über Krallenplatten ein Seil in der vorher beschriebenen Weise. Wir hielten anschließend die zu prüfenden Sprunggelenke in der determinierten Ausgangsstellung und ließen Gewichte aus 20 cm Höhe in das Seil fallen, um so die plötzliche Kontraktion der Muskulatur zu simulieren. Die Gewichtsbelastung wurde in 5-kp-Schritten so lange gesteigert, bis die Desintegration des Systems erfolgte. Anschließend wurden, um erfolgte Verletzungen darzustellen, die Knöchelregion und der Verlauf der Peronaeussehnen bis zum Ansatz der Sehnen an den Fußknochen präpariert.

4.2.3 Ergebnisse

Plantarflexion – Abduktion – Eversion

An 5 Präparaten prüften wir die Plantarflexion – Abduktion – Eversion als Ausgangsstellung (s. Abb. 38). In keinem Fall ließ sich bei diesen Präparaten eine Luxation der Sehnen, eine Verletzung des Retinaculum superius oder eine andere Verletzung im Verlauf der Sehnen distal der Außenknöchelspitze provozieren. Es kam immer zur Ruptur der Sehnen in Höhe der Verankerung des Seils.

Dorsalextension – Abduktion – Eversion

Wählten wir hingegen eine Dorsalextension, Abduktion und Eversion als Ausgangsstellung, konnten wir an 5 der 15 in dieser Stellung geprüften Präparate eine Luxation beider Sehnen provozieren (Abb. 39). Einmal riß das Retinaculum superius intraligamentär (Typ I) (Abb. 40);

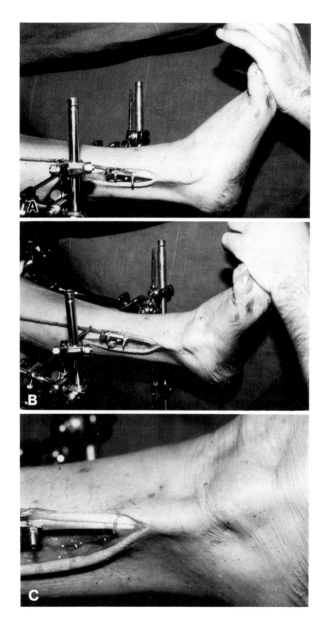

Abb. 39 A – C. In Dorsalextension treten die Sehnen zwar unter der Haut hervor (**A**), jedoch erst bei Dorsalextension, Abduktion und Eversion luxieren die Sehnen über den Außenknöchel (**B**). Die Luxation im Detail (**C**).

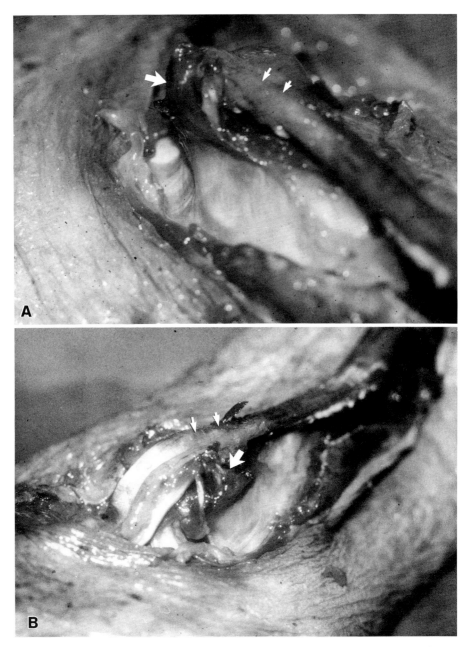

Abb. 40 A–C. Intraligamentäre Ruptur des Retinaculum superius bei 25 kp Belastung; Retinaculum superius (⊂⊃), Peronaeussehnen (➡). **A** Blick von dorsocranial in die gut ausgebildete Gleitrinne, **B** Sehnen über den Außenknöchel luxiert

Abb. 40 C. Intraligamentäre Ruptur des Retinaculum superius

4mal kam es dabei zu einem knöchernen Abriß des Retinaculums (Abb. 41 A), entsprechend dem Typ III der Klassifikation nach D. Heim u. U. Heim [98] (Abb. 41 A zeigt die zart abgerissene Knochenschuppe, Abb. 41 B Tangentialaufnahmen des retromalleolaren Sulcus mit der zarten Knochenschuppe lateral, die erheblich nach ventral disloziert ist). In Abb. 41 b ist ein Vorteil der Tangentialaufnahme zu erkennen, die bei geeigneter Technik sogar eine Darstellung kleinerer Fragmente erlaubt. Die Ruptur erfolgte 3mal bei einer Belastung von 15 kp und 2mal bei 25 kp.

Zusätzlich stellten wir bei einem Präparat einen knöchernen Abriß von der Basis des V. Mittelfußknochens fest. Bei 9 Präparaten kam es zur Ruptur der Sehnen in Höhe des Zugseils. Das Retinaculum inferius blieb immer unversehrt (Abb. 39, 40).

An den 5 Präparaten, bei denen eine Luxation provoziert werden konnte, fehlte einmal der Sulcus: Hier kam es zum knöchernen Abriß; 2mal war der Sulcus flach, in 2 Fällen hingegen deutlich ausgeformt. Die intraligamentäre Ruptur erfolgte bei einem Präparat mit flach angelegtem Sulcus (Abb. 41 B, 42).

4.2.4 Diskussion

Unsere Ergebnisse zeigen, daß die Peronaeussehnenluxation eine ausgeprägte dynamische Komponente besitzt. Eine konstante Zugbelastung unbegrenzter Höhe führt nicht zur Luxation der Sehnen, unabhängig von der gewählten Ausgangsstellung. Dies entspricht auch den Ergebnissen von Schneider [211]. Der von ihm postulierte Pathomechanismus erklärt jedoch nur bei einem geringen Teil der in den letzten 80 Jahren beschrie-

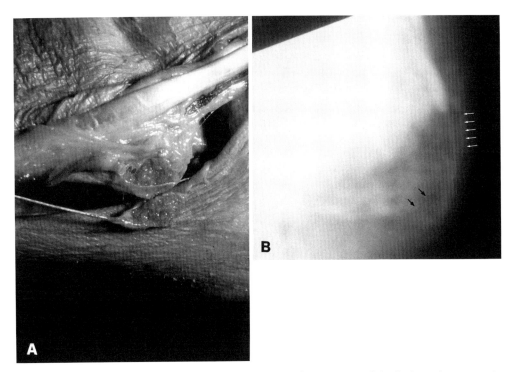

Abb. 41 A, B. A Knöcherner Abriß des Retinaculum superius, **B** Tangentialaufnahme des retromalleolaren Sulcus nach knöchernem Abriß des Retinaculum superius; abgerissene Knochenschuppe (*Weiße Pfeile*) – leeres Bett der Knochenschuppe (*Schwarze Pfeile*)

benen Fälle die Verletzung. Die häufigste Ursache der Peronaeussehnenluxation ist sowohl im eigenen Krankengut als auch in der Literatur der Skisport. Ein Wechsel von maximaler Inversion zu maximaler Eversion [161] oder auch von Plantarflexion – Supination zu Dorsalextension – Eversion [211], ist beim Skisport aufgrund der hohen Skischuhe nicht vorstellbar. Auch bei den früher üblichen niedrigen Skischuhschäften ist durch die Länge und die Masse der verwendeten Ski sowie deren Trägheit ein schneller Wechsel von der einen in die andere Position, alleine durch die Muskelkraft, nicht vorstellbar.

Unsere experimentelle Untersuchung konnte erstmals zeigen, daß eine Peronaeussehnenluxation auch bei fixierter Fußstellung möglich ist. Daß dazu nur die Dorsalextension, Abduktion und Eversion geeignet sind, erklärt sich aus den anatomischen Gegebenheiten und der Biomechanik einer Sehnenluxation. Grundsätzlich treten Sehnenluxationen nur dann auf, wenn eine Sehne in ihrem Verlauf ihre Richtung ändert und diese Änderung der Verlaufsrichtung durch ein Widerlager gesichert wird. Sobald eine Sehne angespannt wird, versucht sie den Abstand zwischen Ursprung und Ansatz möglichst kurz zu halten. Je weiter nun das Hypomochlion der geführten Sehne von der Verbindungslinie zwischen Ursprung und Ansatz entfernt ist, desto größer ist der Vektor, der die Sehnen dieser Verbindungslinie zu nähern versucht. Betrachtet man nun einen Unterschenkel von der Seite, dann sieht man, daß sich bei Plantarflexion des Fußes die Ver-

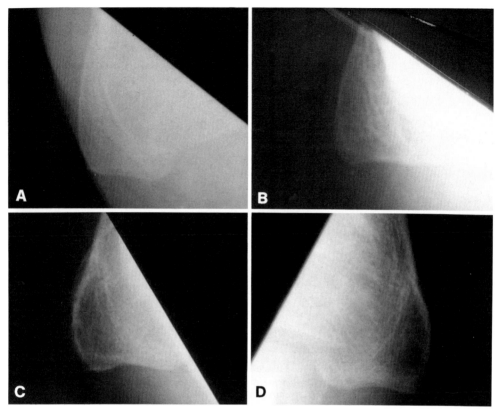

Abb. 42 A–D. Tangentialaufnahmen des retromalleolaren Sulcus von 4 Präparaten, bei denen eine Luxation der Sehnen provoziert werden konnte. Die Aufnahmen wurden vor der Untersuchung angefertigt.

bindungslinie vom Ursprung zum Ansatz viel eher der Außenknöchelrückfläche nähert als bei Dorsalextension des Fußes (s. Abb. 38, 39); der sich entwickelnde Kraftvektor ist also bei Dorsalextension deutlich größer als bei Plantarflexion. Alleine deshalb ist eine Luxation in Dorsalextension des Fußes wahrscheinlicher als in Plantarflexion. Des weiteren muß berücksichtigt werden, daß der Sehne des M. peronaeus brevis eine Steigbügelfunktion für die Luxation der Sehne des M. peronaeus longus zukommt. Diese bisher nicht berücksichtigte Tatsache erklärt sich aus dem Verlauf der beiden Sehnen gegeneinander. Betrachtet man einen Unterschenkel von cranial, wird dies verständlich. Der M. peronaeus longus entspringt lateral des M. peronaeus brevis vom proximalen Drittel des Unterschenkels und zieht zuerst lateral und dann dorsal der Sehne des M. peronaeus brevis nach distal. Am Fuß unterkreuzt die Sehne des M. peronaeus longus die Sehne des M. peronaeus brevis und inseriert am medialen Fußrand. Die Sehne des M. peronaeus longus verläuft also in einer langgezogenen Schraubentour um die Sehne des M. peronaeus brevis. Die Brevissehne hingegen hat einen geradlinigeren Verlauf vom Ursprung zum Ansatz (Abb. 43). Wie in Höhe des Retinaculum superius angefertigte CT-Bilder zeigen, liegt die Sehne des M. peronaeus longus knapp oberhalb der Außenknöchelspit-

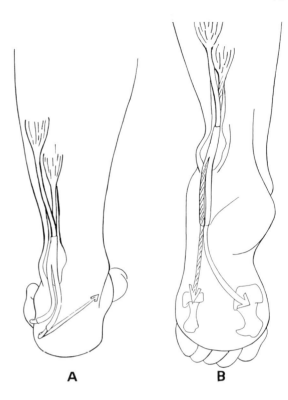

Abb. 43 A, B. Verhalten der beiden Peronaeussehnen zueinander. Relativ geradliniger Verlauf der Sehne des M. peronaeus brevis, schraubenförmige „Umklammerung" der Sehne des M. peronaeus brevis durch die Sehne des M. peronaeus longus
A Neutral-Null-Stellung.
B max. Plantarflexion

ze noch lateral der Sehne des M. peronaeus brevis (s. Abb. 65 A). Wird nun die Sehne des M. peronaeus brevis angespannt und in geeigneter Ausgangsstellung gegen die laterale Begrenzung der retromalleolaren Gleitrinne gedrängt, muß die Longussehne der Brevissehne folgen. Sie wird deshalb stärker als die Brevissehne, aber von dieser selbst, gegen das Retinaculum gepreßt (Abb. 65 A). Durch diese Zwischenschaltung der Sehne des M. peronaeus longus kann die auf das Retinaculum wirkende Kraft noch verstärkt werden. Dieser die Brevissehne förmlich umklammernde Verlauf ist phylogenetisch bedingt und als Eigentümlichkeit des bipeden Menschen anzusehen. Als Ursache ist die entwicklungsgeschichtliche Wanderung der Sehne des M. peronaeus longus vom lateralen zum medialen Fußrand, mit dem Ziel, das Quergewölbe des Fußes dynamisch zu sichern, anzusehen (s. Abschn. 2.2). Obwohl in unseren Versuchen immer beide Sehnen luxierten, müßte nach dieser Überlegung die Longussehne leichter luxieren. Diese Prädisposition der Longussehne findet auch in der Literatur ihre Bestätigung. So betont Beck [13] diese Tatsache 1981. Beach [12], Allen [5] und Lohe [135] berichten über isolierte Luxationen der Sehne des M. peronaeus longus. Daß nach einer frischen Peronaeussehnenluxation die Brevissehne unter der Longussehne durchgerutscht ist (Abb. 65 B), damit vor dieser und lateral zu liegen kommt, und damit als zuerst luxierte Sehne imponiert, ist nicht als Widerspruch anzusehen. Die Brevissehne inseriert, im Vergleich zum 2. Umlenkpunkt Sehne imponiert, ist nicht als Widerspruch anzusehen. Die Brevissehne inseriert, im Vergleich zum 2. Umlenkpunkt der Longussehne – in Höhe des Cuboids – weiter ventrocranial an der Basis des V. Mittelfußknochens. Der kürzeste Weg zwischen Ursprung und Ansatz dieses Muskels liegt deshalb auch weiter ventrocranial. Nach erfolgter Luxation muß die Brevissehne daher weiter ventral zu liegen kommen.

Auch aus unseren anatomischen Studien fand sich ein Detail, das die Dorsalextension eher als die Plantarflexion zur Peronaeussehnenluxation disponieren läßt. An den 50 histologisch untersuchten Sprunggelenken fand sich bei 28 Präparaten eine Verlängerung des osteofibrösen Kanals, die als eine mit dem Lig. calcaneofibulare in Verbindung stehende Lippe ausgebildet war (s. Abb. 19). Beim Durchbewegen des Sprunggelenks nach Durchtrennung und Extraktion der Peronaeussehnen aus dem osteofibrösen Rohr zeigte sich, daß diese Lippe bei Dorsalextension des Fußes dieses Rohr einengt. Durch die Verbindung dieser Lippe mit dem Lig. calcaneofibulare besitzt diese am Ligament auch seine stabile Basis. Entwickelt sich bei Dorsalextension im oberen Sprunggelenk durch Einengung des distalen Endes des osteofibrösen Kanals eine Kraft, muß diese aufgrund der Spannung des Lig. calcaneofibulare bei Dorsalextension (s. Abb. 119) nach lateral gerichtet sein und demzufolge ebenfalls die Luxationstendenz verstärken. In Plantarflexion ist das osteofibröse Rohr hingegen maximal entfaltet, deshalb ist hier auch keine dementsprechende Kraft zu erwarten.

Unsere experimentellen Ergebnisse lassen sich hingegen nicht mit allen am Beginn dieses Kapitels zitierten Überlegungen zur Pathomechanik vereinbaren:

Der Überlegung verschiedener Autoren [13, 32, 88, 163, 189, 209, 211, 238], daß ein dynamischer Wechsel von Plantarflexion – Supination zur Dorsalextension – Pronation die Ursache ist, steht die Erfahrung, daß die meisten Verletzungen bei festumschlossenen Fuß zustandekommen, entgegen. Es handelt sich jedoch um einen alternativen Verletzungsablauf, der in derselben Endposition, in welcher der Fuß in unserer experimentellen Untersuchung fixiert war, endet. Außerdem macht dieser Mechanismus auch die insbesondere von D. Heim u. U. Heim [98] mitgeteilte und auch von uns beobachtete Tatsache der fakultativ auftretenden Zusatzverletzung des Lig. talofibulare anterius verständlich.

Ein Supinationstrauma ist auch aus einem anderen Grund als 1. Schritt zur Peronaeussehnenluxation vorstellbar: Die Peronaeussehnenscheide wird als erste Struktur im Rahmen eines Supinationstraumas verletzt [157]. Durch die 1985 von Biedert u. Müller [19] beschriebenen Nervenendigungen in der Peronaeussehnenscheide ist eine maximale Anspannung der Peronaelmuskulatur als reflektorische Gegenbewegung zu einer kräftigen Supination anzunehmen. Ist bei der Supination ein Riß in der Peronaeussehnenscheide entstanden, wirkt dieser als Locus minoris resistentiae und ist damit als Wegbereiter für einen Riß bis über das Retinaculum superius hinaus anzusehen. Die im ersten Moment widersprüchlich erscheinende Feststellung der Kombination einer typischen Supinations- mit einer typischen Pronationsverletzung ist deshalb leicht zu erklären.

Widersprochen werden muß jedoch den Autoren, die als Pathomechanismus einen Bewegungsablauf angeben, bei dem entweder keine Fußstellung, die zur Subluxation der Sehnen führt, erreicht wird [6, 23, 26, 65, 110, 142, 147, 151, 156, 181, 198, 212, 226, 239, 254], oder bei dem die dynamische Komponente fehlt [25, 59, 103, 104, 147, 154, 156, 162, 166, 198, 201, 242].

Die Möglichkeit eines direkten Traumas [6, 30, 198] ist auch der klinischen Erfahrung nach gegeben.

Eine Disposition zur Verrenkung der Sehnen ist in bestimmten Fällen wahrscheinlich; besonders bei beidseitigen Luxationen, die ohne typisches Trauma – nur durch Kontraktion der Peronealmuskulatur – auftreten, ist diese Pathogenese zu vermuten. Auch in unserem Patientengut konnten wir 2 Patienten mit beidseitigen Luxationen, die ohne entsprechendes Trauma auftraten, beobachten. Die Möglichkeit einer Disposition soll jedoch in einem eigenen Kapitel (S. 83) erläutert werden (s. Abschn. 6).

Viel schwieriger zu beantworten ist jedoch die Frage, warum Peronaeussehnenluxationen ein derart seltenes Ereignis sind. Seit 1803 wird in der Literatur über lediglich etwas mehr als 700 Fälle berichtet (s. Tabelle 5). Bedenkt man nun, wie häufig Verletzungen durch extreme Dorsalextension, Abduktion und Eversion des Fußes sind, drängt sich die Frage nach der Ursache für die Seltenheit der Peronaeussehnenluxation auf. Analysiert man die Fälle aus der vorliegenden Literatur, wird deutlich, daß vor 1960 Peronaeussehnenluxationen beim Skisport keine Bedeutung hatten (s. Tabelle 10, 11).

Morrison u. Coughliu [155] berichten 1950 über 254 Skiunfälle, ohne die Luxation der Peronaeussehnen zu erwähnen. Ab etwa 1960 nahmen die publizierten Fallzahlen insgesamt zu, wobei nun der Skisport als Ursache überwiegt [57, 162, 226]. Da etwa zur selben Zeit der Skisport zum Breitensport wurde, ist zwischen beiden Tatsachen ein Zusammenhang anzunehmen. Etwa gleichzeitig entwickelte man höhere Schäfte für die Skistiefel. Die waren u.a. deshalb notwendig geworden, um die früher so häufigen Sprunggelenkfrakturen zu vermeiden. Eine Abnahme dieser Verletzungen durch die Änderung des Skischuhschafts wird dann auch von Johnson et al. [109] sowie Leach u. Lower [127] bestätigt. Knöchelbrüche wurden durch Unterschenkelbrüche abgelöst, aber weiterhin konnte ein Großteil der Belastung auf den distalen Unterschenkel übertragen werden. Die aktive Stabilisierung des Sprunggelenks war unverändert notwendig, der Fuß jedoch durch die höheren Schuhschäfte in eine Dorsalextensionsstellung fixiert. Geringe Pronations- und Eversionsbewegungen waren jedoch weiterhin möglich, die aktive Eversion des Fußes zum Ausführen eines Schwungs absolut notwendig [166]. Damit waren nun alle Voraussetzungen für eine Peronaeussehnenluxation erfüllt – die publizierten Fallzahlen nahmen deutlich zu.

Der Skischuhschaft erreichte in der weiteren Entwicklung jedoch eine Höhe, die eine aktive Stabilisierung des oberen Sprunggelenks nicht mehr notwendig machte. Die gesamte Kraft wird nun auf den Unterschenkel und schließlich das Kniegelenk übertragen, so daß in den letzten Jahren die Fallzahlen wieder rückläufig sind [173].

Die Überlegung, daß mittelhohe Skischuhschäfte eine Peronaeussehnenluxation provozieren, bestätigen auch Earle et al. [58] sowie Escalas et al. [67], die feststellten, daß die Häufigkeit der Peronaeussehnenluxationen nicht durch die Einführung der Sicherheitsbindung [58], sondern erst durch die Verlängerung des Skischuhschafts reduziert werden konnte [67].

Fällt jedoch die äußere Schienung durch den Skischuh weg und ist das Sprunggelenk nicht ausreichend gegen eine Dorsalextensions-Abduktions-Eversions-Belastung geschützt, ist bei Extrembelastungen ein Dorsalextensions-Abduktions-Eversions-Bruch des oberen Sprunggelenks, wie von Lauge-Hansen [126] als Pronations-Abduktions-Fraktur beschrieben, eher möglich (Abb. 44).

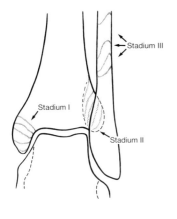
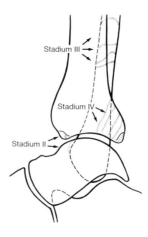

Abb. 44. Die Stadien der Pronations-Abduktions-Fraktur nach Lauge-Hansen [126]

Daß auch die Kombination einer Knöchelfraktur und einer Peronaeussehnenluxaton bei entsprechender Gewalteinwirkung möglich ist, bestätigt eine Fallbeschreibung:

Eine 55jährige Patientin versuchte sich bei einem Frontalzusammenstoß als Beifahrerin in einem PKW zu schützen, indem sie ihren Fuß gegen den Radkasten preßte. Infolge der auftretenden Gewalt kam es zu einer Talushalsfraktur als Zeichen der maximalen Dorsalextension, zur Eversionsform des Innenknöchelbruchs als Folge einer starken Eversion des Vorfußes, einer Peronaeussehnenluxation mit der charakteristischen Knochenschuppe (Typ III) sowie zum Abriß der Sehne von der Basis des V. Mittelfußknochens als Zeichen der maximalen Muskelkontraktion während des Traumas. Dieser Fall bestätigt also den erarbeiteten Pathomechanismus, so daß dieser als klinisch gesichert angesehen werden kann (Abb. 45).

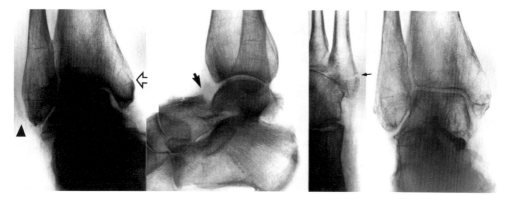

Abb. 45. Klinisches Beispiel, das den experimentell gefundenen Bewegungsablauf der Peronaeussehnenluxation bestätigt: Schalenförmiger Abriß vom Außenknöchel (Typ-III-Verletzung) (▶) als Zeichen der Peronaeussehnenluxation, Innenknöchelbruch (⇒) als Folge extremer Eversion, Talushalsfraktur (→) als Folge extremer Dorsalflexion, Abriß der Basis des V. Mittelfußknochens (→) als Folge der Anspannung der Peronaeussehnen

5 Einteilung der Peronaeussehnenluxationen

Die Einteilung der Peronaeussehnenluxation kann nach mehreren Gesichtspunkten erfolgen. Bewährt hat sich die Unterscheidung zwischen der Luxation im Kindes- und Erwachsenenalter, der frischen und chronischen Luxation sowie der habituellen und erworbenen traumatischen Luxation. Muskat [163] hat 1916 einen Mischtyp einer habituell-traumatischen Luxation beschrieben. Aufgrund der aufgezeigten Dispositionen ist die Existenz dieser Übergangsform vorstellbar (Abschn. „Disposition" S. 83). Für das operative Vorgehen hat sich jedoch für die akute Luxation die Einteilung nach der Rißform bewährt.

D. Heim u. U. Heim [98] unterteilen die akute Peronaeussehnenluxation in 3 Typen. Bei Typ I ist das Retinaculum superius am Hinterrand des Außenknöchels abgerissen.

Bei Typ II bleibt der Zusammenhang Retinaculum-Periost erhalten, die Sehnen luxieren in eine Tasche, die sich zwischen Außenknöchel und Periost gebildet hat.

Beim Typ III schließlich kommt es zum knöchernen Abriß des Retinaculums von der Außenknöchelhinterkante, die Peronaeussehnen luxieren zwischen Knöchel und der abgerissenen Knochenschuppe nach vorne (Abb. 46).

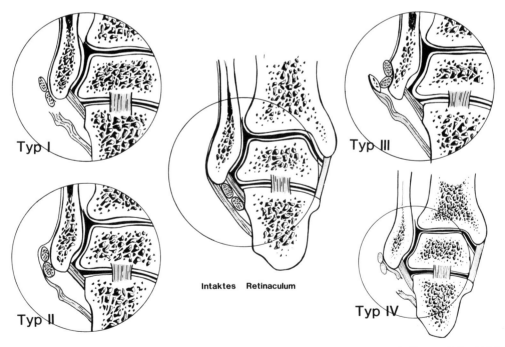

Abb. 46. Einteilung der Peronaeussehnenluxation nach Heim [98], ergänzt durch die von Oden [166] beschriebene Sonderform

Bei Heim [98] entfallen 12 seiner 22 Fälle auf Typ I (54,6%), 6 auf Typ II (27,3%) und 4 auf Typ III (18,1%).

D. Heim u. U. Heim [98] selbst beziehen sich in ihrer Einteilung zwar auf Eckert und Davis [59], diese teilen die akute Peronaeussehnenluxation jedoch etwas anders ein: Sie geben an, die intraligamentäre Ruptur des Retinaculums nie gesehen zu haben. Einen Typ I im Sinne von Heim [98] gibt es bei Eckert u. Davis [59] also nicht, was im Widerspruch zu eigenen Beobachtungen [173] und u. a. auch den Angaben von Pöll u. Duijfjes [181] steht, der unter 10 Luxationen 8 intraligamentäre Risse, 1 subperiostale Luxation und 1 knöchernen Abriß feststellen konnte. Die subperiostale Ruptur (Typ II nach Heim [98]) unterteilten Eckert u. Davis in 2 Grade. Löst sich das Retinaculum von der Fibulakante unter Mitnahme der Verstärkungslippe und luxieren die Sehnen um den Außenknöchel nach vorne, bildet sich also eine große Tasche, bezeichnen Eckert u. Davis [59] das als Grad I; löst sich das Retinaculum jedoch nur von der Lippe und luxieren die Sehnen kaum nach ventral, bezeichnen sie [59] das als Grad II (Abb. 47). Grad III ist der knöcherne Abriß des Retinaculums; er wird von D. Heim und U. Heim [98] sowie Eckert u. Davis [59] gleich bezeichnet (Typ III nach Heim [98]).

Noch verwirrender wird die Unterteilung durch die Modifikation nach Oden [166]. Er faßt wie Heim [98] zwar alle Formen der subperiostalen Ruptur mit intaktem Retinaculum zusammen, bezeichnet sie jedoch als Typ I. Die intraligamentären Rupturen ohne Interposition des Retinaculums bezeichnet er hingegen als Typ II, mit Interposition des Retinaculums als Typ IV. Der knöcherne Abriß des Retinaculums entspricht, wie bei Oden [166], Typ III (Abb. 46).

Zur einfacheren Orientierung kann hier auf Tabelle 6 sowie Abb. 46 und 47 verwiesen werden.

Wir selbst verwenden die Einteilung der Peronaeussehnenluxation nach Heim [98].

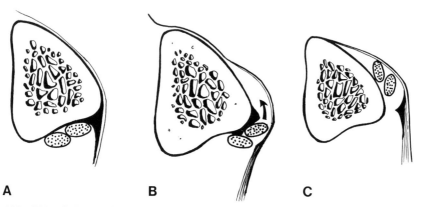

Abb. 47 A–C. Unterteilung der Typ-II-Verletzung in 2 Subtypen. (Nach Eckert u. Davis [59]). **A** Anatomische Verhältnisse. **B** Grad 1 – Das Retinaculum löst sich von der faserknorpeligen Lippe, die Sehnen können nach ventral luxieren. Die verbliebene faserknorpelige Lippe kann ein Widerlager gegen die Luxation bilden (potentiell stabil nach Reposition). **C** Grad 2 – Retinaculum und faserknorpelige Lippe sind abgerissen, kein Widerlager (instabil nach Reposition)

Tabelle 6. Vergleich der unterschiedlichen Einteilungen der Peronaeussehnenluxation

	Heim [98]	Eckert u. Davis [59]	Oden [166]
Intraligamentäre Ruptur	Typ I (54,6%)	–	Typ II (50,0%)
Abriß des Retinaculums mitsamt der Verstärkungslippe und Luxation der Peronaeussehne subperiostal um den Außenknöchel	Typ II (27,3%)	Grad I (50,7%)	Typ I (25,0%)
Abriß des Retinaculums von der Außenknöchelhinterkante ohne Mitnahme der Lippe		Grad II (32,9%)	
Knöcherner Abriß	Typ III (18,1%)	Typ III = Grad III (16,4%)	Typ III (12,5%)
Interposition des Retinaculums	–	–	Typ IV (12,5%)

6 Luxationsarten – Disposition

In experimentellen Untersuchungen konnte gezeigt werden, daß eine alleinige traumatische Genese einer Peronaeussehnenluxation möglich ist. In der Literatur werden aber auch zahlreiche, als Disposition wirkende Faktoren angeführt. Diese betreffen sowohl das knöcherne Gleitlager als auch die Ausbildung der Weichteile. Zur Beurteilung der Frage, ob es eine habituelle Luxation gibt, worauf diese beruht, bzw. ob Dispositionen eine traumatische Peronaeussehnenluxation begünstigen können, soll die Literatur gesichtet und kritisch beurteilt werden. Dazu ist es jedoch zweckmäßig, zwischen den Luxationen im Kindes- und Jugendalter (Grenze 14 Jahre) sowie im Erwachsenenalter zu unterscheiden.

Angeborene oder kindliche habituelle Form der Peronaeussehnenluxation

Der erste Bericht über eine kongenitale Peronaeussehnenluxation stammt von Kramer [115], der 1895 bei einem 9 Monate alten Knaben eine angeborene Peronaeussehnenluxation erfolgreich operativ behandelte. Bei der Analyse der möglichen Ursachen stellt er ausdrücklich fest, daß bei dem Kind weder eine Fußdeformität bestand, noch irgendwelche Störungen in der Schwangerschaft aufgetreten waren. Als Ursache gibt er eine Aplasie des Retinaculum superius an.

1908 berichtet Puyhaubert [184] über 2 Fälle mit beidseitiger Luxation: Bei einem 8,5 Monate alten Kind bestanden, als Folge einer vermutlich congenitalen Syphilis, ein Hydrocephalus, Fußdeformitäten und eine beidseitige Peronaeussehnenluxation, die der Autor in diesem Fall auf eine flache retromalleolare Rinne zurückführte. Beim 2. Fall, einem 3jährigen Kind, fand er keine Dispositionen.

1910 behandelt Ehrich [63] einen 10jährigen Knaben mit beidseitiger Peronaeussehnenluxation bei Aplasie des Retinaculum superius erfolgreich operativ.

1916 erweitert Muskat [163] den Begriff der habituellen Peronaeussehnenluxation um den einer erworbenen habituellen Form. Er berichtet dabei über einen 14 Jahre alten Knaben mit beidseitiger Peronaeussehnenluxation bei beidseitigen Platt-Knick-Füßen. Damit wird erstmals eine Fußdeformität als Disposition in den Vordergrund gestellt. Bei der klinischen Untersuchung fand er eine starke Abknickung des vorderen Teils des Fußes nach außen, eine Senkung des inneren Fußrandes (Abduktion, Eversion) sowie eine Schlaffheit der Peronaeussehnen.

1923 stellten Estor u. Aimes [68] die Fälle der französischen Literatur zusammen; sie berichten über 11 angeborene Peronaeussehnenluxationen bei Patienten zwischen 8,5 Monaten und 14 Jahren. Bei 5 Patienten traten die Luxationen beidseits auf, nur einmal fand sich eine einseitige Luxation.

1968 berichten Patterson et al. [177] von einem im Alter von 6 Wochen verstorbenen Mädchen mit angeborenem Hakenfuß sowie einer ausgeprägten Abduktion des Vorfußes. Bei der Obduktion fanden sich die Peronaeussehnen beidseits in einer eigenen

Rinne über den Außenknöchel verlaufend. Über die Ausbildung des Retinaculum superius bzw. der retromalleolaren Rinne wird nichts ausgesagt. Patterson et al. [177] stellten jedoch fest, daß trotz der in diesem Alter noch fehlenden axialen Belastung des Fußskeletts, sowohl bei einem 25 Wochen alten Fötus, als auch bei einem wenige Monate alten Säugling, die als Kontrolle dienten, das Retinaculum superius und der retromalleolare Sulcus ausgebildet waren. Das konnte 1908 auch Puyhaubert [184] bei einem vergleichbaren Präparat feststellen.

1976 berichten Mankinen et al. [138] von einem 3jährigen Mädchen mit multiplen Chromosomenanomalien, Pes calcaneovalgus sowie beidseitiger Peronaeussehnenluxation, 1980 Nakano et al. [164] über 24 kindliche Luxationsfälle: 16mal bestanden zumindest angedeutete Fußdeformitäten (1mal Klumpfuß, 15mal Knickfußneigung). Von 13 Patienten waren 10 jünger als 12 Monate; bei diesen Patienten trat die Luxation immer beidseits auf.

1983 schließlich berichten Purnell et al. [183] über 5 Fälle bei 4 Patienten (1mal beidseits) mit Pes calcaneovalgus und congenitaler Peronaeussehnenluxation. Sämtliche Patienten waren jünger als 12 Monate.

Faßt man diese in der Literatur berichteten 49 kindlichen, nicht traumatisch verursachten Peronaeussehnenluxationen zusammen, ergeben sich zahlreiche Gemeinsamkeiten. Nur bei 7 der 28 Patienten trat die Luxation einseitig auf, 21mal war sie beidseits vorhanden, 34mal bestanden gleichzeitig Fußdeformitäten wie Pes calcaneovalgus, Knickfuß, Klumpfuß oder zumindest eine Knickfußneigung. Nur 11mal wurde eine Fußdeformität verneint, bei 4 Fällen ist aus den zugänglichen Unterlagen keine entsprechende Zuordnung möglich. Von 49 beschriebenen Peronaeussehnenluxationen traten 30 bei Kindern unter 1 Jahr auf (13mal beidseits, 4mal einseitig), bei 19 Fällen war das Kind älter als 1 Jahr; auch bei diesen Patienten trat die Erkrankung 8mal beidseitig auf.

Daher läßt sich die Frage, ob es die habituelle Peronaeussehnenluxation bei Kindern gibt, mit ja beantworten. Obwohl nur 49 Fälle in der Literatur zitiert sind, spricht alleine schon der hohe Anteil von 21 beidseitigen Luxationen bei 28 Patienten dafür.

Außerdem spricht für das Vorliegen einer angeborenen Störung die Tatsache, daß 17 der 28 Patienten bei Diagnosestellung jünger als 12 Monate waren. Die Luxation trat also vor Beginn der axialen Belastung auf, eine traumatische Genese ist deshalb auszuschließen. Schwieriger zu beantworten ist die Frage, ob es sich um eine anlagebedingte Störung des Halteapparates oder um die Folge einer intrauterinen, erst später in Erscheinung getretenen Störung handelt.

Da eigene Fälle in diesem Lebensalter fehlen, läßt sich diese Frage, wenn überhaupt, nur mit Vorbehalt beantworten.

Für den Fall von Kramer [115] und auch den von Ehrich [63] ist eine anlagebedingte Fehlentwicklung des Halteapparates als wahrscheinlich anzusehen, besonders deshalb, da Kramer [115] ausdrücklich betont, daß bei seinem Patienten weder prä- noch postpartal Auffälligkeiten aufgetreten sind; beide Autoren stellten außerdem eine Aplasie des Retinaculums fest.

Eigene Untersuchungen (s. Kap. 2, 3, S. 5) bestätigen, daß beim Erwachsenen große Unterschiede in der Ausbildung des Retinaculum superius bestehen. Deutliche Rechts-links-Unterschiede lassen ein einseitiges Auftreten, wie beim Fall von Kramer [115], ebenso wie eine beidseitige Luxation erwarten. Schwieriger zu beurteilen sind die verbleibenden 46 Fälle. Davon wurden 36 konservativ behandelt; sie entziehen sich damit der exakten Analyse, nur in 10 Fällen erfolgte eine Operation oder Obduktion.

Puyhaubert [184] gibt in seinem Fall eine flache retromalleolare Rinne als Ursache an, Patterson et al. [177] und Mankinen et al. [138] die gefundene Fußdeformität. Nakano et al. [164] nehmen zu dieser Frage nicht Stellung. Anatomische Untersuchungen von Edwards [61] und Fink [72] sowie eigene histologische und anatomische Untersuchungen (s. Kap. 2, 3) widersprechen der ossären Genese, so daß der Fall von Puyhaubert [184] ausgeklammert werden kann. Unsere Untersuchungen zum Ablauf der rein traumatischen Luxation (s. Abschn. „Pathogenese", S. 65) unterstützen vielmehr die Ansicht von Patterson et al. [177], Mankinen et al. [138], Muskat [163] und Purnell et al. [183], daß eine Fußdeformität mit starker Abduktion des Vorfußes, Abflachung des Fußgewölbes sowie einer Valgusstellung des Calcaneus als Disposition gelten kann. Wird ein Fuß in dieser Stellung gehalten, kommt es, wie unsere experimentellen Untersuchungen zeigen konnten, zu einer Subluxation der Peronaeussehnen nach lateral und damit zu einer Dauerbelastung des fibrösen Anteils des osteofibrösen Führungsrohrs. Eine Ausweitung desselben nach lateral, die Subluxation und schließlich Luxation der Sehnen zuerst nach lateral und schließlich nach ventral, ist als Folge anzusehen. Bestätigt wird dies durch die Beobachtung von Patterson et al. [177], die bei einem 6 Wochen alten Mädchen mit beidseitiger Peronaeussehnenluxation, angeborenem Hakenfuß sowie gleichzeitiger starker Abduktion des Vorfußes die Peronaeussehnen in einer eigenen Rinne an der Außenseite des Außenknöchels verlaufen sahen. Es ist deshalb anzunehmen, daß die Luxation bereits intrauterin bestanden hat. Auch die Feststellung von Purnell et al. [183], daß bei allen seinen Fällen eine intrauterine Lageanomalie bzw. ein Oligohydramnion oder beides bestanden habe, erhärtet die Möglichkeit der bereits intrauterin beginnenden Schädigung.

Die Durchsicht der Literatur legt folgende Schlußfolgerungen nahe:

1. Die Häufigkeit beidseitiger Peronaeussehnenluxationen vor Vollendung des 1. Lebensjahres läßt eine angeborene Störung als plausibel erscheinen.
2. Die Häufigkeit pathologischer Fußstellungen, die – wie experimentell abgesichert – eine Subluxation der Peronaeussehnen nach lateral provozieren, läßt diese Fehlhaltungen als Disposition erscheinen.
3. Intrauterine Fehlhaltungen des Fußes können bereits im Stadium der fetalen Entwicklung eine Peronaeussehnenluxation provozieren.
4. Eine anlagebedingte Schwäche oder ein Fehlen des fibrösen Halteapparates der Peronaeussehnen konnte an mehreren Präparaten Erwachsener nachgewiesen werden; sie ist deshalb auch bei Kindern als Prädisposition anzusehen.

1976 vermuteten Mankinen et al. [138] bei einem solitären Fall als Ursache einen genetischen Defekt. Diese Theorie ist nur durch einen Fall belegt. Aufgrund der bisherigen Überlegungen ist ein genetischer Defekt als mögliche Ursache nicht auszuschließen, besonders deshalb, da eine angeborene Schwäche des Retinaculums angenommen wird. Ohne Vorliegen zusätzlicher beweisender Faktoren hat diese Überlegung jedoch spekulativen Charakter.

Kindliche Form der traumatischen Peronaeussehnenluxation

Traumatische Luxationen der Peronaeussehnen bis zum 14. Lebensjahr werden lediglich im Rahmen größerer Fallzusammenstellungen von Escalas et al. [67], Beck [13] und

Coudane et al. [43] berichtet. Sie unterscheiden sich gänzlich von der habituellen kindlichen Luxation. Hinweise auf ein beidseitiges Auftreten fehlen ebenso wie solche auf anlagebedingte Fußdeformitäten, genetische Defekte oder eine Aplasie des Retinaculum superius. Es wird vielmehr immer auf ein adäquates Trauma verwiesen. Bei den zitierten Fällen handelt es sich um die Untergrenze der Altersstreuung bei Analyse größerer Kollektive. Sie sind deshalb wie vergleichbare Fälle traumatischer Luxationen Erwachsener zu beurteilen.

Habituelle Luxation beim Erwachsenen

Auch bei Erwachsenen wird über idiopathische oder habituelle Luxationen berichtet, ohne daß Erklärungen oder Vermutungen für das späte Auftreten abgegeben werden.

Die erste Mitteilung über eine spontane Peronaeussehnenluxation beim Erwachsenen stammt von König [114], der 1898 über eine im zeitlichen Abstand aufgetretene beidseitige Luxation bei einem Reiter berichtete.

1930 berichtet Hanson [95] über ein 15jähriges Mädchen, bei dem es ohne Trauma zu einer beidseitigen Luxation gekommen war. Schildt [209] stellt 1947 den ersten einseitigen Fall vor, Nakano et al. 1980 [164] 3 einseitige Fälle, Zichner [254] berichtet über 7 Fälle ohne adäquates Trauma (3 davon beidseits).

Weitere Mitteilungen finden sich noch bei Hundemer [105] (1 Fall einseitig), Larsen et al. [124] (6 Fälle, 2mal beidseitig), Le Noir [129] (1 Fall beidseitig). Im eigenen Krankengut finden sich 2 Patienten mit beidseitiger Luxation ohne adäquates Trauma. Insgesamt lassen sich 28 Peronaeussehnenluxationen Erwachsener finden, bei denen ausdrücklich angegeben ist, daß die Luxation ohne adäquates Trauma auftrat (10mal beidseitig, 8mal einseitig). Bei weiterer Durchsicht der Literatur fanden sich andere Mitteilungen, bei denen an einer traumatischen Genese gezweifelt werden kann, da die für eine traumatische Genese notwendige Gewalt (s. Abschn. „Pathomechanik", S. 65) bei den angegebenen Verletzungsursachen kaum erreicht wird. So wird 5mal Laufen [6, 147, 182], 1mal Tauchen [6], 1mal Radfahren [6], 1mal Gymnastik [46], 9mal Tanzen [13, 147, 156, 198] sowie 2mal Wandern [98] als Ursache angegeben, ohne daß Hinweise auf ein Trauma zu finden sind. Zählt man diese Fälle zu den als habituell angegebenen hinzu, lassen sich in der Literatur 44 Fälle finden, die entweder als idiopathisch oder habituell anzusehen sind, oder bei denen an einer rein traumatischen Genese gezweifelt werden kann. Es läßt sich also die Existenz einer habituellen, erst im Erwachsenenalter auftretenden Peronaeussehnenluxation bestätigen.

Unbeantwortet bleibt die Frage, warum die Luxation erst im Erwachsenenalter auftritt und was sie von der im Kindesalter unterscheidet, bzw. warum bei entsprechender Disposition die Luxation nicht bereits früher aufgetreten ist. Dazu gibt es bisher weder Überlegungen noch Untersuchungsergebnisse.

Als Erklärung bieten sich mehrere Möglichkeiten an:

– Durch den Wachstumsschub in der Pubertät haben sich Hebelarme und Hebellänge verändert. Erst dadurch wurde die Belastung so weit gesteigert, daß es zur Überlastung des Retinaculum superius kommt.

- Durch den Wachstumsschub kommt es zur Veränderung der Fußform und damit auch zu Fußdeformitäten (Pes calcaneovalgus etc.). Diese disponieren dann, ebenso wie im Kindesalter, zur Luxation.
- Veränderte Lebensgewohnheiten führen zur chronischen Mehrbelastung des Retinaculum superius. Bei Reitern und Jockeys ist eine entsprechende Mehrbelastung häufig beschrieben. Neben der Mitteilung von König [114], der über eine idiopathische Peronaeussehnenluxation bei einem Reiter berichtet, die in weiterer Folge spontan auch auf der kontralateralen Seite auftrat, berichten noch Reerink [189], Rodineau u. Daubinet [198] sowie Pöll u. Duijfjes [181] über insgesamt 7 derartige Fälle. Als Ursache ist die bei Jockeys notwendige Zwangshaltung mit Fixation des Sprunggelenks in Dorsalextension, Abduktion und Eversion anzusehen. Gerade beim Reitsport ist eine ständige aktive Stabilisierung des Sprunggelenks durch die Peronaealmuskulatur notwendig. Eine längerdauernde Überlastung des Retinaculum superius ist die Folge, die unterschiedlichen Ausbildungsformen des Retinaculums (s. Kap. 3) gewinnen an Bedeutung (habituell-traumatische Genese).uell-traumatische Genese).

Im eigenen Krankengut finden sich 2 Patienten mit beidseitiger, nichttraumatischer Peronaeussehnenluxation. In den Operationsberichten läßt sich kein Hinweis auf die Genese der Peronaeussehnenluxation finden. Bei der Nachuntersuchung der Patienten wurden Tangentialaufnahmen der retromalleolaren Gleitrinne angefertigt, und bei einem der 2 Patienten fand sich nach erfolgreich durchgeführter Operation nach Kelly [112], immer noch eine deutliche Konvexität der Fibularückfläche beidseits. Obwohl die Entstehung der traumatischen Peronaeussehnenluxation i. allg. kaum von der Tiefe der Gleitrinne beeinflußt wird (s. Abschn. „Pathomechanik", S. 65 ist trotzdem die seltene konvexe Ausformung der Rinne als Disposition zur habituellen Luxation anzusehen.

Traumatische Peronaeussehnenluxation des Erwachsenen

Obgleich bei den meisten Patienten mit traumatischer Peronaeussehnenluxation ein entsprechendes Trauma beschrieben wird, werden in der Literatur zahlreiche zur Luxation disponierende Faktoren angeführt. Sie lassen sich generell in 3 Gruppen unterteilen:

Disposition durch Unterschiede am knöchernen Gleitlager
Eine flache oder fehlende retromalleolare Rinne sehen 27 Autoren [9, 22, 26, 61, 68, 75, 88, 115, 116, 118, 122, 124, 141, 145, 146, 151, 161, 163, 167, 181, 185, 205, 206, 226, 248, 254, 255] als Disposition an; Arrowsmith et al. [9] erwähnen zusätzlich die Möglichkeit der konvexen Fibularückfläche.
Wie in Kap. 2, 3 ausführlich dargelegt, lassen diese Untersuchungen, ebenso wie Tangentialaufnahmen der retromalleolaren Gleitrinne von Patienten mit traumatischer Peronaeussehnenluxation, erkennen, daß der Ausformung der knöchernen retromalleolaren Rinne als Disposition zur traumatischen Luxation nur geringe Bedeutung zukommt. Wir konnten zeigen, daß die Ausformung der retromalleolaren Gleitrinne durch die Weichteile vollständig verändert wird und trotz guter Ausformung der Rinne eine Peronaeussehnenluxation experimentell provoziert werden kann, bzw. trotz des Fehlens der Rinne keine Provokation einer Luxation möglich war. Die Analyse des eigenen Patientengutes bestätigte dieses Ergebnis.

Gutierez [89], Allen [5], Walsham [240], Teller [231], Treves [234], Sarmiento u. Wolf [205] sowie Savastano [206] führen den Außenknöchelbruch an. Weshalb ein Außenknöchelbruch zu einer Peronaeussehnenluxation disponieren soll, ist den zitierten Arbeiten nicht zu entnehmen. Da jedoch Sarmiento u. Wolf [205] die Publikation von Murr [162] als Referenz anführen, dürfte es sich um eine Interpretation des knöchernen Abrisses des Retinaculum superius handeln. Auch bei den zitierten Arbeiten vor der Jahrhundertwende handelt es sich um Publikationen, die in Folge der Beschreibung des knöchernen Abrisses des Retinaculums durch Gutierez [89] erschienen sind; die Disposition zur Peronaeussehnenluxation nach einem Außenknöchelbruch ist daher als nicht ausreichend belegt anzusehen.

Blenke u. Zwirner [22] geben 1972 die Möglichkeit der Hypoplasie der Außenknöchelspitze als Disposition an.

Ihre Angaben beruhen auf den Untersuchungen von Muralt [161], der 1956 die Bedeutung der retromalleolaren Rinne zu bestimmen versuchte. Er analysierte dazu die Ausformung des knöchernen Gleitlagers am macerierten Knochenpräparat und korrelierte sie mit dynamischen Belastungsversuchen anderer Amputate. Es handelt sich dabei um den Vergleich der Ergebnisse einer Untersuchung an von den Weichteilen befreiten Präparaten mit einer dynamischen Untersuchung an Präparaten mit Weichteilen. Diese Verknüpfung der Ergebnisse von 2 gänzlich unterschiedlichen Untersuchungsansätzen kann zu einem falschen Ergebnis führen. Die von Muralt [161] gezogenen Schlüsse sind deshalb als methodisch nicht korrekt zu beurteilen. Eigene systematische Analysen zeigen, daß kein direkter Zusammenhang zwischen der Konfiguration der knöchernen retromalleolaren Gleitrinne und der Ausbildung der Weichteile besteht; sie bestätigen damit die Bedenken gegen die Ergebnisse von Muralt [161].

Daher kann den Schlußfolgerungen von Muralt [161], und damit auch denen von Blenke u. Zwirner [22], die sich auf Muralt [161] beziehen, nicht zugestimmt werden, insbesondere deshalb, da auch über kein entsprechendes Patientenkollektiv berichtet wird.

Veränderungen am Retinaculum superius
Die Bedeutung des Retinaculum superius für die Sicherung der Peronaeussehnen stellte 1912 bereits Eden [60] fest. Er fand, daß eine alleinige Durchtrennung des Retinaculum superius zur Provokation einer Peronaeussehnenluxation ausreichend ist. 1983 bestätigen dies Purnell et al. [183] in einer experimentellen Untersuchung und sie weisen gleichzeitig darauf hin, daß dem Retinaculum inferius keine Sicherungsfunktion zuzuordnen ist. Dies bestätigt sich auch im klinischen Alltag (s. Abschn. 7.3)

Anlagebedingte Veränderungen
Auf die Möglichkeit des Fehlens des Retinaculum superius weist als erster Kramer [115] hin, aber auch Ehrich [63], Muskat [163], Stover u. Bryan [226] und Arrowsmith et al. [9] führen diese Möglichkeit an. Auf Unterschiede in der Ausbildung des Retinaculum superius und eine dadurch bedingte Schwäche verweisen Ombredanne [168], Ehrich [63], Eden [60], Moutier [157], Estor u. Aimes [68], Stover u. Bryan [226], Miller [151], Radke [185], Rechfeld [188], Savastano [206], Arrowsmith et al. [9], Purnell et al. [183] und Larsen et al. [124]. Histologische Serienuntersuchungen bestätigen die Vermutung, daß das Retinaculum superius sowohl unterschiedlich dimensioniert als auch unterschiedlich aufgebaut sein kann (s. Kap. 3). Wir konnten in unserem Untersuchungsmaterial Fälle

einer fast vollständigen Aplasie des Retinaculum superius feststellen, so daß dieser Theorie zugestimmt werden kann.

1916 führt Muskat [163] auch die Möglichkeit der mangelnden Befestigung des Retinaculum superius an. Der Fall eines lateralen statt dorsalen Ursprungs des Retinaculum superius im eigenen Untersuchungsmaterial bestätigt, daß auch diese Möglichkeit der Disposition besteht.

1972 erwähnte Radke [185] Kollagenosen als Disposition, ohne aber entsprechende Fälle zu präsentieren. Daher besitzt diese Annahme spekulativen Charakter.

Erworbene Veränderungen
Hildebrand [102] stellte den Fall eines entzündlich degenerierten und somit exogen geschwächten Retinaculums vor. Auch Muskat [163] und Folschveiler [74] ziehen diese Möglichkeit in Erwägung, wobei sie als Ursache dauernde Mikrotraumen anführen. Künzli [118] vermutet als Folge dieser rezidivierenden Traumen inkomplette Rupturen.

Veränderungen an Unterschenkel oder Fuß
Über die Bedeutung von Fehlstellungen des Fußes oder eine veränderte Fußform wurde bereits diskutiert (s. Abschn. „Habituelle Luxationen im Kindesalter" S. 83). Lohe [135], Muralt [161], Bürkle de la Camp u. Schwaiger [30], Miller [151], Arrowsmith et al. [9] und Le Noir [129] betonen die Bedeutung des Pes calcaneovalgus als Prädisposition. Le Noir [129] erwähnt zusätzlich die Außenrotationsfehlstellung mit Verlagerung der Zugrichtung der Peronaeussehnen. Diese Veränderungen dienen der Erklärung für einen geänderten Weg der Sehnen und eine damit verbundene erhöhte Belastung des Retinaculum superius.

Die von Refior [190], Gurewitz [88], D. Heim u. U. Heim [98] und Pöll u. Duijfjes [181] angeführte chronische Sprunggelenkinstabilität stellt erstmals die funktionelle Bedeutung der Peronealmuskulatur als aktive Stabilisatoren des oberen Sprunggelenks in den Vordergrund. Die Möglichkeit der funktionellen Überlastung des Retinaculums bei ständig notwendiger aktiver Stabilisierung des oberen Sprunggelenks ist sicherlich gegeben. So berichtet Bosien (zit. nach [147]), daß bei 15% seiner Patienten mit chronischer Instabilität des oberen Sprunggelenks eine Schwäche der Peronaealmuskulatur bestand. Schon die hohe Anzahl an Begleitverletzungen des Außenknöchel-Band-Apparats bei Peronaeussehnenluxationen beweist den engen funktionellen Zusammenhang beider Strukturen.

Warum ein Hohlfuß [151] oder schlaffe Peronaeussehnen [163] zur Peronaeussehnenluxation disponieren sollen, wird von den Autoren nicht detailliert erläutert und kann auch anhand unserer experimentellen Untersuchungen nicht nachvollzogen werden. Vielmehr konnten wir zeigen, daß ohne entsprechende Vorspannung der Sehnen eine Luxation nicht möglich ist. Griffiths [85] konnte darstellen, daß insuffiziente Peronaeussehnen beim Kind zu Fehlentwicklungen des Fußskeletts führen; eine damit verbundene Neigung zu Peronaeussehnenluxationen erwähnte er jedoch nicht. Diese Überlegungen sind daher als spekulativ zu bezeichnen.

Insgesamt kann bei Durchsicht der Literatur der Eindruck entstehen, daß eine in den meisten Publikationen nicht belegte Disposition als Erklärung für die Seltenheit der Verletzung dienen soll. Daß dies auf mechanische Ursachen zurückzuführen ist und mit dem Schutz des oberen Sprunggelenks gegen eine Pronations-Eversions-Fraktur durch geeignetes Schuhwerk zusammenhängt, wurde bereits in Kap. 4 erläutert.

7 Häufigkeit von Peronaeussehnenluxationen

Nach einer Untersuchung von Garrick [77] traten innerhalb von 24 Monaten bei 2840 High-school-Sportlern 1176 Verletzungen auf; 14% davon betrafen das Sprunggelenk; das bedeutet, daß innerhalb von 2 Jahren jeder 17. Sportler eine Sprunggelenkverletzung erlitt. Garrick [77] erwähnt jedoch in seiner Zusammenstellung über die Häufigkeit von Sprunggelenkverletzungen nicht die Peronaeussehnenluxation.

Die meisten Angaben über die Häufigkeit der Peronaeussehnenluxation finden sich in Berichten vom Skisport. So finden Escalas et al. [67] unter 6767 Skiunfällen 38 Peronaeussehnenluxationen (0,56%), Coudane et al. [43] bei 6000 operierten oder konservativ behandelten Verletzungen 23 Peronaeussehnenluxationen (0,38%). Earle et al. [57] berichten, daß 1960 0,48% und 1968 0,57% aller Skiunfälle Peronaeussehnenluxationen betrafen. Stover u. Bryan [226] finden bei 1021 Skiunfällen 226 Knöcheldistorsionen, darunter 26 Peronaeussehnenscheidenzerrungen (2,55%). Church [38] findet die Zerrung der Peronaeussehnenscheide in 2,5% aller Skiunfälle, eine Luxation der Sehnen in 0,5%.

Mit einer kleinen Knochenschuppe wird nach der Angabe von Earle et al. [58] die Hälfte aller Retinacula abgerissen. Bei Jonasch [110] betrug die Rate nur 15%, bei Heim [98] sind 4 von 29 (13,8%) Peronaeussehnenluxationen mit einem knöchernen Abriß verbunden, bei Murr [162] $^1/_3$. Im eigenen Krankengut fanden sich in 4 von 25 Peronaeussehnenluxationen (16%) knöcherne Mitbeteiligungen [173].

8 Diagnostik

8.1 Klinik

„Die Diagnose einer Peronaeussehnenluxation ist einfach, wenn man daran denkt", schreibt Marti [142]. Diagnostische Hinweise sind in der Literatur jedoch kaum zu finden, vielmehr wird in vielen Publikationen die Diagnostik überhaupt nicht erwähnt. Die klinische Diagnose einer Peronaeussehnenluxation ist allein durch ihre Seltenheit, im Vergleich zu anderen Verletzungen des oberen Sprunggelenks, erschwert. Im folgenden sollen die angegebenen diagnostischen Kriterien kritisch beurteilt werden.

Akute Verletzung

Ein diagnostisches Problem liegt in der engen Nachbarschaft der Peronaeussehnen zum Außenknöchel-Band-Apparat; die exakte klinische Differenzierung zwischen einer akuten Außenknöchel-Band-Verletzung und einer frischen Peronaeussehnenluxation ist nur eingeschränkt möglich.

Eckert u. Davis [59] schreiben 1976, daß für die Luxation der Peronaeussehnen ein auf die Hinterkante der Fibula beschränkter Druckschmerz, der mit einer Schwellung verbunden sein kann, charakteristisch ist. Beim klassischen Supinationstrauma mit Verletzung des Außenknöchel-Band-Apparats kommt es jedoch zuerst zur Verletzung der Sehnenscheide der Peronaeussehnen [159]. Neben einer Zerreißung der anterolateralen Gelenkkapsel kann auch eine Ruptur des Lig. talofibulare anterius sowie des Lig. calcaneofibulare die Folge sein. Somit wird neben der lateralen auch die mediale Wand der Peronaeussehnenscheide verletzt. Das Hämatom tritt in die Peronaeussehnenloge, konsekutiv dehnt sich die Schwellung und auch die Schmerzzone bis zu den Peronaeussehnen aus. Die Kriterien von Eckert u. Davis [59] haben daher klinischen Wert, sind jedoch als Entscheidungshilfe nicht ausreichend.

Das betonen auch Escalas et al. [67], die selbst 38 Fälle operierten. Sie betonen die Wichtigkeit der klinischen Diagnostik, stellen aber auch fest, daß erst die Subluxation bzw. die Luxation der Sehnen die Diagnose bestätigt. Die Grenze zwischen Luxation und Subluxation definieren sie nicht. Ebensowenig geben sie an, wie sie im Akutstadium mit Hämatom und Schmerzhemmung eine Luxation der Sehnen feststellen. Diesbezüglich schreibt Folschveiler [74], daß im Akutstadium die Provokation einer Luxation oft nicht möglich ist, da der allzugroße Schmerz eine Fußbewegung nicht erlaubt. Die Problematik der Provokation einer Sehnenluxation wird weiter unten erläutert. Dieser Hinweis kann daher nur für chronische Fälle gelten.

Earle et al. [58] geben als klinisches Kriterium eine Schmerzhaftigkeit der Außenknöchelaußenseite an. Bei Typ-I-Verletzungen ist dies charakteristisch, bei Typ-II-Verletzungen kann dieses Kriterium naturgemäß versagen, da die Verletzung die Außenknöchelaußenseite oft kaum erreicht (s. Abb. 47 B).

Außerdem besteht bei Kindern mit noch offenen Epiphysenfugen die Möglichkeit der Verwechslung mit einer Epiphysenlösung vom Typ Salter I.

Künzli [118] betont 1976, daß die Diagnose durch einen fehlenden Druckschmerz über den Außenknöchelbändern erhärtet wird. Diese Feststellung postuliert, daß Peronaeussehnenluxationen immer als isolierte Verletzungen auftreten. Untersuchungen von Heim [98] und auch die Erfahrungen im eigenen Krankengut zeigen jedoch die Häufigkeit der Zusatzverletzungen am Außenknöchel-Band-Apparat, so daß dieses Kriterium nicht gelten kann (s. Abschn. 8.6). Oden [166] und Martens et al. [141] geben ein hörbares Schnappen als diagnostisches Kriterium an. Dieses Schnappen ist im Akutstadium mit Hämatom und Erguß kaum auslösbar; es gilt daher auch nur für chronische Fälle. Alle angeführten klinischen Kriterien sind daher im Akutstadium unsicher. Lediglich die Druckempfindlichkeit der lateralen Fibulahinterkante im Bereich des Retinaculums (bis ca. 2 cm proximal der Außenknöchelspitze) ist ein wertvoller Hinweis.

Die Abb. 48 zeigt die klinische Situation bei einer frischen Peronaeussehnenluxation vom Typ I. Die Außenknöchelkontur ist verstrichen, die Peronaeussehnen springen durch die aktive Abduktion und Eversion deutlich vor und verlieren sich in Höhe des Außenknöchels in der Schwellung. Die Detailaufnahme (Abb. 48 B) läßt jedoch eine Luxation der Sehnen vermuten, da die Sehnen sich „in" den Außenknöchel und nicht hinter ihm fortzusetzen scheint. Im Vergleich dazu sieht man in Abb. 49 das Bild eines unverletzten Sprunggelenks. Die Sehnen wölben zwar die Haut deutlich vor, werden jedoch exakt hinter dem Außenknöchel geführt. Man beachte die gleiche Fußstellung in Abb. 39 B, 48, 49.

Die Problematik der klinischen Diagnostik in der Akutphase zeigt sich auch in der Empfehlung von Mc Conkey u. Favero [146], die die Operation einer Peronaeussehnenluxation in Lokalanaesthesie empfehlen. So läßt sich intraoperativ die Luxation oder Subluxation provozieren. Die eigentliche Diagnose wird erst bei der Operation gestellt.

Chronische Verletzungen

Chronische rezidivierende Peronaeussehnenluxationen sind klinisch einfach zu diagnostizieren, da die Schwellung fehlt und die Patienten meist selbst ein retromalleolares Schnappen bemerken. Gleichzeitig ist die Luxation der Sehnen gut tastbar und auch sichtbar. Das charakteristische Schnappen, das die Patienten selbst provozieren können, führt diese dann häufig zum Arzt. Dieses Phänomen nutzten im 19. Jahrhundert die amerikanischen „Klopfgeister" in ihren spritistischen Sitzungen [139].

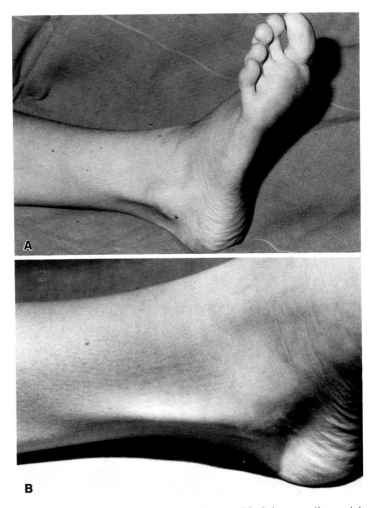

Abb. 48 A, B. Klinische Bilder einer frischen Peronaeussehnenluxation. **A** Die Sehnen verlieren sich in der Schwellung über dem Außenknöchel, **B** Detailaufnahme

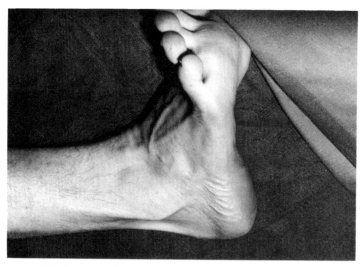

Abb. 49. Klinisches Bild der bei Dorsalextension, Abduktion und Eversion gut sichtbaren, stabilen Peronaeussehnen (s. auch Abb. 53)

8.2 Provokationstest

Akute Luxation

Um die klinische Verdachtsdiagnose zu erhärten, wurden zahlreiche Provokationstests angegeben. Diese sollen entweder die Luxation der Peronaeussehnen provozieren oder zumindest die Beschwerden verstärken. So bezeichnen Arrowsmith et al. [9] die Schmerzverstärkung bei aktiver Kontraktion der Peronaealmuskulatur und bei dem in Dorsalextension gehaltenen Fuß als charakteristisch. Gleichzeitig geben sie aber an, daß diese provozierte Subluxation der Sehnen in akuten Fällen selten toleriert wird.

Jäger u. Wirth [107], Stover u. Bryan [226] und Heim [98] beschreiben ebenfalls eine bei Eversion sowie aktiver Pronation und Dorsalextension auftretende Schmerzverstärkung.

Bezüglich der besten Ausgangsstellung zur Provokation einer Luxation herrscht Uneinigkeit. Jonasch [110] gibt eine Dorsalextension mit gleichzeitiger Supination und Adduktion an, Leach u. Lower [127] eine Dorsalextension und Innenrotation.

Moritz [154] provoziert die Peronaeussehnenluxation durch eine Plantarflexion, Oden [166] durch eine Plantarflexion und Eversion, Stover [225] durch Eversion und Dorsalextension gegen Widerstand. Martens et al. [141] geben ebenfalls die Dorsalextension zur Provokation der Peronaeussehnenluxation an, zusätzlich beschreiben sie, daß es bei Plantarflexion zur spontanen Reposition kommt. Für die Provokation einer Peronaeussehnenluxation gelten dieselben Überlegungen wie für die experimentell reproduzierbare Peronaeussehnenluxation. In eigenen Untersuchungen konnten wir zeigen (s. Abschn. „Experimentelle Untersuchungen" S. 65), daß bei Dorsalextension Abduktion und Eversion des Fußes sowie gleichzeitigem Zug an den Peronaeussehnen eine Subluxation derselben provoziert werden kann. Ein Provokationstest, der diese Belastung nachahmt, ist somit am geeignetsten. Daher kann der von Murr [162] angegebene Provokationstest empfohlen werden:

Der Patient steht auf beiden Beinen, beugt die Knie und geht in die Skihocke (Dorsalextension der Sprunggelenke). Nun wird der Fuß nach außen rotiert und der laterale Fußrand gehoben, die Schmerzen nehmen deutlich zu, evtl. luxieren die Sehnen. Bei diesem Test werden alle Voraussetzungen für eine Luxation der Sehnen erfüllt. Die maximale Dorsalextension ergibt sich durch die Skihocke, für die Außenrotation des Fußes ist die Eversion und Abduktion des lateralen Fußrandes notwendig, durch die Hockstellung ist eine aktive Stabilisierung des Sprunggelenks mit Kontraktion der Peronaeussehnen notwendig.

Ein negativer Provokationstest schließt eine Verletzung dennoch nicht aus. De Haven et al. [49] stellten deshalb u. a. fest, daß nur in 50% der Fälle eine Subluxation der Sehne reproduziert werden kann. Als sehr wertvoller Hinweis ist jedoch die Schmerzverstärkung beim Provokationstest anzusehen.

Chronische Luxation

Die Provokation einer Peronaeussehnenluxation bei chronisch rezidivierender Luxation ist einfach, da oft erst die Luxation die Patienten zum Arzt führt. Die Patienten können durch Dorsalextension, Abduktion und Eversion des Fußes und Kontraktion der Muskulatur die Sehnen über den Außenknöchel luxieren lassen.

8.3 Radiologische Untersuchungen

Für die radiologische Diagnostik stehen mehrere Verfahren zur Verfügung. Eingehendere Untersuchungen über die Möglichkeiten der radiologischen Darstellung der Peronaeussehnenloge bzw. der Ausformung der retromalleolaren Gleitrinne sind kaum zu finden.

Übersichtsröntgenaufnahmen

Auf die Möglichkeit der radiologischen Diagnose knöcherner Abrisse des Retinaculums (Typ III) ist in der deutschsprachigen Literatur erstmals von Volkmann [239] hingewiesen worden. Erst 1959 stellt jedoch Moritz [154] die pathognomonische Bedeutung dieser schalenförmigen Knochenabsprengung in den Vordergrund. 1961 berichtete Murr [162] erstmals im deutschsprachigen Raum über mehrere derartige Fälle.

Um die zarte Knochenschale, die von der Fibulahinterkante abreißt, gut zur Darstellung zu bringen, ist auf eine korrekte Röntgentechnik zu achten.

Der Abriß ist am besten im a.-p.-Strahlengang bei weicher Aufnahmetechnik und Innenrotation des Fußes zu sehen [38]. Da die Sehnen zwischen Fragment und Fibula nach ventral luxieren, besteht eine deutliche Diastase, so daß dieses Fragment dann nicht zu übersehen ist (Abb. 50 A, C).

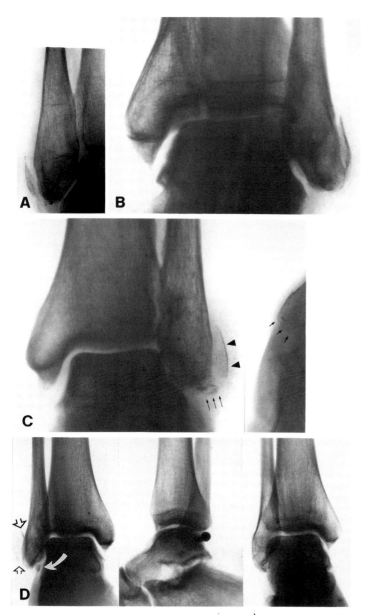

Abb. 50 A – D. Typ-III-Verletzung (knöcherner Abriß). **A, B** Große schalenförmige Fragmente sind im Röntgenbild gut zu erkennen. **C** Neben dem knöchernen Abriß des Retinaculums (▶) besteht auch ein knöcherner Abriß des Lig. calcaneofibulare (→). In der Tangentialaufnahme des retromalleolaren Sulcus sieht man dessen angedeutete konvexe Ausformung (→). **D** Kleine, zarte Knochenfragmente lateral des Außenknöchels als Zeichen einer Peronaeussehnenluxation (⇨). Als Zeichen eines alten Sprunggelenktraumas findet sich ein abgerundetes Knochenfragment distal der Außenknöchelspitze (⊃)

Die Abb. 50 zeigt die Röntgenbilder von 4 Patienten mit knöchernen Abrissen des Retinaculum superius nach traumatischer Peronaeussehnenluxation. In Abb. 50 A, B sind große schalenförmige Abrisse zu sehen, die bei korrekter Röntgentechnik nicht zu übersehen sind. In Abb. 50 C findet sich ebenfalls ein großer schalenförmiger Abriß, daneben jedoch auch ein knöcherner Abriß des Lig. calcaneofibulare als radiologisch erkennbare Zusatzverletzung. Die Tangentialaufnahme des retromalleolaren Sulcus zeigt seine konvexe Ausformung. Bemerkenswert ist dabei, daß es trotz eines konvexen Sulcus zum knöchernen Abriß und nicht zur intraligamentären Ruptur gekommen ist. Dies bestätigt die Tatsache, daß ein konvexer Sulcus zwar als Disposition gelten kann, das Auftreten einer Luxation allerdings viel mehr von der Ausformung des Retinaculum superius abhängt. Hätte das Retinaculum untergeordnete Bedeutung, wäre bei dieser Sulcusform eher eine habituelle Luxation zu erwarten. Diese Sulcusform ist bei starker Beanspruchung des Retinaculums als zusätzliche Schwächung des Haltemechanismus anzusehen. Die Abb. 50 D zeigt, daß es auch nur ganz zarte, schalenförmige Abrisse des Retinaculums geben kann (zum Vergleich s. Abb. 41 B). Diese Form der Verletzung ist sehr leicht zu übersehen. Als Nebenbefund findet sich in diesem Fall ein alter knöcherner Bandausriß als Zeichen früherer Sprunggelenktraumen. Die Bedeutung der chronischen Instabilität des Sprunggelenks als Disposition zur Peronaeussehnenluxation wird von einigen Autoren betont und im Absch. „Disposition" (s. S. 83) erörtert.

Kontrastmitteldarstellungen

Der erste Hinweis auf die Möglichkeit der Diagnose einer Peronaeussehnenluxation durch Injektion von Kontrastmittel in die Peronaeussehnenscheide stammt von Eichelberger et al. [64]. Sie erwähnen in einer Übersichtsarbeit zur Diagnose von Bandverletzungen am oberen Sprunggelenk die Möglichkeit der tenographischen Darstellung der Peronaeussehnenscheide und der Luxation der Sehnen, ohne dabei auf einen klinischen Fall zu verweisen.

In einer eigenen Untersuchung haben wir 1987 die Möglichkeit einer sicheren Diagnose einer Peronaeussehnenluxation mit Hilfe der Tenographie aufgezeigt. Dabei bedienten wir uns folgender Technik: Zur Untersuchung werden 3 Injektionsspritzen à 10 ml, 3 nicht zu dünne Injektionsnadeln (G 19), 10 ml Lokalanaestheticum (z. B. Skandicain 1%), 5 ml eines wasserlöslichen Kontrastmittels (z. b. Urographin 300) sowie ein Steril-luftfilter benötigt (Abb. 51 A).

Zur Untersuchung wird der Patient auf einem röntgendurchlässigen Tisch in Seitenlage gelagert. Das zu untersuchende Bein wird bis knapp oberhalb des oberen Sprunggelenks durch ein Polster unterstützt. Der Fuß selbst hängt frei und ist durch sein Eigengewicht dabei von selbst etwas supiniert. Die Untersuchung erfolgt unter Röntgenbildwandlerkontrolle.

Unter streng sterilen Kautelen – der Untersucher trägt Haube, Maske und Handschuhe – wird der Knöchel mehrmals mit einer Desinfektionslösung gereinigt.

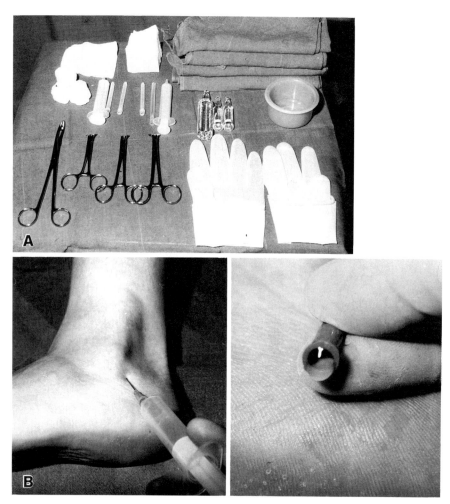

Abb. 51 A–C. Technik der Tenographie (s. Text)

Als Referenzpunkt für die Injektion des Kontrastmittels dient die Außenknöchelspitze. Etwa 1 cm proximal derselben und etwas medial der Außenknöchelhinterkante wird in Verlaufsrichtung der Peronaeussehnen parallel zu diesen eingegangen (Abb. 51 B). Läßt der Widerstand nach, was bei gleichzeitigem Druck auf den Spritzenstempel leicht zu spüren ist, hat man die Peronaeussehnenloge erreicht und injiziert zuerst einige Milliliter des Lokalanaestheticums, was ohne großen Widerstand möglich sein muß. Fließt bei Abnahme der Spritze das Lokalanaestheticum zurück, ist die Lage der Nadel korrekt (Abb. 51 C). Bei korrekter Technik bleibt das Lokalanaestheticum klar, eine Blutbeimengung ist ein Hinweis auf eine Verletzung im Verlauf der Sehnenscheide. Erst jetzt wird die mit Kontrastmittel gefüllte Spritze aufgesetzt und das Kontrastmittel langsam unter Bildwandlerkontrolle injiziert (Abb. 52). Normalerweise genügen 2–4 ml, bei dickflüssigem Kontrastmittel ist eine Verdünnung mit Lokalanaestheticum vorteilhaft.

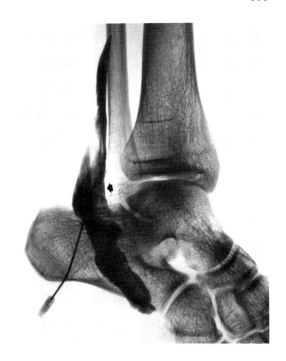

Abb. 52. Tenogramm mit korrekt liegender Nadel. Diese ist etwas vorgebogen, um tangential in die Peronaeussehnenscheide einzudringen. Das Kontrastmittel umfließt den Außenknöchel einige Millimeter nach ventral. Die Begrenzung ist glatt (▶).
Diagnose: chronische Peronaeussehnenluxation

Breitet sich das Kontrastmittel infolge von Verklebungen oder Koageln nur ungenügend aus, hat sich das Nachspritzen von einigen Millilitern gefilterter Luft bewährt. Man läßt nun das obere Sprunggelenk durchbewegen und fordert den Patienten auf, den Fuß nach dorsal zu extendieren und in Abduktions- und Eversionsstellung des Fußes die Peronaealmuskulatur anzuspannen. Dies gelingt nun leicht, da der Patient durch die Injektion des Lokalanaestheticums schmerzfrei ist. Das aktive Durchbewegen des Gelenks wird unter Röntgenbildwandlerkontrolle beobachtet.

Abschließend werden Röntgenbilder im a.-p.- und seitlichen Strahlengang sowie in 20°-Innenrotation angefertigt, falls erforderlich auch eine Tangentialaufnahme des Sulcus.

Ergebnisse
Eine intakte Peronaeussehnenscheide ist glattwandig begrenzt und überlappt im a.-p.-Strahlengang den Außenknöchel nicht (Abb. 53). Im seitlichen Strahlengang sieht man einen glatten Kontrastmittelstrang, der sich distal der Außenknöchelspitze in den meisten Fällen in 2 getrennte Strukturen aufteilt. Es handelt sich hierbei um die Darstellung der distal der Außenknöchelspitze erfolgenden Aufzweigung der ursprünglich gemeinsamen Sehnenscheide in 2 getrennte Rohre für die Sehnen des M. peronaeus brevis und den M. peronaeus longus. Im seitlichen Röntgenbild liegt die Sehnenscheide des M. peronaeus brevis cranial, die des M. peronaeus longus caudal.

Ein Austreten des Kontrastmittels in das untere Sprunggelenk gilt als normal, ein Ausfließen in das obere Sprunggelenk ist als pathologisch anzusehen.

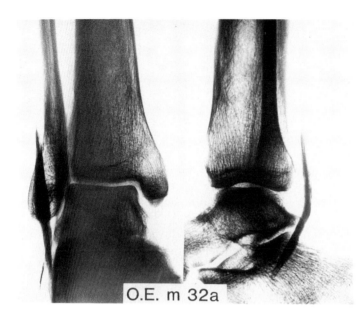

Abb. 53. Normales Tenogramm des Autors. Das Kontrastmittel umfließt nicht den Außenknöchel

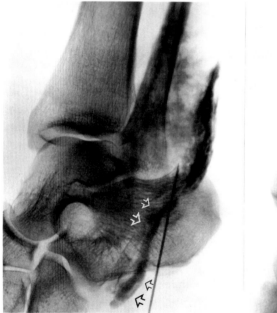
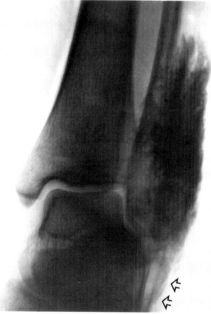

Abb. 54. Frische Peronaeussehnenluxation (Typ I) mit breitem Kontrastmittelaustritt in die Umgebung. Man beachte die unversehrte Peronaeussehnenscheide distal der Außenknöchelspitze (➔), das Retinaculum inferius ist demnach unversehrt

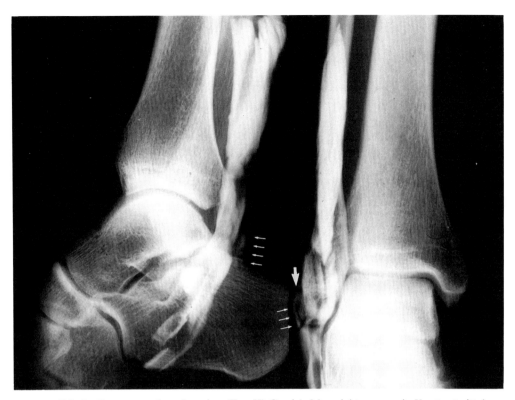

Abb. 55. Frische Peronaeussehnenluxation (Typ II) Grad 1. Man sieht nur wenig Kontrastmittel um den Außenknöchel (▤), besonders im a.-p.-Strahlengang ist der Kontrastmittelaustritt gut zu erkennen (⮞). Konservative Therapie, kein Rezidiv

Bei der frischen Luxation der Peronaeussehnen verbreitet sich das Kontrastmittel, in Höhe der Außenknöchelspitze beginnend, diffus um den Außenknöchel. Die Wand der Höhle ist rauh. Ist ein Entweichen des Kontrastmittels in die umgebenden Weichteile zu beobachten, handelt es sich um eine intraligamentäre Ruptur (Typ I, Abb. 54). Läßt sich nur ein Umfließen des Außenknöchels darstellen und ist die Höhle aber eher unscharf begrenzt, handelt es sich um eine subperiostale Luxation (Typ II). Differenziert man die Peronaeussehnenluxation Typ II noch in die Untergruppen nach Eckert u. Davis [59], ist die Differenzierung am leichtesten im seitlichen Röntgenbild bzw. in der weiter unten beschriebenen Tangentialaufnahme des retromalleolaren Sulcus möglich. Nach Elevation des Retinaculums ohne die knorpelige Lippe sieht man das Kontrastmittel nur wenig um den Außenknöchel nach ventral fließen (Abb. 55), nach breitem Ablösen (subperiostaler Luxation) ist das Kontrastmittel entsprechend weit ausgebreitet und umfaßt nahezu die gesamte Außenknöchelfläche.

Bei der chronischen Luxation hat sich um den Außenknöchel eine bursaähnliche glattwandige Höhle gebildet. Entsprechend sind die Konturen wieder geglättet, es läßt sich der Austritt des Kontrastmittels in eine glattwandige, um den Außenknöchel verlaufende Höhle darstellen (Abb. 56–58).

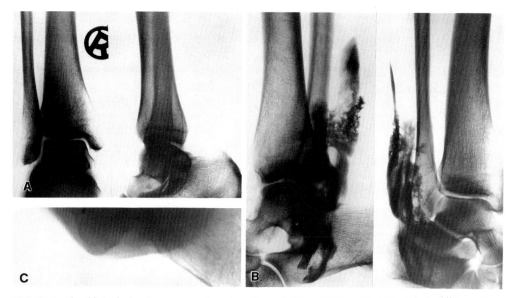

Abb. 56 A–C. Chronische Peronaeussehnenluxation. **A** Unauffällige Verhältnisse im Übersichtsröntgenbild. **B** In der Tenographie umspült das Kontrastmittel den Außenknöchel. Distal der Außenknöchelspitze ist die Sehnenscheide intakt (Retinaculum inferius unverletzt). **C** In der Tangentialaufnahme sieht man einen nur angedeuteten retromalleolaren Sulcus

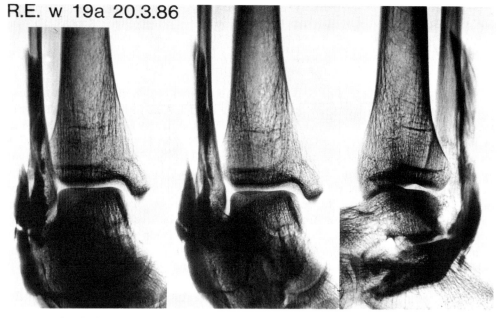

Abb. 57. Chronische Peronaeussehnenluxation

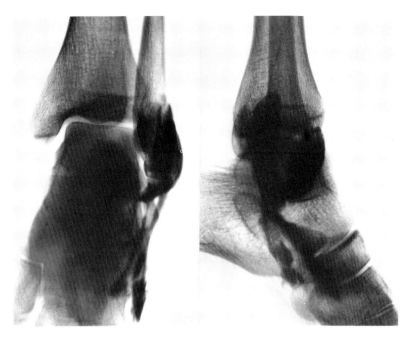

Abb. 58. Chronische Peronaeussehnenluxation mit breiter Umspülung des Außenknöchels. Distal der Außenknöchelspitze unauffällige Verhältnisse

Die Ausdehnung der Höhle läßt sich im Seitenbild weitaus besser beurteilen als in der a.-p.-Projektion, im Zweifelsfall sollte man auf die weiter unten beschriebene Tangentialaufnahme des retromalleoralen Sulcus zurückgreifen. Dies bringt dann die endgültige Klärung, da mit dieser Spezialaufnahme die Ausdehnung des Kontrastmittelaustritts viel leichter bestimmt werden kann (Abb. 59, 60).

Tangentialaufnahme

Obwohl der Ausformung der knöchernen Gleitrinne keine übergeordnete Bedeutung zukommt, haben wir nach Methoden gesucht, diese Gleitrinne darzustellen. Die Beurteilung der knöchernen Gleitrinne ist insbesondere bei habituellen Fällen zum Ausschluß einer konkaven Fibularückfläche wichtig. Erst die Bestimmung der Ausformung der retromalleoralen Gleitrinne läßt die Indikation zur Vertiefung des Sulcus zu.

Bestehen in der Tenographie der Peronaeussehnenscheide Zweifel an der Diagnose, was insbesondere bei Typ-II-Verletzungen möglich ist, ist eine exaktere Bestimmung der Ausdehnung des Umfließens des Außenknöchels ebenfalls in der Tangentialaufnahme leichter möglich.

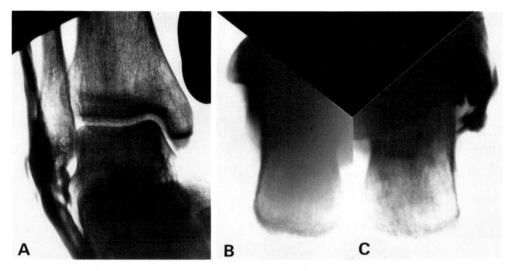

Abb. 59 A–C. Chronische Peronaeussehnenluxation mit nur geringem Kontrastmittelaustritt um den Außenknöchel. **A** In der gleichzeitig mit der Tenographie durchgeführten, manuell gehaltenen Aufnahme findet sich ein stabiles oberes Sprunggelenk, der Abstand Außenknöchelspitze – Processus subfibularis tali ist nicht verbreitert (Becker-Zeichen negativ). **C** In der Tangentialaufnahme des retromalleolaren Sulcus wird der Kontrastmittelaustritt gut sichtbar, auf der Vergleichsseite **B** ist der knöcherne Sulcus unauffällig

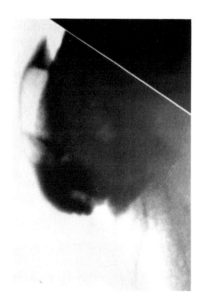

Abb. 60. Tangentialaufnahme des retromalleolaren Sulcus nach Tenographie der Peronaeussehnenscheide in Doppelkontrasttechnik. Man sieht den Kontrastmittelaustritt und die Ausdehnung des Luxationssackes mit Luftblasen über dem Außenknöchel

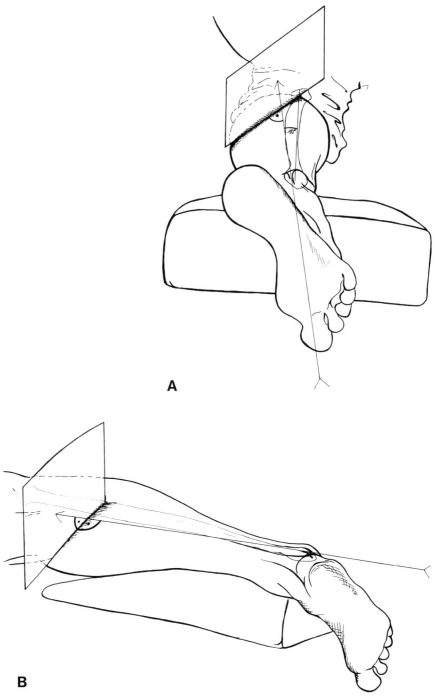

Abb. 61 A, B. Technik der Tangentialaufnahme (s. Text)

Technik der Tangentialaufnahme

1. Der Patient wird in Seitenlage, das zu untersuchende Bein auf einem keilförmigen Polster, so gelagert, daß das Bein um 10° gegenüber der Horizontalen ansteigt.
2. Das zu untersuchende Bein wird so weit nach innen rotiert, daß die Großzehe senkrecht zum Boden gerichtet ist (Abb. 61 A).
3. Die Röntgenröhre wird 10° unter die Horizontale und 20° nach ventral gegen die Fibulalängsachse eingeneigt.
4. Der Zentralstrahl ist tangential über die gut tastbare Außenknöchelhinterfläche ausgerichtet (Abb. 61 B).
5. Die Aufnahme erfolgt im Format 9 × 13 mit Verstärkerfolie. Da zur guten Darstellung der Außenknöchelhinterfläche der Röntgenfilm von Hand in die Wade eingedrückt werden muß, hat es sich bewährt, statt der Standardkassetten den Röntgenfilm in einen lichtdichten Beutel, gemeinsam mit einer Verstärkerfolie und einer Lage steifer Pappe als Verstärkung, zu verpacken.
6. Der angefertigte Röntgenbeutel wird von Hand in Wadenmitte von lateral in etwa einem Winkel von 45° gegen die Vertikale nach vorne geneigt eingepreßt und entsprechend dem Zentralstrahl der Röntgenröhre ausgerichtet (Abb. 62).
7. Die Belichtung erfolgt mit durchschnittlich 42 KV und 16 ms, eine geringe Unterbelichtung ist vorteilhaft, da zur Beurteilung des Röntgenbildes die gute Darstellung des lateralen Randes der Fibula notwendig ist. Eine individuelle Erprobung der richtigen Belichtung ist jedoch empfehlenswert.

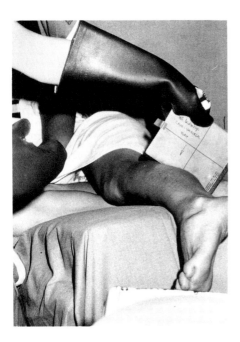

Abb. 62. Technik der Tangentialaufnahmen (s. Text)

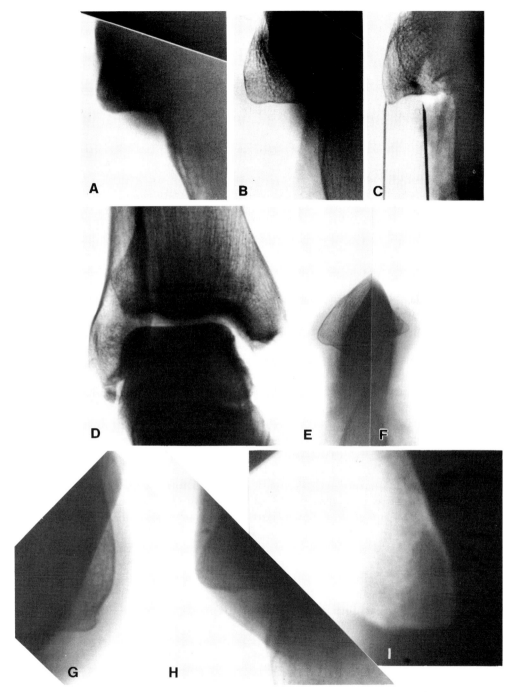

Abb. 63 A–I. Verschiedene Formen des retromalleolaren Sulcus in der Tangentialaufnahme. **A** flacher Sulcus, **B** flacher Sulcus mit 2 angedeuteten Rinnen, **C** kräftiger Sulcus, **D** Ausziehung an der Außenknöchelspitze nach knöchernem Bandausriß und transossärer Reinsertion eines knöchern ausgerissenen Retinaculums, **E** unverletzte Seite, gut geformter Sulcus, **F** flach ausgezogener und in der Kontur völlig unveränderter Sulcus, **G** konvexer Sulcus, **H** flacher Sulcus, **I** flacher Sulcus

Die Abb. 41 B, 42, 59, 60 und 63 zeigen nach dieser Technik angefertigte Bilder. Sie erlauben eine Beurteilung der Fibulahinterfläche und der Ausformung der ossären retromalleolaren Gleitrinne. Die verschiedenen Möglichkeiten der Ausformung der Gleitrinne sind deutlich zu sehen (Abb. 42, 63).

Die Abb. 59 und 60 zeigen den klinischen Fall einer chronischen Peronaeussehnenluxation mit Taschenbildung um den Außenknöchel. Die Abb. 60 wurde in Doppelkontrasttechnik durchgeführt, die Ausformung der retromalleolaren Gleitrinne ist flach.

Die Abb. 63 G zeigt den relativ seltenen Fall einer konvexen Ausformung der retromalleolaren Gleitrinne.

Computertomographie

In der Literatur finden sich keine Mitteilungen über die CT-Diagnose frischer Peronaeussehnenluxationen. Lediglich Szcurkowski et al. [228] und Rosenberg et al. [203] berichten über 3 Patienten mit chronischer Peronaeussehnenluxation, die sie im CT darstellen konnten.

Die CT-Untersuchung ist die universellste und einfachste Methode zur Darstellung der retromalleolaren Gleitrinne. Die Darstellung sollte, knapp distal der Außenknöchelspitze beginnend, in 4-mm-Schichten erfolgen und etwa 3 cm oberhalb der Außenknöchelspitze enden. Durch die Möglichkeit des Seitenvergleichs und der Darstellung ligamentärer und ossärer Strukturen im Weichteil- bzw. Knochenfenster, ist sowohl die Bestimmung der Ausformung der retromalleolaren Gleitrinne als auch der Ausdehnung des Hämatoms bzw. der Lage der Sehnen möglich. Um die Sehnen zumindest subluxieren zu lassen, ist es vorteilhaft, die Untersuchung in Dorsalextension, Abduktion und Eversion des Fußes bei gleichzeitigem Anspannen der Peronaeussehnen durchzuführen. Zur Verhinderung einer Lageänderung während der Untersuchung ist auf eine gute Befestigung der Beine auf der Unterlage (Gurt) zu achten.

Die Abb. 64 zeigt die CT-Bilder einer frischen Luxation. Um den Außenknöchel ist deutlich ein Hämatom zu sehen (64 A, D, F), beide Peronaeussehnen sind zu erkennen, die Sehne des M. peronaeus brevis ist um den Außenknöchel subluxiert, die Sehne des M. peronaeus longus liegt medial und dorsal. Zu beachten ist, daß auf der unverletzten Seite die Sehne des M. peronaeus longus lateral der Sehne des M. peronaeus brevis liegt. Auf der verletzten Seite haben also beide Sehnen ihre Lage zueinander verändert (s. Abschn. „Disposition", S. 83). Auf der Kontrollaufnahme des Außenknöchels der Gegenseite ist die korrekte Lage der Sehnen zu sehen, ein Hämatom fehlt, dorsal der Sehnen liegt die Fascia cruris. In den Abb. 64 A, C – E und 65 a ist im Knochenfenster die retromalleolare Gleitrinne am Patienten dargestellt. Man sieht die beidseits fehlende Ausformung des retromalleolaren Sulcus mit angedeutet konvexer Krümmung. Die Abb. 66 zeigt das Kontroll-CT nach erfolgter Operation. Da es sich um eine traumatisch-habituelle Luxation mit leicht konkaver Knöchelrückfläche und sehr schwach ausgebildetem Retinaculum gehandelt hat, wurde der retromalleolare Sulcus vertieft und eine Operation nach Kelly I ausgeführt. Das CT erfolgte am Tag nach der Entfernung der Fixationsschraube. Das Hämatom um den Außenknöchel ist noch zu sehen. Die Knochenschuppe ist knöchern angeheilt, der Sulcus deutlich ausgeprägt, die Peronaeussehnen liegen entfernt von der Fibularückfläche; es kam also zu keiner Verklebung zwischen den Sehnen und dem vertieften Sulcus.

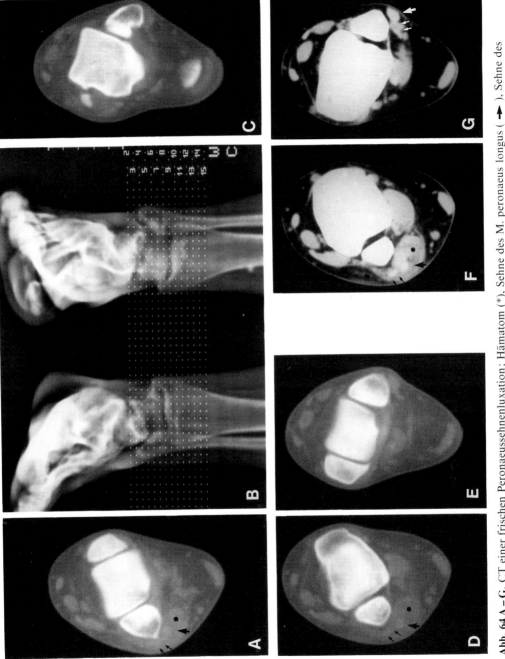

Abb. 64 A–G. CT einer frischen Peronaeussehnenluxation; Hämatom (*), Sehne des M. peronaeus longus (→), Sehne des M. peronaeus brevis (→) (s. auch Text)

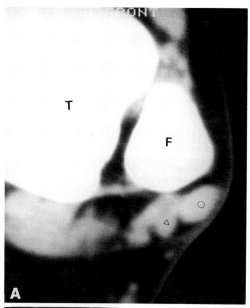
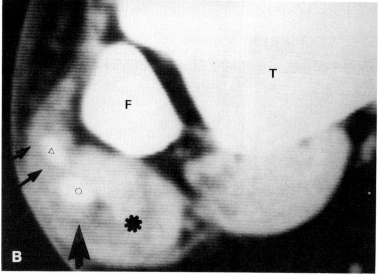

Abb. 65 A, B. Ausschnitt aus Abb. 64. **A** Unverletzte Seite, die Sehne des M. peronaeus longus (○) liegt lateral, die des M. peronaeus brevis (△) dorsomedial. **B** Frische Luxation, ausgedehntes Hämatom (*), die Sehne des M. peronaeus brevis (△) liegt nun lateral (▶), die des M. peronaeus longus (○) medial (▶)

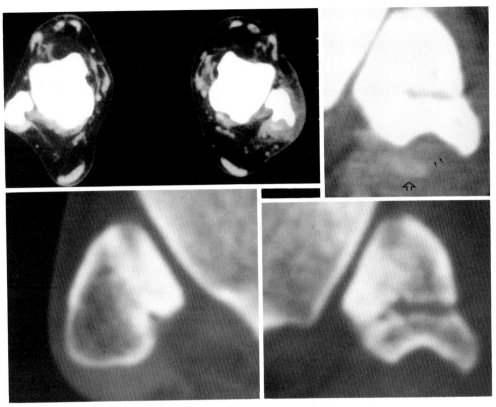

Abb. 66. Kontroll-CT nach Sulcusplastik und Operation nach Kelly I (s. Text)

Wie dieses Beispiel zeigt, sind im CT sowohl Aussagen über die Ausformung der retromalleolaren Rinne als auch der Weichteile möglich. Auch die Diagnose einer Luxation der Peronaeussehnen ist im CT möglich, bei Verletzungen des Typ II jedoch nur mit Einschränkungen, da das Retinaculum superius im CT schwierig darzustellen ist. Erst durch zusätzliche Instillation von Kontrastmittel läßt sich die Ausdehnung der Luxationstasche feststellen. Für die Diagnose der eigentlichen Luxation ist die Tenographie als gleichwertig anzusehen.

Die Abb. 67 zeigt das unauffällige CT einer Patientin, bei der auf der kontrolateralen Seite eine habituelle Peronaeussehnenluxation bestand. Man sieht hier einen flachen Sulcus, ansonsten bestehen keine pathologischen Veränderungen. Die Schnittebenen lagen knapp proximal der Außenknöchelspitze (Abb. 67 C).

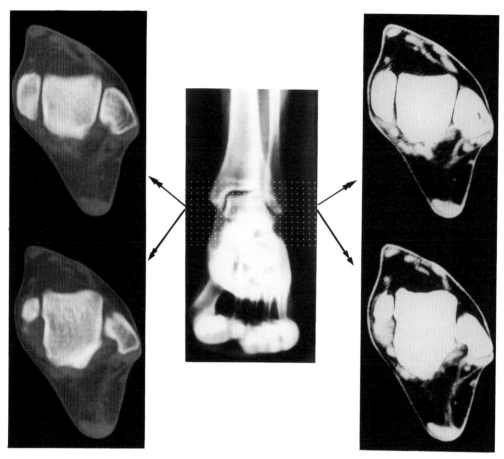

Abb. 67. CT eines unverletzten Sprunggelenks. Außer einem flachen retromalleolaren Sulcus unauffällige Verhältnisse. Die Fascie ist gut zu erkennen. Ein Retinaculum ist nicht darstellbar

Gehaltene Aufnahme

1986 berichtete Becker [15] erstmals über ein radiologisches Zeichen, das einen Hinweis auf eine Peronaeussehnenluxation geben soll. Er stellte bei gehaltenen Aufnahmen des oberen Sprunggelenks, bei fehlender Aufklappbarkeit im a.-p.-Strahlengang, einen vergrößerten Abstand zwischen der Außenknöchelspitze und dem Processus subfibularis tali fest. Bei 8 von ihm untersuchten Patienten betrug der Abstand auf der gesunden Seite zwischen 5 und 8 mm, auf der verletzten Seite 13–15 mm. Nach erfolgreicher Operation der Peronaeussehnenluxation hat sich der Abstand wieder normalisiert. In einem gesunden Vergleichskollektiv zeigten sich bei ihm keine Seitendifferenzen, die Abstände betrugen nie mehr als 10 mm. Eine Erklärung für dieses Phänomen gibt Becker nicht an. Eigene Erfahrungen bestätigen die Befunde bisher nicht, die Fallzahl ist jedoch sehr gering, so daß lediglich die Überprüfung dieses diagnostischen Zeichens am eigenen Krankengut empfohlen werden kann (Abb. 68).

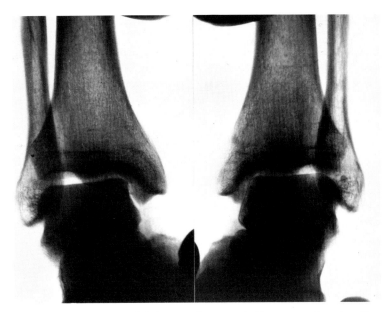

Abb. 68. Manuell gehaltene Aufnahme eines 18jährigen Patienten mit Peronaeussehnenluxation rechts. In der gehaltenen Aufnahme ist das „Becker"-Zeichen negativ

Diesbezüglich wird auch auf Abb. 54A verwiesen: Hier handelt es sich um eine manuell gehaltene Aufnahme des oberen Sprunggelenks sowie eine Tenographie der Peronaeussehnenscheide bei Peronaeussehnenluxation Typ II.

8.4 Ultraschall

Die Ultraschalldiagnostik bietet sich zur Beurteilung der Luxation der Peronaeussehnen an, ist jedoch mit der Problematik der Provokation der Luxation im Akutstadium behaftet. Die Beurteilung der Ausformung der retromalleolaren Gleitrinne ist jedoch durch Ultraschall mit einem hochauflösenden Schallkopf (7,5 MHZ) möglich, ebenso ist die Weichteilverletzung gut zu sehen.

8.5 Kernspintomographie

Berichte über NMR-Befunde bei frischer oder chronischer Peronaeussehnenluxation fehlen. Selbst Aufzeichnungen über das normale oder pathologische Signalspektrum des Sprunggelenks sind kaum zu finden.

1986 berichten Beltran et al. [17] über 12 Sprunggelenke und deren Aufnahmen im Kernspintomographen. Soweit aus den Abbildungen zu ersehen ist, sind am intakten Sprunggelenk die Peronaeussehnen infolge ihres niedrigen Wassergehalts dunkel, während der Knochen hell abgebildet wird. Eine Darstellung des Retinaculum superius ist jedoch aufgrund seines geringen Durchmessers bisher noch nicht geglückt.

8.6 Begleitverletzungen

Die Analyse des eigenen Krankenguts zeigte, daß traumatische Peronaeussehnenluxationen mit Zusatzverletzungen im Bereich des oberen Sprunggelenks einhergehen können. Bei Durchsicht von 88 Publikationen mit eingehend analysierten Patientendaten finden sich nur in 10 Arbeiten Hinweise auf Begleitverletzungen. Die darin beschriebenen 170 Patienten hatten allerdings 53 Zusatzverletzungen (31,2%). Die Häufigkeit schwankte erheblich zwischen den einzelnen Arbeiten. Bei Stover u. Bryan [226] finden sich unter 19 Patienten nur eine, bei Heim [98] unter 29 Patienten 13 Begleitverletzungen. Im eigenen Krankengut fanden wir bei 25 Patienten ebenfalls 13 Begleitverletzungen.

Die Außenknöchelbänder waren am häufigsten mitverletzt (19mal), ein Knöchelbruch fand sich 17mal, ein Fersenbeinbruch 8mal, eine Achillessehnenruptur 5mal, 2mal eine Mittelfußknochenfraktur und je einmal eine Talusfraktur bzw. eine Fraktur des Processus lateralis tali sowie eine Ruptur des Retinaculum inferius (Tabelle 7, 8). Bewußt ausgeklammert wurden in dieser Analyse die knöchernen Abrisse des Retinaculum superius von der Außenknöchelhinterkante.

Tabelle 7. Begleitverletzungen (geordnet nach Autoren)

Autor		Jahr	n	Art der Begleitverletzung	n	%
Murr	[162]	1961	3	Lig. calcaneofibulare	1	66,6
				bimalleolarer Knöchelbruch	1	
Stover u. Bryan	[226]	1962	19	Achillessehne	1	5,3
Mounier-	[156]	1968	35	Außenknöchelbänder	3	
Kuhn u. Marsan				Außenknöchel	5	28,5
				Innenknöchel	2	
Viernstein	[238]	1972	33	Außenknöchel	2	6,1
u. Rosemeyer				Mittelfuß		
Marti	[142]	1977	5	Processus lateralis tali	1	
				Achillessehne	1	60,0
				Knöchelbruch	1	
Rask u. Steinberg	[187]	1979	1	Retinaculum inferius	1	100,0
Nakano et al.	[164]	1980	11	Calcaneus	5	45,5
Heim 1970	[99]	1982	29	Außenknöchelband	9	
Heim u. Heim 1982	[98]			Achillessehne	3	44,8
				Calcaneus	1	
				Knöchel	2	
Becker	[16]	1987	9	Knöchelbruch	1	11,1
Orthner	[173]	1989	25	Außenknöchelbänder	6	
				Knöchelbruch	3	
				Calcaneus	2	52,0
				Talus	1	
				Mittelfuß	1	
Gesamt			170		53	31,2

Tabelle 8. Begleitverletzungen (geordnet nach Lokalisation)

	n	%
Außenknöchelbänder	19	35,8
Knöchelbruch	17	32,1
Calcaneus	8	15,1
Achillessehne	5	9,4
Talus	1	1,9
Mittelfuß	2	3,8
Retinaculum inferius	1	1,9
Gesamt	53	100,0

Die einzelnen Zusatzverletzungen erlauben eine Überprüfung der in Kap. 4.24 „Mechanische Untersuchungen" angeführten Überlegungen zur Pathomechanik, da die Zusatzverletzungen naturgemäß durch denselben Bewegungsablauf entstehen müssen.

Mitverletzungen der Außenknöchelbänder bzw. Knöchelbrüche

Da nicht von allen Autoren exakt angegeben wird, ob es sich um Mitverletzungen des Lig. talofibulare anterius, des Lig. calcaneofibulare oder beider Bänder handelt, ist es angebracht, beide Bänder getrennt zu betrachten.

Die Verletzung des Lig. talofibulare anterius ist eine typische Supinationsverletzung. Als Mechanismus für eine Verletzung dieses Bandes gemeinsam mit einer Luxation der Peronaeussehnen ist der reflektorische Wechsel von einer Supination zur Dorsalextension, Abduktion und Eversion anzusehen – ein Mechanismus, den wir als alternativ zu dem von uns festgestellten bestätigen können. Bekräftigt wird dies durch Biedert u. Müller [19] sowie Müller et al. [159], die feststellten, daß der Peronaealmuskulatur als aktivem Stabilisator des oberen Sprunggelenks besondere Bedeutung gegen supinatorische Kräfte zukommt. Aufgrund ihrer lateralen Lage spannt sich die Peronaeussehnenscheide beim Varisations-Supinations-Streß als erstes an. Deshalb findet sich nach den Angaben von Biedert u. Müller [19] bei allen frischen Verletzungen, auch beim isolierten Riß des Lig. talofibulare anterius, eine Ruptur der Peronaeussehnenscheide. Der histochemische Nachweis afferenter Nervenfasern in der Peronaealsehnenscheide durch J. Ullrich (zit. nach [19]) legt den Schluß nahe, daß es durch die Dehnung der Peronaeussehnenscheide zur reflektorischen Kontraktion der Peronaeusmuskulatur und damit zur reflektorischen Pronation kommen kann. Wird die Peronaeussehnenscheide beim Supinationstrauma verletzt [19, 159], entsteht ein Locus minoris resistentiae. Folgt einem Supinationstrauma mit Verletzung des Lig. talofibulare anterius und/oder calcaneofibulare eine reflektorische starke Pronation, ist der Riß in der Peronaeussehnenscheide als Wegbereiter für eine Ausdehnung des Risses nach proximal bis über das Retinaculum superius hinaus anzunehmen; eine Kombinationsverletzung entsteht. Primär ist bei diesem Mechanismus das Lig. talaofibulare anterius eher gefährdet als das Lig. calcaneofibulare.

Eine andere Erklärung für die gleichzeitige Verletzung des Außenknöchel-Band-Apparates und der Luxation der Peronaeussehnen findet sich bei Seiler [214] und Küsswetter u. Wirth [119]. Diese untersuchten das Spannungsverhalten der einzelnen Außenknöchelbänder und konnten zeigen, daß der Spannungszustand des Lig. talofibulare anterius bei maximaler Dorsalextension zunimmt, eine Valgusaußenrotation führte zu dessen Entlastung. Für das Lig. calcaneofibulare fand sich bei Dorsalextension ebenfalls eine starke Spannungszunahme, die sich bei Valgusaußenrotation noch zusätzlich verstärkte und den doppelten Wert des unbelasteten Gelenks erreichte. Während beim Supinations-Pronations-Mechanismus das Lig. talofibulare anterius am meisten gefährdet ist, ist beim Dorsalextensions-Eversions-Abduktions-Mechanismus die Mitverletzung des Lig. calcaneofibulare am ehesten möglich. In Abb. 50C (s. S. 48) sieht man die Kombination eines knöchernen Abrisses der Peronaeussehnenscheide mit einem knöchernen Abriß des Außenknöchel-Band-Apparates (in diesem Fall des Lig. calcaneofibulare).

Für die Kombination Knöchelbruch mit Peronaeussehnenluxation läßt sich ebenfalls eine sehr einfache Erklärung finden. Lauge-Hansen [126] konnte bereits 1948 für extreme Pronations-Eversions-Bewegungen den Pronations-Eversions-Typ der bimalleolären Knöchelfraktur experimentell bestätigen. Es liegt dieser Verletzung derselbe Bewegungsablauf zugrunde wie der Peronaeussehnenluxation. Im Rahmen der experimentellen Untersuchungen konnte dargelegt werden, daß das Auftreten einer Peronaeussehnenluxation u. a. von der Stärke der äußeren Schienung des oberen Sprunggelenks abhängt. Eine Kombination beider Verletzungen ist als Übergangsform zwischen beiden anzusehen. Wie unser Fall in Abb. 45 (s. S. 78) zeigt, ist die Innenknöchelfraktur nur wenig verschoben – Stadium I nach Lauge-Hansen [126]; eine Außenknöchelfraktur, wie sie Lauge-Hansen [126] als Stadium III beschrieben hat, fehlt; die Verletzung ist demnach im Frühstadium „steckengeblieben".

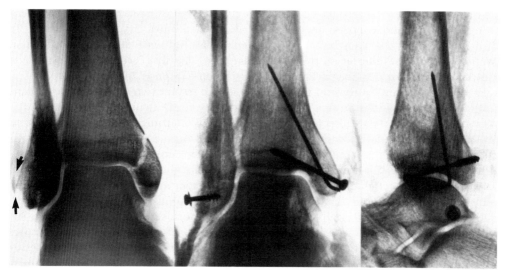

Abb. 69. Knöcherner Abriß des Retinaculum superius mit Innenknöchelfraktur (Pronations-Eversions-Typ)

Die Abb. 69 zeigt einen ähnlich gelagerten Fall mit einem allerdings sehr zarten schalenförmigen Abriß des Retinaculum superius. Daneben das Bild nach operativer Versorgung mit Verschraubung des abgerissenen Fragments.

Kombination Talusfraktur – Calcaneusfraktur – Mittelfußknochenfraktur – Achillessehnenruptur mit einer Peronaeussehnenluxation

Diese Verletzungen sind als Folge einer extremen Dorsalextension, wie sie bei einem Sturz aus der Höhe vorkommt anzusehen. Wird die Unterschenkelmuskulatur reflektorisch maximal kontrahiert, kann es bei einer Dorsalextension des oberen Sprunggelenks zum Bruch des Fersenbeins und gleichzeitig zu einer Peronaeussehnenluxation kommen (Abb. 70).
Die Talushalsfraktur der in Abb. 45 (s. S. 78) gezeigten Patientin ist ebenfalls das Ergebnis einer Extrembelastung des Talus bei maximaler Dorsalflexion.
Abrißbrüche der Basis des V. Mittelfußknochens sind die Folge einer maximalen Kontraktion des M. peronaeus brevis (s. Abb. 45).
Achillessehnenrupturen sind ein Hinweis auf eine im Moment der Verletzung stattfindende starke Kontraktion der Plantarflektoren.

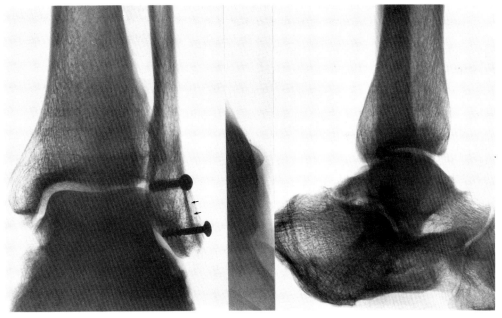

Abb. 70. Kontrollröntgenbild nach Operation (Verfahren Kelly I) bei knöchern geheiltem Fersenbeinbruch

Eine Besonderheit stellt sicherlich der einzige in der Literatur angeführte Fall einer gleichzeitigen Ruptur des Retinaculum superius und inferius dar. Dieser von Rask u. Steinberg [187] publizierte Fall mit Ruptur beider Retinacula ist angeblich als Folge einer Hyperplantarflexion aufgetreten. Während Rask u. Steinberg [187] die Verletzung des Retinaculum superius radiologisch anhand eines knöchernen Ausrisses sichern konnten, stellten sie 6 Wochen nach dem Unfall die Ruptur des Retinaculum inferius lediglich klinisch fest, da „Both the superiror and the inferior peroneal retinacula were torn, for there was complete anterior position of the tendons." Die komplette Luxation beider Peronaeussehnen um den Außenknöchel ist bei alleiniger Verletzung des Retinaculum superius hinlänglich bekannt, so daß dieses klinische Zeichen, insbesondere im Hinblick auf die gezeigte Abbildung, keineswegs für eine Mitbeteiligung des Retinaculum inferius beweisend ist. Die Verletzung heilte konservativ, mit einem entsprechend geformten hohen Schuh, folgenlos aus. Die Ruptur des Retinaculum inferius ist also weder operativ gesichert, noch sonst abgeklärt. Daher bin ich der Ansicht, daß an der zusätzlichen Verletzung des Retinaculum inferius zumindest stark gezweifelt werden kann. Unter anderem auch deshalb, weil experimentelle Untersuchungen von Muralt [161] und Purnell et al. [183] eindeutig zeigten, daß ein intaktes Retinaculum inferius weder eine Peronaeussehnenluxation verhindern kann, noch ein durchtrenntes Retinaculum inferius eine Luxation provoziert. Außerdem konnten wir in keinem der tenographisch untersuchten Fälle eine Mitbeteiligung des Retinaculum inferius zur Darstellung bringen; die Luxationstasche endete immer oberhalb des Retinaculum inferius (s. Abb. 54–59).

Zusammenfassend läßt sich feststellen, daß nur etwa jeder 10. Autor Zusatzverletzungen bei Auftreten einer Peronaeussehnenluxation feststellt. Werden jedoch Zusatzverletzungen berücksichtigt, finden sie sich in annähernd $1/3$ der berichteten Fälle. Diese Diskrepanz legt die Vermutung nahe, daß Begleitverletzungen häufig übersehen werden. Andererseits ist es ebenso möglich, daß Begleitverletzungen die Symptomatik so weit beherrschen, daß eine Peronaeussehnenluxation übersehen wird (Murr [162]: Fall 3; Seltzer et al. [215]). Dies sollte Anlaß genug sein, bei jeder Sprunggelenkverletzung vom Pronations-Eversions-Typ, bei Außenknöchel-Band-Verletzungen, aber auch bei den anderen hier angeführten Knochen- und Weichteilverletzungen bewußt nach einer Peronaeussehnenluxation zu suchen. Während knöcherne Abrisse des Retinaculum superius (Typ III) radiologisch leicht durch Aufnahmen in Innenrotation zu diagnostizieren sind, müssen Typ-I- und -II-Verletzungen gesucht und tenographisch ausgeschlossen werden.

Umgekehrt ist es ebenso angezeigt, bei Vorliegen einer frischen Peronaeussehnenluxation durch gehaltene Aufnahmen das Vorliegen einer Bandverletzung auszuschließen bzw. bei operativem Vorgehen das Lig. calcaneofibulare und talofibulare anterius zu revidieren. Gerade bei der operativen Revision des Retinaculum superius ist dies von derselben Incision aus gut möglich.

9 Therapie

Dieses Kapitel wird in 2 Hauptteilen dargestellt. Im 1. Teil wird versucht, durch Zusammenfassen der Behandlungsvorschläge einen Überblick über die Wertigkeit der einzelnen Methoden zu gewinnen. Es werden dabei nur die ausreichend mit Ergebnissen abgesicherten Publikationen berücksichtigt. Zur Beurteilung der Ergebnisse wurden entweder die Angaben des Autors herangezogen, oder es wurde die Beurteilung von Mc Lennan [147] übernommen. Dieser bezeichnete ein Ergebnis nur dann als sehr gut, wenn eine völlige Restitution ohne Schmerzen und Bewegungseinschränkung erreicht werden konnte und eine volle Sportfähigkeit gegeben war. Ein gutes Ergebnis wurde erreicht, wenn neben der uneingeschränkten Sportfähigkeit nur eine geringe Bewegungseinschränkung oder Subluxation der Sehnen verblieb. Bestanden Belastungsschmerzen, eine Reluxation etc., wurde das Ergebnis als schlecht bezeichnet.

Im 2. Teil sollen alle in der Literatur zugänglichen Operationsmethoden berichtet und zum großen Teil graphisch dargestellt werden.

9.1 Konservative Therapie

Wurde ursprünglich die konservative Therapie der akuten Peronaeussehnenluxation empfohlen [21, 42, 89, 153], so haben bereits im Jahr 1879 Mollière [152], 1890 Albert (zit. nach [145]) und Lannelongue [122] die operative Therapie empfohlen. 1895 stellte Kraske [116] fest: „So leicht die frische Luxation zu diagnostizieren ist, so schwierig und unsicher ist ihre Behandlung." In der Mehrzahl der Fälle wird nach seiner Ansicht die Luxation rezidivierend. König [114] stellt hingegen 1898 fest, daß die Reposition leicht gelingt und „ebenso das Festhalten der Sehne mittels eines Kompressionsverbandes, welcher nach einigen Tagen durch einen feststellenden Kleister – respektive Gipsverband ersetzt werden kann".

Reerink [189] analysiert 1901 die Literatur und stellt fest, daß „er einen völlig einwandfreien Fall von Heilung einer frischen Luxation nicht auffinden konnte".

Auch bei weiterer Durchsicht wird durch kleine Patienten- und fehlende Vergleichskollektive der Überblick erschwert. Nur so ist es erklärlich, daß Escalas et al. [67] trotz des Auftretens von 28 Reluxationen bei 38 konservativ anbehandelten Patienten (73,7%) die primär konservative Therapie empfehlen. Auch Stover u. Bryan [226], die unter 16 Patienten, die sie konservativ behandelten, 6 Reluxationen verzeichneten, plädieren für die primär konservative Therapie. Sie führen ihre Mißerfolge auf eine falsche konservative Therapie zurück und empfehlen 6 Wochen Unterschenkelgips mit Entlastung. Andererseits berichten auch Coudane et al. [43] über 14 konservativ behandelte Fälle, wobei 11 Reluxationen auftraten; 9 dieser 11 Patienten waren mit Gips behandelt worden. Lexer [131] berichtet über einen erfolglos mit 4wöchiger Gipsfixation behandelten Patienten, Mick u. Lynch [149] über einen Mißerfolg nach 6wöchiger Gipsimmobilisation. Rezidivfrei konservativ behandelte Patientenkollektive lassen sich nur in Form von Fallberichten finden. So berichten Allen [5], Reerink [189], Puyhaubert [184], Muskat [163], Bragard [27] und Rask u. Steinberg [187] über insgesamt 7 erfolgreich konservativ behandelte Patienten. In allen anderen Publikationen finden sich Rezidive nach konservativer Behandlung, wobei die Rezidivrate zwischen 7,3% bei Wirth [248] und 78,6% bei Coudane et al. [43] schwankt. Bei Church [38], der lediglich auf knöcherne Abrisse des Retinaculums eingeht, kam es in allen konservativ behandelten Fällen zur Reluxation.

Seit 1803 sind 136 konservativ behandelte Peronaeussehnenluxationen ausreichend dokumentiert (Tabelle 9). 74mal (53,2%) kam es zur Reluxation. Die Therapie erstreckte sich dabei von elastischen Binden und Eispackungen [43], Spezialbandagen [27, 187] bis zur Gipsimmobilisation mit Entlastung für 6 Wochen [225, 226]. Von besonderem Interesse sind die Arbeiten von Church [38], Murr [162], Stover u. Bryan [226] sowie Rask u. Steinberg [187]. Bei 8 Fällen handelt es sich um Typ-III-Verletzungen mit Abriß der Fibulahinterkante. Lediglich einer dieser Patienten [187] konnte erfolgreich konservativ behandelt werden, bei allen anderen kam es zum Rezidiv, so daß für Typ-III-Verletzungen die konservative Therapie nicht empfohlen werden kann, was auch Eckert u. Davis [59] nach Analyse von 73 operativ behandelten, frischen traumatischen Peronaeussehnenluxationen gefordert haben. Die schlechte Prognose der Typ-III-Verletzungen ist auf die Instabilität des Fragments zurückzuführen, da die Peronaeussehnen nach Abriß der dorsolateralen Fibulakante zwischen dem Knochenfragment und der Fibula „hindurchluxieren"; daher ist das Fragment völlig instabil.

Offen bleibt noch die Frage, ob Typ-I- oder Typ-II-Verletzungen konservativ behandelt werden können oder nicht. Hier ist die Überlegung von Eckert u. Davis [59] von Interesse, die die Typ-II-Verletzungen unterteilen. Sie stellen fest, daß ihrer Meinung nach Verletzungen ohne Abriß der chondralen Verstärkungslippe sowie nur kurzstreckiger Lösung des Retinaculums von der Fibulahinterkante (Grad I) erfolgreich konservativ behandelt werden können. Verletzungen, bei denen das Retinaculum mitsamt Verstärkungslippe abgerissen ist (Grad II), sollen operiert werden, da sich der Riß weiter nach ventral ausdehnen kann und die Sehnen instabil sind. Gleichzeitig weisen sie darauf hin, daß eine Differenzierung zwischen diesen beiden Varianten erst intraoperativ möglich ist. (Bezüglich der Einteilung der Peronaeussehnenluxationen in verschiedene Typen und der Differenzierung s. Kap. 5, Tabelle 6 sowie Abb. 46, 47, s. S. 79.)

Durch eine Tenographie oder ein Kontrastmittel-CT sollte die Differenzierung dieser beiden Typen jedoch möglich sein. Unter diesen Voraussetzungen ist u. U. eine konservative Therapie bei Abrissen des Retinaculums ohne die dorsale Verstärkungslippe und nur geringer Luxation nach ventral vertretbar. Wie in Abb. 47 (s. S. 80) zu sehen ist, besitzt in dieser Situation die Sehne noch ein Widerlager, so daß eine Reposition möglich sein kann (Abb. 55, s. S. 103, zeigt einen derartigen Fall).

In allen anderen Fällen sollte die konservative Therapie verlassen werden (Tabelle 9).

Tabelle 9. Ergebnisse nach konservativer Therapie

Autor		Jahr	n	Therapie	Reluxation Resubluxation	Anmerkung
Allen	[5]	1895	1	3 Wochen Tape	0	
König	[114]	1898	1	Keine Angabe	1	
Reerink	[189]	1901	1	Tape, dann Gips	0	
Hildebrand	[102]	1907	1	Verband	1	
Lexer	[131]	1911	1	4 Wochen Gips	1	
Eden	[60]	1912	1	6 Wochen Gips + Verband	1	
Bragard	[27]	1934	1	Bandage	0	
Lohe	[135]	1934	1	Keine Angabe	1	
Murr	[162]	1961	1	6 Wochen Gips	1	Knöchern
Stover u. Bryan	[226]	1962	16	Bandage oder Gips	6	Teilweise knöchern
Hofer, zit. nach	[74]	1967	1	Keine Angabe	0	
Church	[38]	1977	3	Gips	3	Knöchern
Savastano	[206]	1978	11	Eis + Bandage	11	
Rask u. Steinberg	[187]	1979	1	Spezialschuh	0	Knöchern
Escalas et al.	[67]	1980	38	Kompressionsbandage	28	
Mc Lennan	[147]	1980	11	Tape/Gips/Bandage/ keine Angabe	3	
Wirth	[248]	1983	32	Gips	3	
Coudane et al.	[43]	1984	14	Elastische Binde	11	
Becker	[15]	1986	1	Gips	1	
Gould	[83]	1986	1	1 Monat Gips	1	
Mick u. Lynch	[149]	1987	1	Gips	1	
Gesamt			139		74	(53,2%)

9.2 Operative Therapie

9.2.1 Ergebnisse nach operativer Therapie frischer Peronaeussehnenluxationen

Die primär operative Therapie (innerhalb 3 Wochen ab Unfall) der akuten Luxation befürworten viele Autoren. So lehnt z. B. Folschveiler [74] die konservative Therapie ab, da es bei konservativer Therapie seiner Meinung nach keine Heilung gibt. Auch Romanus [200] sieht die operative Therapie als die zuverlässigste an.

Rezidive finden sich in der einschlägigen Literatur nur in 3,9% (7 von 179) der dokumentierten Fälle, darunter auch jene 14 Patienten, die innerhalb der letzten 13 Jahre an der I. Universitätsklinik für Unfallchirurgie in Wien rezidivfrei behandelt wurden.

Auch andere Komplikationen nach primär operativer Therapie lassen sich kaum finden. Im eigenen Krankengut mußten wir bei 2 Patienten lediglich eine minimale Einschränkung der Plantarflexion um 5° feststellen, ansonsten konnte eine vollständige Restitutio erreicht werden. D. Heim und U. Heim [98] berichten bei ihren Patienten ebenfalls über einige Fälle minimaler Bewegungseinschränkung nach primär operativer Therapie.

Schlechte Ergebnisse finden sich in der Literatur nur bei Auftreten einer Reluxation (3,9%), alle anderen Patienten (96,1%) erreichten ein sehr gutes oder gutes Ergebnis.

Das operative Vorgehen war unterschiedlich. So bevorzugt Oden [166], ebenso wie Exner [71], Murr [162], Mounier-Kuhn u. Marsan [156], Alm et al. [6] und Marti [142] die alleinige Reinsertion bzw. Naht. D. Heim und U. Heim [98] die nach dieser Technik 7 Patienten behandelten, mußten dabei 3 Reluxationen in Kauf nehmen. Wirth [248] berichtet über 9 Fälle, bei denen 5mal das Retinaculum superius erfolgreich reinseriert werden konnte (Abb. 71), 4mal waren allerdings zusätzlich plastische Maßnahmen erforderlich (Duraplastik bzw. Versetzung des Lig. calcaneofibulare). Hildebrand [102] kombiniert in seinem Fall die Naht mit einer Periostplastik. Blencke u. Zwirner [22], Earle et al. [58], Church [38] und Arrowsmith et al. [9] kombinieren die Reinsertion mit einer Vertiefung des Sulcus. D. Heim u. U. Heim [98] reinserieren bei 10 weiteren Patienten das Retinaculum mit Schraube und Beilagscheibe.

Einen derartigen Fall zeigt Abb. 69. Zusätzlich besteht eine Innenknöchelfraktur. Eckert u. Davis [59] kombinieren bei fehlender Knochenbeteiligung die transossäre Reinsertion mit einer Fasciendoppelung, bei Typ-III-Verletzungen fixieren sie das abgerissene Knochenfragment mit Kirschner-Drähten und verstärken die Strukturen mit Fascie. Die Abb. 72 zeigt den Fall einer Typ-III-Verletzung, bei der das Knochenfragment durch eine zu schwache Minischraube fixiert wurde. Es kam zum Schraubenbruch, eine Reluxation oder Resubluxation trat überraschenderweise nicht auf. Primär rekonstruktive Eingriffe an der Fibula, ohne Maßnahmen an den Weichteilen, werden nur von McLennon [147] (Kelly-Operation) [112] empfohlen.

In allen Arbeiten, in denen die Nachbehandlung ausdrücklich angeführt ist, wird postoperativ 4–6 Wochen mit einem Unterschenkelgips ruhiggestellt, die Belastung nach 1–3 Wochen erlaubt, lediglich Marti [142] behandelt die 1. Woche gipsfrei und danach mit 5 Wochen Unterschenkelgips (Tabelle 10).

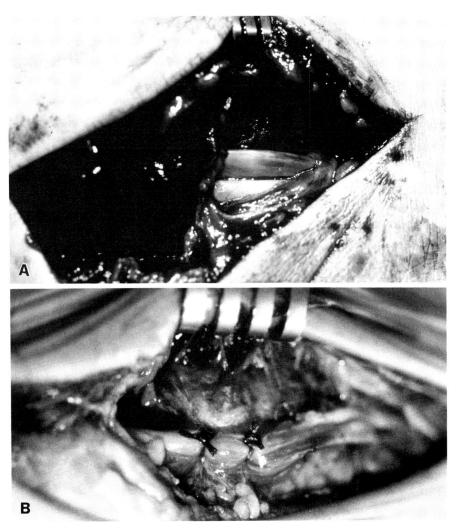

Abb. 71 A, B. Intraoperativer Situs bei frischer Peronaeussehnenluxation. **A** Bei Operation am Unfalltag ist das Gewebe massiv blutig imbibiert, die Peronaeussehnen verlaufen über dem Außenknöchel; **B** Naht (anderer Patient)

Tabelle 10. Ergebnisse nach operativer Therapie frischer Peronaeussehnenluxationen

Autor	Jahr	n	Knöchern	Reluxation	Technik	Nachbehandlung
Hildebrand [102]	1907	1	0	0	Naht + Periostplastik	Keine Angabe
Exner [71]	1909	1	0	0	Naht des Schlitzes im Retinaculum	Keine Angabe
Murr [162]	1961	2	2	0	Transossäre Reinsertion	Keine Angabe
Stove u. Bryan [226]	1962	1	0	0	Keine Angabe	Keine Angabe
Mounier-Kuhn u. Marsan [156]	1968	6	0	0	Reinsertion	Keine Angabe
Blencse u. Zwirner [22]	1972	2	0	0	Transossäre Reinsertion, Vertiefung des Sulcus	5 Wochen Gips + Entlastung
Earle et al. [58]	1972	16	8	1	Transossäre Reinsertion, Vertiefung des Sulcus	4–6 Wochen Gips
Alm et al. [6]	1975	5	1	0	Transossäre Reinsertion, nicht resorbierbar 3/0	3–4 Wochen Gips
Eckert u. Davis [59]	1976	73	12	3	Typ I + II: transossäre Reinsertion + Fasciendoppelung Typ III: Kirschner-Draht + Fasciendoppelung	5–6 Wochen Gips 3 Wochen Entlastung
Church [38]	1977	2	2	0	1 × Vertiefung des Sulcus + Naht, 1 × keine Angabe	Keine Angabe
Marti [142]	1977	5	1	0	Naht ohne Vertiefung, nach 5 Tagen Bewegungsübungen	1 Woche gipsfrei, 5 Wochen USG
Mc Lennan [147]	1980	3	1	0	1 × Naht, 2 × Kelly	Schiene 5–6 Wochen oder Gips 4–7 Wochen
Heim u. Heim [98]	1982	22	4	3	7 × transossäre Reinsertion → 3 × Reluxation 10 × Schraube + Beilagscheibe → 0 × Reluxation 5 × andere Methode → 0 × Reluxation	Gips für 5 Wochen
Arrowsmith et al. [9]	1983	3	0	0	Vertiefung des Sulcus, transossäre Naht des Retinaculums	Keine Angabe
Wirth [248]	1983	9	0	0	5 × Reinsertion, 2 × Duraplastik, 2 × Versetzung des Lig. calcaneofibulare	Keine Angabe
Coudane et al. [43]	1984	6	0	0	Operation nach Meary	Keine Angabe
Oden [166]	1985	8	1	0	Reinsertion	6 Wochen Gips
Orthner [173]	1989	14	4	0	1 × transossäre Reinsertion, 2 × keine Angabe, bei Typ III Schraube (3) (1 × Schraubenbruch), Naht + Schraube + Beilagscheibe (2), Naht (6)	6 Wochen Gips
Gesamt		179	36 (20,1%)	7 (3,9%)		

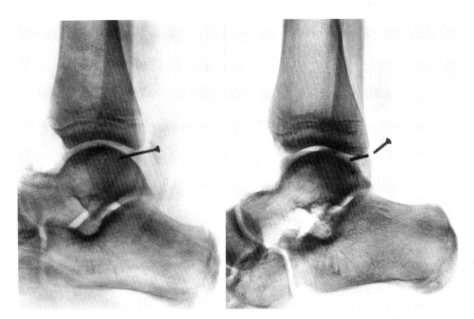

Abb. 72. Refixation eines knöchern abgerissenen Retinaculum superius mit einer Minischraube (*links*). Schraubenbruch, dennoch vollständige Restitutio (*rechts*)

9.2.2 Ergebnisse nach operativer Therapie chronischer Peronaeussehnenluxationen

Ein beträchtlicher Teil der einschlägigen Literatur beschäftigt sich mit Operationsmethoden und Ergebnissen nach Behandlung von rezidivierenden Peronaeussehnenluxationen. Obwohl mehrere Autoren bei einer frischen Luxation die konservative Therapie für gerechtfertigt halten, ist es bemerkenswert, daß Berichten über insgesamt 296 operierte chronische Peronaeussehnenluxationen nur 179 operativ behandelte frische Peronaeussehnenluxationen gegenüberstehen. Einigkeit herrscht darüber, daß rezidivierende Peronaeussehnenluxationen nur operativ erfolgreich behandelt werden können. Lediglich Rask u. Steinberg [187] berichten über die erfolgreiche konservative Therapie einer rezidiverenden Peronaeussehnenluxation.

Die in der Literatur angegebenen Operationstechniken lassen sich grundsätzlich in 4 Kategorien einteilen (die Beschreibung der einzelnen Operationen erfolgt in Abschn. 9.4).

Operationen an den die Peronaeussehnen sichernden Weichteilen (einschließlich Periost)

Die erste Mitteilung stammt von Lannelongue [122], weiterhin berichten Walsham [240], Hanson [95], Schildt [209], Folschveiler [74], Gianangeli u. Zaccarello [79], Mounier-Kühn u. Marsan [156], Alm et al. [6], Coudane et al. [43], u. Das De u. Balasubramaniam [46] und Le Noir [129] über Ergebnisse nach derartigen Eingriffen. Es lassen sich Berichte über 69 derart operierte Luxationen zusammenstellen. 4mal kam es zur Reluxation

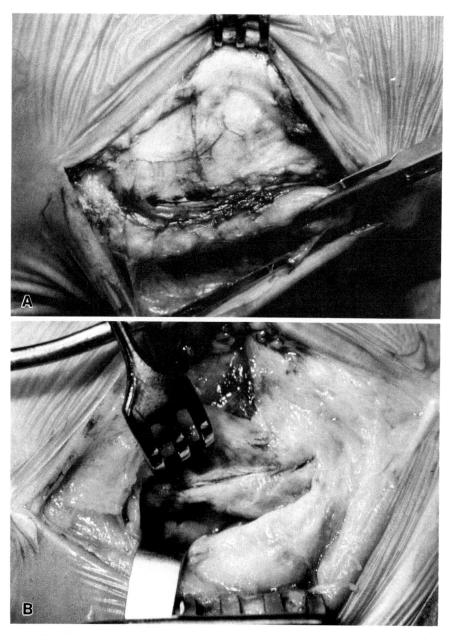

Abb. 73 A, B. Intraoperativer Situs einer chronischen Peronaeussehnenluxation. **A** Der Luxationssack wölbt sich hinter dem Außenknöchel vor. Deutliche Gefäßzeichnung als Zeichen der ständigen Reizung. **B** Nach Eröffnung des Luxationssackes findet sich eine glattwandige Höhle

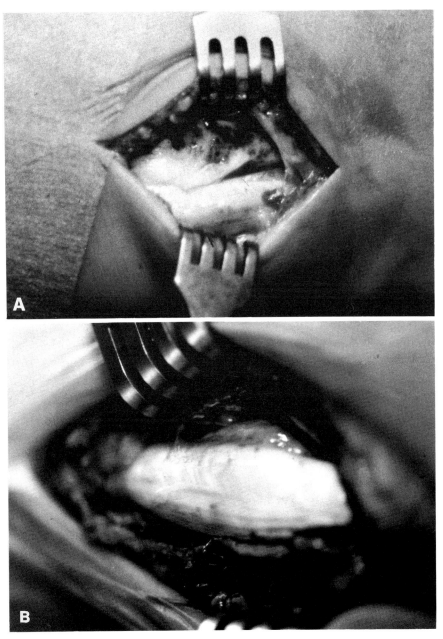

Abb. 74 A, B. Chronische Luxation. **A** Frische Einblutung in die glatte, glänzende Wand der Höhle nach erneutem Trauma. **B** Die Sehne ist als Zeichen der falschen Beanspruchung matt und rauh.

(5,8%) und zu einem schlechten Ergebnis. Dies bedeutet, daß die Reluxation die einzige schwerwiegende Komplikation nach derartigen Eingriffen ist. Der Anteil der sehr guten und guten Ergebnisse betrug 94,2%. Die Abb. 73 und 74 zeigen den intraoperativen Situs mit der typischen Taschenbildung, der glatten Höhle sowie frischen Einblutungen nach neuerlichem Trauma.

Operationen an der Fibula

Kelly [112] beschrieb 1920 als erster eine auf die Fibula beschränkte Methode, ohne jedoch Patientendaten oder Nachuntersuchungsergebnisse zu präsentieren. Neben Kelly [112] haben noch Le Noir [129], Yuwahara [252] und De Vries [51] derartige Eingriffe inauguriert. Obwohl die ersten ausreichend belegten Nachuntersuchungsergebnisse erst 1975 bei Wobbes [250] zu finden sind, haben diese Methoden eine weite Verbreitung gefunden. Ergebnisse finden sich noch bei Marti [142], Skricka u. Rott [216], Larsen et al. [124], Mc Lennon [147], Zichner [254], Wirth [248], Das De u. Balasubramaniam [46] und auch im eigenen Krankengut. Insgesamt lassen sich 84 Fälle zusammenstellen: 10mal (11,9%) kam es zur Reluxation, 12mal (14,3%) war das Ergebnis schlecht. Vereinzelt wurde über Schuhrandprobleme wegen Prominenz der verschobenen Knochenschale, aber auch über das Gegenteil, die Resorption der Knochenschuppe, berichtet. Auf diese Problematik hat bereits Lohe [135] hingewiesen, auch im eigenen Krankengut mußten wir deshalb einmal einen Mißerfolg verzeichnen. Bezüglich der unterschiedlichen Methoden muß man darauf hinweisen, daß bei der Operation nach Kelly I [112] (s. Abschn. 9.4) eher Schuhrandprobleme durch eine prominente Knochenschuppe im Vordergrund stehen, bei Kelly II [112] (s. Abschn. 9.4) das Problem der Resorption des Knochenkeils.

Operationen an den die Peronaeussehnen sichernden Weichteilen (einschließlich Periost) und der Fibula

Die ersten Berichte über Operationen sowohl an den Weichteilen als auch an er Fibula stammen von Maydl [145]. Weitere Mitteilungen kommen von König [113], Kramer [115] und Kraske [116], wobei sich Kramer [115] und Kraske [116] auf König [113] beziehen: sowie Hildebrand [102], Mauclaire [144], Künzli [118], Zöllner u. Clancy [255], Mc Lennon [147], Beck [13], Borovoy u. Beresh [26], Arrowsmith et al. [9], Wirth [248], Gould [83] und Orthner [171, 172]. Insgesamt lassen sich 75 Fälle zusammenfassen. Nur bei einem Patienten (1,3%) kam es zur Reluxation, 3mal (4,0%) mußten schlechte Ergebnisse verzeichnet werden, die einmal auf eine Reluxation bzw. 2mal auf Probleme mit der zu großen Knochenschuppe bei der Methode Viernstein/Kelly [238] zurückzuführen waren.

Tabelle 11. Ergebnisse nach operativer Therapie chronischer Peronaeussehnenluxationen (1895–1975)

Autor	Jahr	n	Knöchern	Reluxation	Komplikationen	Sehr gut	Gut	Befriedigend/ schlecht	Operationstechnik	Nachbehandlung
Kramer [115]	1895	1	0	0	0	1	0	0	Knochenperiostlappen nach dorsal umgeschlagen (König)	Keine Angabe
Kraske [116]	1895	1	0	0	0		0	0	Knochenperiostlappen nach dorsal umgeschlagen (König)	Funktionell
Walsham [240]	1895	2	0	0	0	2	0	0	1 × Periostverstärkung, 1 × Naht	Keine Angabe
König [114]	1898	1	0	0	0	1	0	0	Knochenperiostlappen dorsal gestielt, nach dorsal umgeschlagen	Keine Angabe
Hildebrand [102]	1907	1	0	0	0	1	0	0	Naht des Retinaculums + König-Knochenplastik	Funktionell
Mauclaire [144]	1910	1	0	0	0	1	0	0	Knochenperiostlappen + Sulcusplastik	Keine Angabe
Lexer [131]	1911	1	0	0	0	1	0	0	M. palmaris longus als Transplantat	Keine Angabe
Eden [60]	1912	1	0	0	0	1	0	0	Sulcusplastik, M. palmaris longus (Lexer)	Kein Gips
Hanson [95]	1930	2	0	0	0	2	0	0	Periostlappen von Fibula + Calcaneus	2 Wochen Gips 3 Wochen Schiene
Jones [111]	1932	1	0	0	0	1	0	0	Achillessehnenzügel	6 Wochen Gips
Lohe [135]	1934	1	0	0	0	1	0	0	M. peronaeus-longus-Umschlingung, M. peronaeus longus wird auf Außenseite des Calcaneus geführt, behebt gleichzeitig Knickfuß	4 Wochen Gips in Spitzfußstellung
Schildt [209]	1947	1	0	0	0	1	0	0	Periostlappen	2 Wochen Gips
Muralt [161]	1956	1	0	0	0	1	0	0	Sulcusplastik + Abheben der lateralen Knöchelwand nach vorne + transossäre Reinsertion	Funktionell
Stover u. Bryan [226]	1962	1	Keine Angabe	0	0	1	0	0	1 × Plantarisplastik, 5 × keine Angabe	Keine Angabe
Folschveiler [74]	1967	6	0	0	0	6	0	0	Lannelongue-Technik (Periostlappen 2 cm breit nach dorsal umgeschlagen mit Retinaculum verstärkt)	ab 2. Woche Belastung, 6 Wochen Gips
Miller [151]	1967	1	0	0	0	1	0	0	Gestielte Plantaris-longus-Plastik	6 Wochen Gips

Tabelle 11 (Fortsetzung)

Autor	Jahr	n	Knöchern	Reluxation	Komplikationen	Sehr gut	Gut	Befriedigend/ schlecht	Operationstechnik	Nachbehandlung
Platzgummer [180]	1967	8	Keine Angabe	0	0	8	0	0	Sulcusplastik, Lig. calcaneofibulare vom Knöchel abgetrennt, Verlagerung unter Lig. calcaneofibulare	6 Wochen Gips 2 Wochen Zinkleim
Giannangeli u. Zaccarello [79]	1968	2	0	0	0	2	0	0	Naht des Retinaculums an Reste der Sehnenscheide	3 Wochen Gips
Mounier-Kuhn u. Marsan [156]	1968	29	Keine Angabe	1	Keine Angabe	22	6	1	Naht: 5× sehr gut, 1× gut Lannelongue: 6× sehr gut, 2× gut Reinsertion: 11× sehr gut, 3× gut, 1× schlecht, 3× ?	Keine Angabe
Alm et al. [6]	1975	5	0	1	1× Wundinfektion	3	1	1	Naht + Periostverstärkung: n = 4 (Bogútskaia, Giannangeli) oder Plantarissehne (Miller): n = 1	4 Wochen Gips
Gesamt		67	17× 0 3× keine Angabe	2	1× keine Angabe 1× Wundinfektion	58	7	2	Nachbehandlung: 7× keine Angabe 4× funktionell 2× 2 Wochen Gips 1× 3 Wochen Gips 2× 4 Wochen Gips 4× 6 Wochen Gips	

Tabelle 12. Ergebnisse nach operativer Therapie chronischer Peronaeussehnenluxationen (1975–1989)

Autor	Jahr	n	Knöchern	Reluxation	Komplikationen	Sehr gut	Gut	Befriedigend/ schlecht	Operationstechnik	Nachbehandlung
Sarmiento u. Wolf [205]	1975	1	0	0	0	1	0	0	Tenotomie der Sehnen + Verlagerung unter Lig. calcaneofibulare	Keine Angabe
Wobbes [250]	1975	3	0	0	0	3	0	0	Kelly-Watson-Jones	8 Wochen Gips 4 Wochen Entlastung
Künzli [118]	1976	2	0	0	0	2	0	0	Periostlappen mit Osteotomie vom Außenknöchel abgeschlagen, an Retinaculum angenäht	4 Wochen Gips
Marti [142]	1977	12	0	0	0	10	2	0	Kelly	Funktionell
Skricka u. Rott [216]	1979	5	?	?	1 × Sensibilität	4	1	0	Du Vries	Keine Angabe
Zoellner u. Clancy [255]	1979	10	?	?	0 Dorsalflexion	10	0	0	Aushöhl. der Fibularückfläche + Periostplastik	Keine Angabe
Escalas et al. [67]	1980	15	?	0	4 × Dorsalflexion	10	4	1	Ellis Jones (Achillessehnenzügel)	Keine Angabe
Larsen et al. [124]	1980	36	?	1 × Reluxation 6 × Resubluxation	9*	26	3	7	De Vries	Keine Angabe
Mc Lennan [147]	1980	4	2	0	0	4	0	0	1 × Knochenperiostlappen, 1 × Kelly, 2 × Refixation der Knochenfragmente	4–7 Wochen Gips
Beck [13]	1981	9	0	0	0	9	0	0	Eigene Technik (e. T.)	3 × funktionell 6 × Gips für 4–6 Wochen
Zichner [254]	1981	10	?	?	0	10	0	0	Du Vries	4–6 Wochen Gips
Borovoy u. Beresh [26]	1982	1	0	0	0	1	0	0	Vertiefung des Sulcus + Naht des Retinaculums	3 Wochen Gips 3 Wochen Spezialschuh
Heim u. Heim [98]	1982	7	?	0	2 × störende Knochenschuppe	5	2	0	Verlagerung unter Lig. calcaneofibulare nach Fibulaosteotomie, Kelly, Peroneus-brevis; Plantaris-longus-Plastik	4–6 Wochen Gips
Arrowsmith et al. [9]	1983	3	0	0	0	3	0	0	Ellis-Jones, ½ Peroneus brevis, Zoellner-Sulcusplastik	Keine Angabe

Tabelle 12 (Fortsetzung)

Autor	Jahr	n	Knöchern	Reluxation	Kompli-kationen	Sehr gut	Gut	Befriedigend/schlecht	Operationstechnik	Nachbehandlung
Wirth [248]	1983	41	?	1	2 × Druck durch Knochenschuppe	38	0	1 × Reluxation 2 × Schmerzen	Viernstein/Kelly	Keine Angabe
Coudane et al. [43]	1984	14	?	2	0	9	3	2	Meary-Operation	3–5 Wochen Gips
Pöll u. Duijfjes [181]	1984	10	1	0	10**	6	2	2	Verlagerung unter Lig. calcaneofibulare nach knöcherner Osteotomie vom Calcaneus, Refixation mit Schrauben	6 Wochen Gips
Das De u. Balasubramaniam [46]	1985	12	0	2	0	9	1	2	2 × Ellis-Jones: 2 × sehr gut, 7 × e. T.: keine Reluxation (Anfrischen des Knochens + transossäre Refixation des Periosts), 3 × Watson-Jones: 2 × Reluxation	6 Wochen Gips
Gould [83]	1986	1	?	0	0	1	0	0	(e. T.) Sulcusplastik, Periost-, Fascien- + Retinaculumlappen	4 Wochen Gips + Entlastung
Le Ncir [129]	1986	2	0	0	0	2	0	0	(e. T.) Refixation dorsal an Fascie	3 Wochen Unterschenkelgips
Martens et al. [141]	1986	13	0	1	0	9	2	2	Sarmiento-Technik, 1 × Plantarisplastik: Reluxation-Reoperation	6 Wochen Gips
Mick u. Lynch [149]	1987	1	0	0	0	1	0	0	Peronaeus-quartus-Plastik	Keine Angabe
Stein [221]	1987	1	0	0	0	1	0	0	Peronaeus brevis/2 Umschlingung	6 Wochen Gips
Becke [16]	1988	1	0	0	0	1	0	0	Periguardzügelung	Keine Angabe
Orthner [173]	1989	13	0	1	5***	10	2	1	11 × Kelly, 1 × Beck, 1 × Du Vries	6 Wochen Gips
Gesamt		227	3 × knöchern 13 × 0 9 × keine Angabe	14	33	185	22	20	Nachbehandlung: 16 × keine Angabe 6 × funktionell 2 × 2 Wochen Gips 3 × 3 Wochen Gips 6 × 4 Wochen Gips 2 × 5 Wochen Gips 9 × 6 Wochen Gips 1 × 8 Wochen Gips	
Gesamt (Tabelle 11 + 12)		294	3 × knöchern 30 × 0 12 × keine Angabe	16	34	243	29	22		

Aufschlüsselung der Komplikationen:
* 3 × Schrauben gelockert, 2 × Fibulafraktur, 1 × Schraubenwanderung, 1 × Transplantatbruch
** 3 × Schwellung, 4 × Sensibilitätsstörungen, 2 × Schmerzen, 1 × Bewegungseinschränkung, 2 × Flexion, 1 × Pseudarthrose
*** 1 × Sudeck, 1 × Tinnel-Hofmann, 1 × Reibung, 2 × Bewegungseinschränkung bis 5°

e. T. = eigene Technik

Tabelle 13. Ergebnisse nach Operation chronischer Peronaeussehnenluxationen

Operationsverfahren	n	Reluxation oder Resubluxation		Schlechte Ergebnisse	
		n	%	n	%
Operation an den die Peronaeussehnen sichernden Weichteilen	69	4	5,8	4	5,8
Operation an der Fibula	84	10	8,4	10	8,4
Operation an Weichteilen und Fibula	75	1	1,3	3	4,0
Operation an nicht direkt die Peronaeussehnen sichernden Weichteilen	66	1	1,5	5	7,6
Insgesamt	294	16	5,4	22	7,5

Operationen an den nicht die Peronaeussehnen sichernden Weichteilen

Lexer [131] hat als erster die frei transplantierte Sehne des M. palmaris longus um die Peronaeussehne herumgeführt und diese damit gesichert. Weitere Mitteilungen stammen von Eden [60], Jones [111], Lohe [135], Stover u. Bryan [226], Miller [151], Platzgummer [180], Alm et al. [6], Sarmiento u. Wolf [205], Escalas et al. [67], Heim u. Heim [98], Arrowsmith et al. [9], Poll u. Duijfjer [181], Das De u. Balsubramaniam [46], Martens et al. [141] und Stein [221]. Trotz 16 publizierter Arbeiten sind nur 66 ausreichend dokumentierte Fälle zu finden. Eine Reluxation trat nur einmal (1,5%) auf, jedoch kam es 5mal (8,2%) zu schlechten Ergebnissen, die von Bewegungseinschränkungen [111, 151, 181], Schwellungszuständen, einer Sensibilitätsminderung sowie Schmerzen [181] herrührten. Die Anzahl der lediglich guten Ergebnisse war in dieser Gruppe mit 11 Fällen (16,7%) überdurchschnittlich hoch (Tabellen 11–13).

Die Zusammenstellung der Ergebnisse nach konservativer, primär operativer und sekundär rekonstruktiver Therapie (Tabelle 14) zeigt, daß eine frische Peronaeussehnenluxation nicht konservativ behandelt werden kann bzw. daß rekonstruktive Eingriffe nicht gleich gute Ergebnisse wie die Sofortoperation erwarten lassen.

Nach konservativer Therapie kam es in 53,2% der Fälle zur Reluxation, nur in 34,5% der Fälle konnte ein sehr gutes Ergebnis erreicht werden. Die Erklärung liegt in der Pathomechanik der Verletzung. Wir konnten zeigen, daß die Durchtrennung des Retinaculum superius genügt, um eine Instabilität der Peronaeussehnen zu erzeugen. Im Akutstadium ist die Korrektheit der Reposition klinisch nicht verläßlich zu beurteilen und ein Rezidiv im Gipsverband deshalb nicht auszuschließen. Es liegt die Vermutung nahe, daß Fälle bei geringer Belastung im Gips reluxierten und deshalb eine insuffiziente Narbe verblieb. Die konservative Therapie einer frischen Peronaeussehnenluxation ist deswegen, außer unter den von uns vorher angegebenen Voraussetzungen, abzulehnen. Die Ansicht, daß die Ergebnisse nach operativer Therapie im Akutstadium nicht besser sind als im chronischen, kann ebenfalls nicht geteilt werden. Die besten Resultate ergeben sich, wie aus Tabelle 14 zu ersehen ist, bei operativer Therapie im Akutstadium (s. S. 79 ff, Typ II nach Eckert).

Tabelle 14. Gesamte Behandlungsergebnisse bei Peronaeussehnenluxationen

	n	Knöchern		Reluxation		Komplikation		Sehr gut		Gut		Befriedigend/ schlecht	
		n	%	n	%	n	%	n	%	n	%	n	%
Konservativ (frisch)	139	8	5,8	74	53,2	–		48	34,5	5	3,6	86	61,9
Operativ (frisch)	179	36	20,1	7	3,9	2	1,1	156	87,2	16	8,9	7	3,9
Operativ (chronisch	294	3	1,0	16	5,4	34	11,6	243	82,6	29	9,9	22	7,5
Gesamt	612	47	7,7	97	15,8	36	5,9	447	73,0	50	8,2	115	18,8

Der Vergleich der Ergebnisse der verschiedenen angegebenen Techniken macht deutlich, daß versucht werden soll, das gerissene Retinaculum zu refixieren und mit Periost oder einem Knochen-Periost-Lappen zu verstärken. Fehlt der retromalleolare Sulcus oder ist er konvex, ist eine zusätzliche Sulcusplastik zu empfehlen. Bewegungseinschränkungen durch Verklebung der Sehnen mit der freiliegenden Fibulahinterkante werden in der Literatur nicht beschrieben, so daß das Aushöhlen der Fibularückfläche ohne rekonstruktive Maßnahmen für die Weichteile der Gleitrinne ausreichen dürfte. Die anatomischen Untersuchungen der retromalleolaren Weichteile läßt eine Breite der Rinne von 10–11 mm und eine maximale Tiefe von 3–4 mm empfehlen.

Im chronischen Stadium zeigen die rekonstruktiven Eingriffe mit Rekonstruktion oder transossärer Refixation des Retinaculums und gleichzeitiger Sulcusplastik die besten Ergebnisse. Hat sich um den Außenknöchel ein bursaähnliches Gebilde mit einer gut strukturierten Wand entwickelt, kann die laterale Außenknöchelfläche angefrischt und die Wand der Bursa transossär in korrekter Länge refixiert werden (Methode Das De u. Balasubramaniam [46] oder Meary [148]), ein eventueller Gewebeüberschuß kann als zusätzliche Verstärkung darübergenäht werden. Auch die von Beck [13] angegebene Methode ist als sehr zuverlässig anzusehen. Erst bei Fehlen ausreichend kräftiger Verstärkungsstrukturen sollten rekonstruktive Eingriffe an der Fibula erfolgen. Im eigenen Krankengut hat sich dazu die Methode nach Kelly [112] bewährt, wobei durch eine Modifikation Probleme mit der Knochenschuppe vermieden werden konnten (s. Abschn. 9.4). Eine zusätzliche Vertiefung des Sulcus ist zu empfehlen. Werden nur die Weichteile rekonstruiert, kann es häufiger zum Rezidiv kommen. Rekonstruktive Eingriffe an den nicht die Peronaeussehnen sichernden Weichteilen haben andere Nachteile, wie Bewegungseinschränkung, mehrere Hautschnitte, aufwendige Operationstechnik, Schwächung wichtiger, das Sprunggelenk stabilisierender Strukturen und sind deshalb weniger zu empfehlen (s. Abschn. 9.4).

9.3 Eigenes Therapeutisches Vorgehen

Im eigenen Krankengut gehen wir bei der akuten Luxation in der letzten Zeit differenziert vor.

Im Akutstadium erachten wir bei Typ-I- und -II-Verletzungen eindeutig traumatischer Genese, gut ausgebildetem und intraligamentär gerissenem oder subperiostal abgehobenem Retinaculum superius die transossäre Reinsertion als ausreichend.

Ist der retromalleolare Sulcus konvex oder fehlend, kombinieren wir die Vertiefung des Sulcus mit der transossären Reinsertion des Retinaculums.

Ist das Retinaculum schwach ausgebildet oder im Sinn einer Stretchverletzung gedehnt, verstärken wir das transossär reinserierte Retinaculum mit einem Periostlappen, evtl. in Verbindung mit einer Sulcusplastik.

Bei einem knöchernen Abriß des Retinaculums (Typ-III-Verletzung) versuchen wir bei ausreichend großer Schuppe diese anzuschrauben, bei kleiner Schuppe diese transossär zu fixieren. Die postoperative Ruhigstellung erfolgt bei Typ-I- und -II-Verletzungen für 6 Wochen, bei Typ-III-Verletzungen für 4 Wochen im Unterschenkelgips. Nach 14 Tagen wird die Vollbelastung erlaubt.

Im chronischen Stadium wird bei ausreichend kräftiger Wand der Luxationstasche diese anstatt des Retinaculums transossär reinseriert (Methode Beck [13]); sind die Weichteile schlecht, kommt die modifizierte Kelly-Methode zur Anwendung (s. Abschn. 9.4.4, Abb. 90, 91)

9.4 Operationsmethoden

Zur Behandlung der frischen und chronischen Peronaeussehnenluxationen wurden zahlreiche Verfahren angegeben. Es sollen im folgenden die Operationstechniken dargestellt und auf Vorteile sowie mögliche Nachteile und Gefahren hingewiesen werden; dabei bleibt es dem Leser überlassen, aus der Vielzahl der angegebenen Methoden die für den einzelnen Fall beste zu wählen. Generell ist zu empfehlen, vorhandenes Gewebe in die Rekonstruktion einzubeziehen. Außerdem sollte man versuchen, bei rekonstruktiven Eingriffen körpereigene, die Stabilität des oberen Sprunggelenks sichernde Strukturen zu schonen.

Operationen an den die Peronaeussehnen sichernden Weichteilen

Es handelt sich hier um jene Verfahren, die sich darauf beschränken, verletzte Strukturen wieder zu vereinen, ohne die Form der Fibula zu korrigieren oder andere Strukturen zu schwächen.

Naht des Retinaculums an die Reste der Sehnenscheide
1900 empfahl Golebiewski [82] als erster die alleinige Naht eines akut intraligamentär gerissenen Retinaculums. Exner [71] berichtete 1909 über einen erfolgreich behandelten Fall. Des weiteren empfehlen diese Technik Whitmann [247], Rocher [196] (Abb. 75), Jonasch [110], Mounier-Kuhn u. Marsan [156], Gianangeli u. Zaccarello [79], Marti [142], Baumgartl et al. [11] Mc Lennon [147], Wirth [248], Lauber u. Müller [125] sowie Oden [166] für akute Fälle. Alle Autoren immobilisieren postoperativ mehrere Wochen im Gips, wobei Marti [142] die erste Woche gipsfrei behandelt. Unter den 24 berichteten Fällen kam es zu keiner Reluxation.

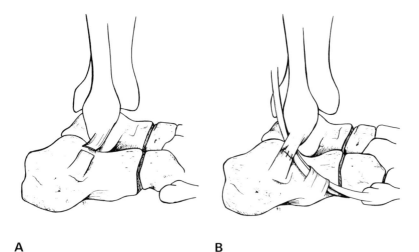

Abb. 75 A, B. Operation nach Rocher [196] (direkte Naht)

Folgende Voraussetzungen müssen jedoch für die alleinige Naht erfüllt werden:

- Intraligamentäre Ruptur des Retinaculums.
- Die Bandstümpfe müssen von guter Struktur und ausreichend lang sein.
- eindeutig traumatische Genese.
- Die Knöchelrückfläche darf nicht konvex sein.

Unter diesen Voraussetzungen haben wir 6 Patienten operiert, bei allen konnte völlige Beschwerdefreiheit, seitengleiche freie Beweglichkeit und somit eine Restitutio ad integrum erreicht werden.

Transossäre Refixation des Retinaculums
Die transossäre Refixation des Retinaculums ohne Zusatzeingriffe (Abb. 76) wird erstmals 1961 von Murr [162] vorgeschlagen. Außer Murr [162] empfehlen diese Methode Meary [148] (Abb. 77), Mounier-Kuhn u. Marsan [156], Weigert [245], Earle et al. [58], Radke [185], Deutsch u. Schink [50], Alm et al. [6], Heim u. Heim [98], Coudane et al. [43], Das De u. Balasubramaniam [46] und Orthner et al. [173]. Spezifische Modifikationen brachten dabei Weigert [245] und Das De u. Balasubramaniam [46] ein. Weigert [245] empfiehlt nach Reinsertion des Retinaculums die Insertionstelle zu koagulieren; dadurch soll die Narbenbildung verstärkt werden (Abb. 78).

Das De u. Balasubramaniam [46] reinserierten bei subperiostaler Luxation der Sehnen des abgerissenen Retinaculums transossär. Zuvor frischen sie die Fibulaaußenfläche an, um die Verankerung des Retinaculums zu verbessern (Abb. 79).

32 Fälle [43, 58, 98, 162, 173] wurden im akuten Stadium operiert, wobei es in 4 Fällen zur Reluxation kam. Unter den 36 im chronischen Stadium operierten Patienten kam es ebenfalls in 4 Fällen zum Rezidiv.

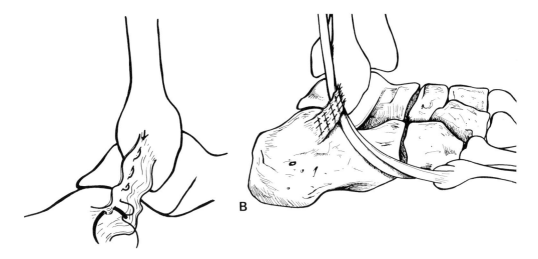

Abb. 76. A Raffung und **B** Reinsertion

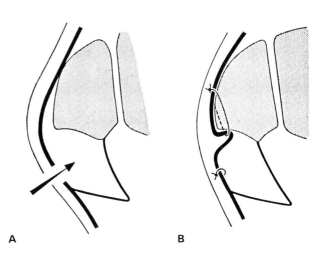

Abb. 77 A, B. Operation nach Meary [148]

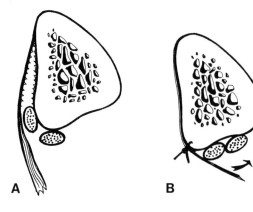

Abb. 78 A, B. Operation nach Das De u. Balasubramaniam [46]

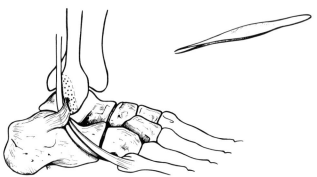

Abb. 79. Operation nach Weigert [245]

Diese Methoden sind demnach mit einer hohen Rezidivrate behaftet, wobei bemerkenswert ist, daß alle Autoren, die über größere Fallzahlen verfügen, davon berichten. Lediglich Das De u. Balasubramaniam [46] haben 7 Patienten erfolgreich rezidivfrei behandelt, dabei aber die Verankerung des Retinaculums durch Anfrischen der Außenknöchelfläche verbessert. Es läßt sich deshalb feststellen, daß die transossäre Refixation ohne zusätzliche sichernde Maßnahmen weniger zuverlässig ist als andere Methoden.

Transossäre Refixation und Doppelung
Schon 1937 hat Volkmann [239] die transossäre Reinsertion der ausgeweiteten Sehnenscheide mit Doppelung durch den Überstand des Halteapparates empfohlen und auch über 3 erfolgreich behandelte chronische Fälle berichtet. Jonasch [110] berichtete 1967, daß in der Böhler-Schule in ähnlich gelagerten Fällen dasselbe Verfahren zur Anwendung kommt; Diamant-Berger [53] empfahl diese Methode in seiner „Technique chirurgicale". 1976 berichteten Eckert u. Davis [59] über 73 Patienten mit frischer Peronaeussehnenluxation; 61 subperiostale Luxationen (Typ II) hatten sie mit Hilfe transossärer Reinsertion und Fasciendoppelung behandelt. Bei 37 Patienten mit Abriß des Retinaculums von der fibrocartilaginären retromalleolaren Lippe (Grad I) kam es nach transossärer Refixation und Fasciendoppelung zu keinem Rezidiv, 24 Patienten mit Abrissen

des Retinaculums und der bindegewebigen Lippe (Grad II nach Eckert u. Davis [59]) hatten 3 Rezidive.

Heim u. Heim [98] versuchten das Problem der sicheren Fixation des abgelösten Retinaculums durch Fixation mit Hilfe einer Schraube und Beilagscheibe zu lösen. Durch die gute Narbenbildung und gleichzeitige Verbreiterung der Knöchelhinterkante konnten sie 10 Patienten rezidivfrei behandeln.

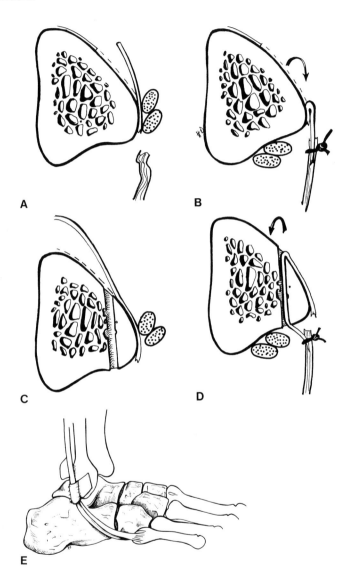

Abb. 80 A–E. Operation nach Lannelongue [122]

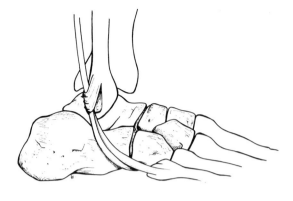

Abb. 81. Operation nach Walsham [240]

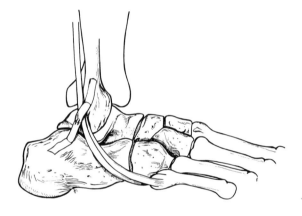

Abb. 82. Operation nach Hanson [95]

Periostlappen

Die Verstärkung der Naht des Retinaculums oder dessen Ersatz durch einen dorsal gestielten Periostlappen hat Lannelongue [122] (Abb. 80) empfohlen. Es handelt sich hierbei um die älteste, noch immer angewandte Methode [44]. Übernommen oder empfohlen wurde diese sowohl für akute, als auch für chronische Luxationen geeignete Methode auch von Walsham [240] (Abb. 81), Hanson [95] (Abb. 82), Coltart [40], Bogutskaia [24], Folschveiler [74], O'Donoghoue [167], Künzli [118], Scheller et al. [207], Baumgartl et al. [11] und Heim u. Heim [98].

Im Hinblick auf die normale Anatomie des Retinaculum superius ist dessen Ersatz durch einen Perioststreifen als gute Methode anzusehen – der Erfolg hängt jedoch sowohl von der Beschaffenheit des Periosts als auch von dessen guter Verankerung ab. Entsprechend den anatomischen Untersuchungen ist besonders darauf zu achten, daß der Periostlappen am Umlenkpunkt der Peronaeussehnen in Höhe der Außenknöchelspitze beginnt. Ein 15–20 mm breiter Streifen ist als ausreichend anzusehen. Bei der Wahl der Schnittebene für das Ablösen des Perioststreifens ist diese so zu legen, daß sich der Lappen problemlos nach dorsal und caudal umschlagen läßt. Der proximale Schnittrand sollte deshalb von dorsal nach ventral absteigen.

Die Verwendung eines Periostlappens wurde dabei von Hanson [95] insofern modifiziert, daß er 2 Periostlappen bildet, wobei er einen vom Calcaneus nach ventral proximal umschlägt und mit einem korrespondierenden, von der Fibula gewonnenen Lappen vereint. Dies läßt zwar ein kräftigeres Retinaculum entstehen, ist aber auch mit einer breiteren Freilegung des Calcaneus verbunden, so daß Äste des R. superficialis nervi peronaei irritiert werden können (Abb. 82).

Unter den 15 mit einer Periostlappenmethode operierten Patienten findet sich das einzige Rezidiv bei Volkmann [239].

Operationen an der Fibula

Diese dienen ausschließlich der Therapie rezidivierender Luxationen. Maydl [145] (Abb. 83) berichtete von Albert, der einen Patienten erfolgreich durch alleinige Vertiefung des retromalleolaren Sulcus behandelte. Als Operationsmethode hat sich die Sulcusplastik allerdings nicht durchsetzen können; sie wurde außer bei Whitman [247] nur mit Operationen an den Weichteilen kombiniert. In Abb. 84 läßt sich erahnen, worauf die Ablehnung beruht. Es wird bei der Sulcusplastik an der für die Luxation weniger wichtigen, dorsalen Rinne operiert. Ist diese dann noch viel zu wenig ausgemeißelt worden (Abb. 84), kommt es bereits postoperativ im Gipsverband zur Lateralisierung der Peronaeussehnen und damit möglicherweise zum Rezidiv.

Bei der 1920 von Kelly [112] vorgestellten Methode wird ein Abschnitt des Außenknöchels nach dorsal verschoben, so daß dieser eine knöcherne Barriere gegen die Luxation der Sehnen bildet. Kelly [112] selbst hat 2 Methoden vorgestellt. Bei der als Kelly I [112] (Abb. 85 A) bezeichneten Methode wird im Original der Außenknöchel vollkommen vom Periost befreit, in der Sagittalebene annähernd halbiert und durch einen horizontalen Sägeschnitt in 2 Teile getrennt. Dieser Knöchelabschnitt wird nun etwa 7–8 mm (¼ Inch) nach dorsal geschwenkt und mit 2 Schrauben fixiert. Das abgelöste Periost

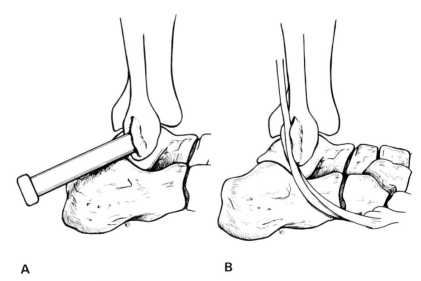

Abb. 83 A, B. Operation nach Maydl [145]

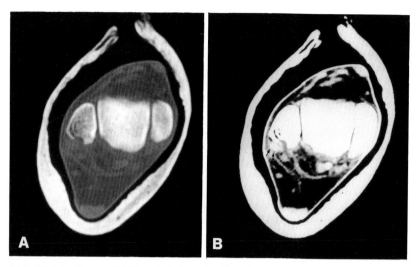

Abb. 84 A, B. Kontroll-CT nach Sulcusplastik. Die Rinne ist zu schmal und zu wenig tief. Die Peronaeussehnen (→) subluxieren nach lateral. **A** Weichteilfenster, **B** Knochenfenster

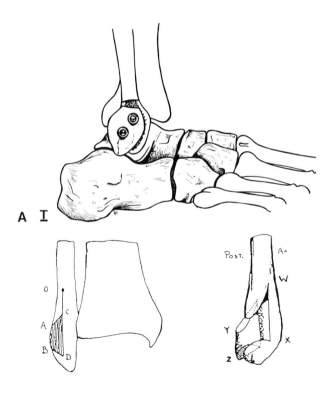

Abb. 85 A, B. Operation nach Kelly [112]

dient dabei als Bett für die Peronaeussehnen im Bereich des nach dorsal geschwenkten Außenknöchels. Da Kelly [112] Bedenken wegen der Nähe der fixierenden Schrauben zum oberen Sprunggelenk hatte, modifizierte er seine Methode.

Bei der als Kelly II [112] (Abb. 85 B) bezeichneten Methode wird ein Knochenabschnitt vom Außenknöchel gebildet, der ventral breiter ist als dorsal. Bei Verschieben des Keils nach dorsal falzt sich die breite ventrale Basis von selbst dorsal in die Fibula ein, so daß keine zusätzliche Fixation des Keils notwendig ist. Auch hier empfiehlt Kelly eine Verschiebung des Keils um 7–8 mm ($^1/_4$ inch) nach dorsal.

De Vries [51] (Abb. 86) modifizierte diese Methode. Er negiert die Überlegung von Kelly [112] und fixiert den nach dorsal verschobenen Keil mit einer Schraube (Abb. 87, 88). Die Abb. 88 zeigt die unterschiedlichen Möglichkeiten der Gewinnung des Knochenkeils bei der Methode nach De Vries. Yuwahara [252] verwendet statt der Schraube Drahtnähte.

Wobbes [250] kombiniert die Methode von Kelly [112] mit einer Sulcusplastik.

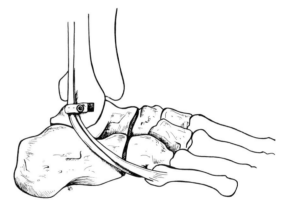

Abb. 86. Operation nach De Vries [51]

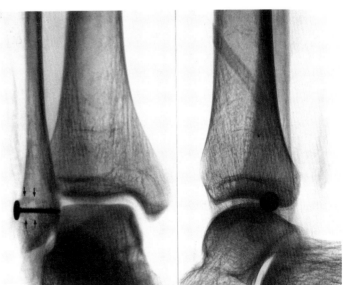

Abb. 87. Ausheilungsbild nach einer Operation der Methode De Vries [51]. Der Knochenkeil (→) wurde in diesem Fall erfolgreich mit einer Minischraube fixiert

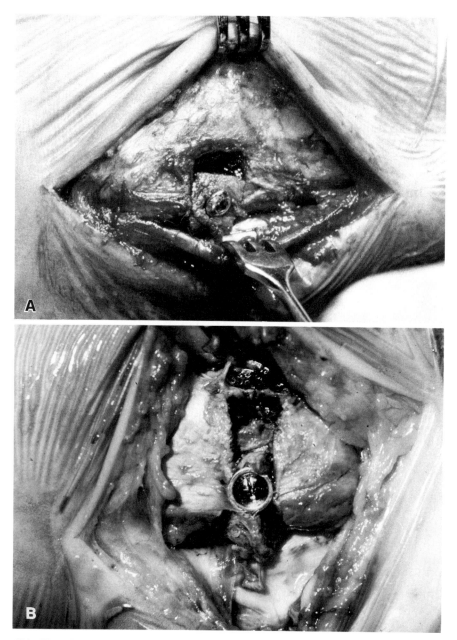

Abb. 88 A, B. Intraoperativer Situs bei Operation nach De Vries [51]. Zwei unterschiedliche Arten der Keilgewinnung werden angewendet. **A** Es wird ein eher breiter Abschnitt der dorsalen Fibulahälfte nach dorsal verschoben und verschraubt (dadurch geringe Schwächung der Fibula). **B** Der Knochenblock ist so lang, wie die Fibula breit ist, und mißt etwa die halbe Fibuladicke

Gegen alle angegebenen Methoden sind Einwände vorgebracht worden. Lohe [135], Muralt [161] sowie Heim u. Heim [98] weisen auf die Gefahr des Schuhdrucks durch einen zu großen, nach dorsal geschwenkten Knochenabschnitt bei der Methode Kelly I [112] hin. Wird die Knochenlamelle jedoch zu klein dimensioniert, droht die Gefahr der Reluxation, wenn die Lamelle resorbiert wird. Die Abb. 89 zeigt einen derartigen Fall.

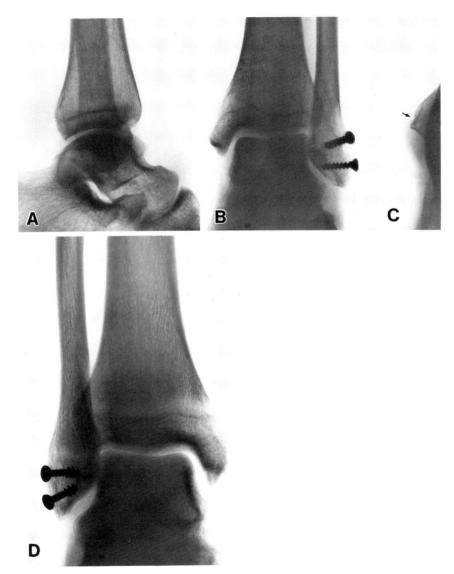

Abb. 89 A–D. Ausheilungsbilder nach Operationsmethode Kelly I [112]. **A, B** Die Knochenschuppe ist knöchern angeheilt. **C** In der Tangentialaufnahme ist nach der Metallentfernung der Außenknöchel etwas verschmälert, es kommt zur Dellenbildung (→) im Bereich des ehemaligen Schraubenlagers. Der Knochenkeil ist nicht mehr zu sehen (funktionell sehr gutes Ergebnis). **D** Ausheilungsbild bei 18jähriger Patientin

Die Außenknöchelkontur ist in der Tangentialaufnahme atypisch. Es findet sich eine kleine Delle lateral, der Sulcus erscheint schmal, ein Knochenvorsprung ist nicht festzustellen. Die Delle entspricht dem ehemaligen Schraubenloch. Marti [142] mußte deshalb bei 2 seiner 12 Patienten ein Rezidiv hinnehmen.

Die Methode Kelly II [112] ist technisch viel schwieriger, da der nach dorsal verschobene Keil fest in die Fibula eingefalzt werden muß, um seine Resorption zu verhindern. Andererseits soll der Keil nicht zu weit nach dorsal überstehen, da ansonsten Schuhrandprobleme wie bei der Methode Kelly I [112] auftreten können.

Um diese Probleme zu vermeiden, habe ich die Methode nach Kelly I wie folgt modifiziert:

1. Das Periost wird so wenig wie möglich vom Außenknöchel abgelöst.
2. Der Sägeschnitt wird nicht rein sagittal, sondern dachfirstartig ausgeformt. Dadurch bleibt die abgerundete Fibulahinterkante breiter erhalten, der Knochenabschnitt rastet nach Verschieben nach dorsal in der Kehle gut ein und ist deshalb auch leichter zu fixieren. Die Verschiebung nach dorsal erfolgt um 5 mm.
3. Der Knochenabschnitt bleibt proximal am Periost gestielt (Abb. 90, 91).

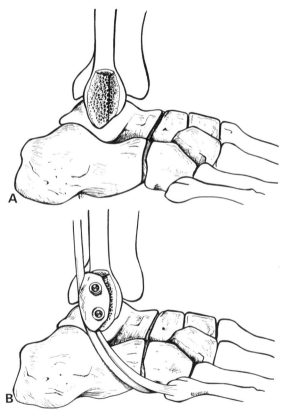

Abb. 90 A, B. Eigene Modifikation der Operation nach Kelly I [112]

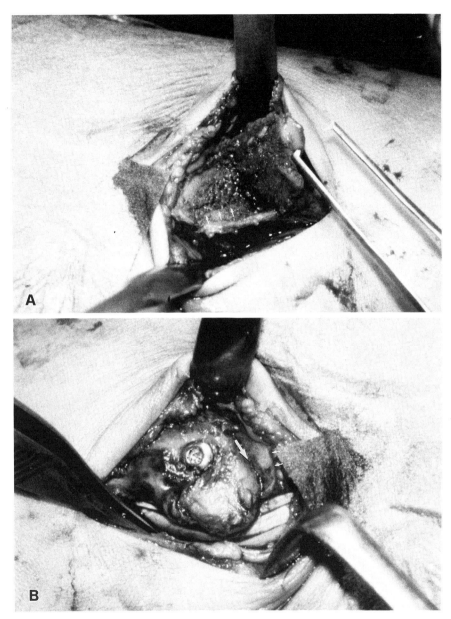

Abb. 91 A, B. Intraoperativer Situs der modifizierten Operation nach Kelly I. **A** Die weißen Pfeile markieren die gekehlte Rinne, der Außenknöchelabschnitt verbleibt periostal gestielt. **B** Die Knochenschuppe ist nach dorsal verschoben und verschraubt. Der Abstand zwischen den großen und den kleinen weißen Pfeilen, läßt das Ausmaß der Verschiebung erkennen (s. auch Abb. 66; diese zeigt das Kontroll-CT dieser Patientin nach Metallentfernung)

Nachuntersuchungsergebnisse von 14 Patienten wurden ohne Differenzierung der beiden Methoden von Marti [142] und Heim u. Heim [98] vorgestellt; an der I. Universitätsklinik für Unfallchirurgie in Wien wurde die Methode Kelly I [112] bzw. deren Modifikation 11mal angewandt. Unter diesen 25 Patienten trat keine Reluxation auf.

Bei unseren eigenen 11 Patienten verblieben allerdings 3mal Restbeschwerden: einmal eine Plantarflexionseinschränkung von 5°, einmal eine störendes Neurom in der Narbe sowie einmal ein persistierendes Reiben retromalleolar, das sich jedoch durch Physikotherapie beseitigen ließ. Marti [142] berichtete von 2 Patienten mit Schuhrandproblemen.

Die Methode De Vries [51] wurde von Skricka u. Rott [216], Larsen et al. [124] und Zichner [254] sowie einmal auch im eigenen Krankengut angewandt. De Vries [51] selbst empfahl, einen $0,5 \times 2$ cm großen Knochenkeil nach dorsal zu verschieben. In diesen eine gut ziehende Schraube zu plazieren, ist technisch schwierig und, wie die Ergebnisse zeigen, auch oft nicht zu verwirklichen. Unter den 52 nachuntersuchten Patienten kam es 2mal zur Reluxation, 6mal zu sog. Resubluxationen, wobei der Unterschied zwischen Luxation und Subluxation nicht definiert wurde (s. auch Rockwood [197] und Abschn. 2.1). Außerdem wurde über 12 weitere Komplikationen (3mal Schraube im Gelenk, 2mal Fibulafraktur, 2mal Bruch des Knochenkeils, je einmal Schraubenwanderung, Pseudarthrose, Flexionsverminderung sowie Sensibilitätsstörungen und Sudeck-Dystrophie) berichtet. Operationen, die nur die Fibula betreffen, sind demnach mit einer hohen Komplikationsrate behaftet und sollten deshalb nur beim Fehlen zur Rekonstruktion geeigneter Weichteilstrukturen angewendet werden.

Operationen an den Weichteilen und an der Fibula

Refixation der Sehnenscheide plus Sulcusplastik
Erstmals berichtet Whitmann [247] über diese Technik. Für chronische Fälle wird sie auch von Blencke u. Zwirner [22], Earle et al. [58] und Campbell [35] empfohlen, für akute Fälle von Borovoy u. Beresh [26]. Blencke u. Zwirner [22] eröffnen dabei die erweiterte Sehnenscheide bzw. den Luxationssack nicht, sondern versuchen, die Sehnen mitsamt der intakten verdickten Sehnenscheide vom Knöchel abzulösen, halten sie anschließend nach dorsomedial weg, vertiefen den Sulcus, legen die von der Sehnenscheide bedeckten Sehnen in den Sulcus und refixieren die Sehnenscheide sowie die Retinaculumreste transperiostal. Bei dieser Methode bleibt also das Gleitlager der Sehnen erhalten.

Earle et al. [58] empfehlen die zusätzliche Sulcusplastik nur bei fehlendem oder konvexem Sulcus.

Ein Rezidiv trat unter den 19 Patienten von Earle et al. [58], Borovay u. Beresh [26] sowie Blencke u. Zwirner [22] nur einmal bei Earle et al. [58] auf, 18 Patienten blieben rezidivfrei.

Methode nach Gould [83]
Gould [83] hat ebenfalls die Sulcusplastik mit einer Weichteiloperation kombiniert. Er eröffnete die Sehnenscheide längs, die Sehnen werden nach dorsal und medial weggehalten, der retromalleolare Sulcus vertieft und mit Knochenwachs geglättet, die Sehnen reponiert und, falls erforderlich, ein weit nach distal reichender Muskelbauch des M. peronaeus brevis zurückgekürzt. Zur Fixation der Sehnen werden dann 3 $0,5 \times 1,5$ cm lange

Schwenklappen aus dem verbliebenen Retinaculum superius, der tiefen Fascie sowie dem Periost gebildet, nach dorsal umgeschlagen und mit der Sehnenscheide vernäht. Gould [83] behandelte nach dieser Methode lediglich einen Patienten mit rezidivierender Luxation und erreichte ein gutes Ergebnis, ansonsten sind dazu keine weiteren Angaben zu finden.

Knochenperiostlappen
Bei dieser Methode wird, ähnlich der Periostlappenplastik, ein an der Fibulahinterkante gestielter Periostlappen gebildet. Dieser wird jedoch nicht allein vom Periost des Außenknöchels gebildet sondern mit einer anhaftenden Knochenschuppe mit dem Meißel oder der oscillierenden Säge gewonnen. So soll ein in der Substanz kräftigeres Retinaculum entstehen.

Als erste stellten Kramer [115] (Abb. 92), Kraske [116] und König [114] diese Methode bereits im vorigen Jahrhundert vor. Auch Houtte (zit. nach [111a]) (Abb. 93), Mauclaire [144] (Abb. 94), Böhler [23], Decoulx u. Ducloux [48] und Watson-Jones [242] empfehlen diese Methode, wenn das Periost von guter Struktur und ein Sulcus ausgebildet ist. Bei flachem Sulcus kombiniert Watson-Jones [242] diese Methode mit einer Sulcusplastik. Haberer [91] (Abb. 95) bildete das Retinaculum aus einem nach cranial geschlagenen osteoperiostalen Lappen vom Calcaneus.

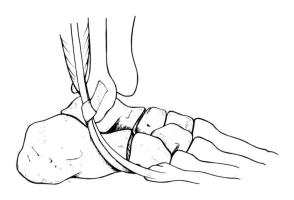

Abb. 92. Operation nach Kramer [115]

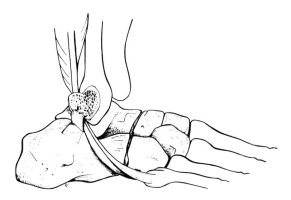

Abb. 93. Operation nach Houtte (zit. nach Kelikian [111a])

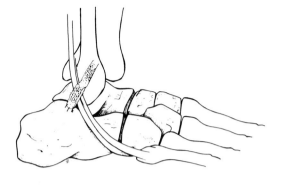

Abb. 94. Operation nach Mauclaire [144]

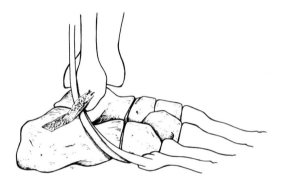

Abb. 95. Operation nach Haberer [91]

Nachuntersuchungsergebnisse mit ausschließlich guten Resultaten existieren für chronische Fälle nur in Form von Fallberichten von Kramer [115], Kraske [116], König [114] und Mauclaire [144].

Weichteillappen transossär gezogen und fixiert (nur für chronische Fälle)
1972 stellten Viernstein u. Rosemeyer [238] (Abb. 96) eine interessante Variante der transossären Reinsertion eines erweiterten Sehnengleitsacks bei chronischer Peronaeussehnenluxation vor. Sie lösen den erweiterten Sack der Luxationstasche von der Außenknöchelfläche ab und bilden einen 2 cm breiten, (zit. nach [13]) dorsal gestielten Weichteillappen. Im Außenknöchel wird dann mit der oscillierenden Säge oder dem Meißel ein Schlitz gebildet. Von diesem Schlitz aus werden 2 Bohrlöcher nach ventral gebohrt. Der mit Fäden an seinem freien Ende angeschlungene gestielte Weichteillappen wird jetzt mit Hilfe der Fäden durch die Bohrlöcher nach ventral gezogen. Durch das Verknüpfen der Fäden wird der Weichteillappen gut im Schlitz fixiert und verankert.

Dieses Verfahren ist technisch schwierig und wurde 1981 von Beck [13] vereinfacht (Abb. 97). Er bildet genau wie Viernstein u. Rosemeyer [238] einen dorsal gestielten Weichteillappen aus der lateralen Wand der Luxationstasche. Anschließend sägt er jedoch vom Außenknöchel in sagittaler Richtung eine Scheibe ab, führt den Weichteillappen zwischen der abgesägten Scheibe und dem Außenknöchel durch und refixiert die Scheibe wieder mit einer Schraube. So vermeidet er das Steckenbleiben des gebildeten Retinaculums beim Hindurchziehen durch den Schlitz, kann die Spannung des gebildetens Retinaculums gut regulieren und bildet eine sichere Verankerung für das Ersatzge-

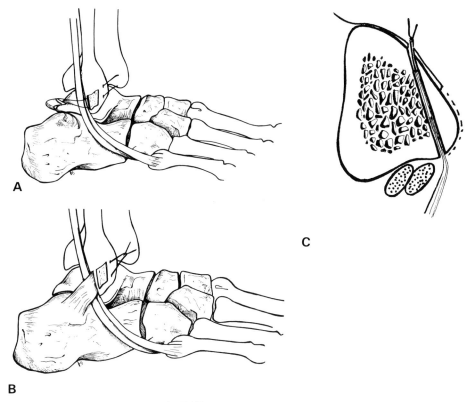

Abb. 96 A–C. Operation nach Viernstein [238]

webe im Außenknöchel. Unter den 11 Patienten, die von Beck [13], Lauber u. Müller [125] und Orthner et al. [173] nach dieser Methode behandelt wurden, kam es zu keinem Rezidiv, die Ergebnisse wurden durchweg als sehr gut eingestuft. 3 seiner 9 Patienten behandelte Beck [13] früh-funktionell. Bei 6 Patienten wurde eine Gipsfixation angewandt. Der Vorteil der funktionellen Nachbehandlung ist evident und wurde in den letzten Jahren, außer von Beck [13] und Lauber u. Müller [125], nur von Marti [142] empfohlen.

Die Abb. 98 zeigt das Ausheilungsbild eines nach der Technik von Beck [13] behandelten Patienten. Der Spalt, durch den das Ersatzgewebe gezogen wurde, ist noch gut zu erkennen; beachtenswert ist die ideale Form der retromalleolaren Gleitrinne. Das funktionelle Ergebnis war bei diesem Patienten ausgezeichnet.

Veränderung der Außenknöchelkontur
1956 stellte Muralt [161] für chronische Fälle eine Methode vor, bei der nach sagittaler Osteotomie des Außenknöchels die Außenknöchelwand nach lateral abgehoben und der Spalt mit Spongiosa aufgefüllt wird. Die Osteotomie erfolgt von dorsal, knapp medial der lateralen Hinterkante. Anschließend wird das Retinaculum transossär reinseriert. Durch diese Methode wird die Knöchelrückfläche verbreitert und damit die Luxation verhindert (Abb. 99).

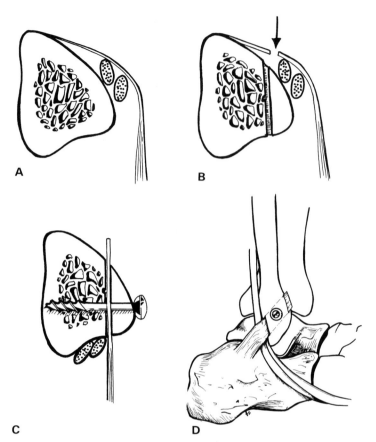

Abb. 97 A–D. Operation nach Beck [13]

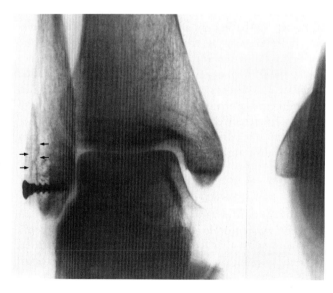

Abb. 98. Ausheilungsbild nach Beck-Operation. Man sieht noch deutlich die Osteotomieebene. Die beiden Corticalices sind durch die interponierten Weichteile relativ weit voneinander entfernt (s. Abschn. „Operationstechnik"). In der Tangentialaufnahme unauffällige Knöchelform

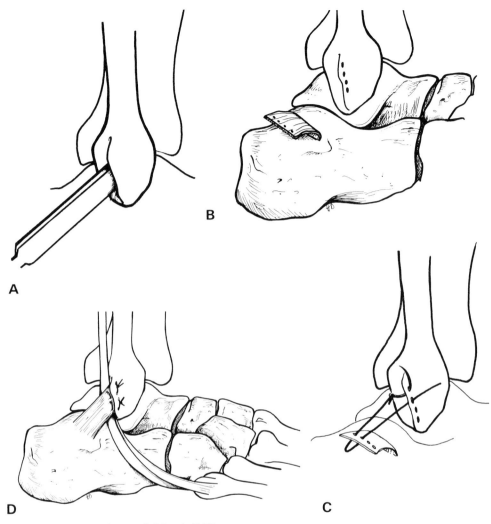

Abb. 99 A – D. Operation nach Muralt [161]

1976 inaugurierte O'Donoughue [167] für chronische Fälle ein schließlich 1979 von Zöllner u. Clancy [255] ausführlich vorgestelltes Verfahren, welches dem von Muralt [161] ähnlich ist. Ebenso wie bei diesem wird der Außenknöchel in sagittaler Richtung medial der lateralen Kante eingesägt, dann wird jedoch die medial gestielte Knöchelrückwand abgehoben, die darunterliegende Spongiosa ausgelöffelt und die nun tiefer zu liegen kommende Rückwand refixiert. Anschließend wird das Retinaculum transossär refixiert (Abb. 100).

Es handelt sich hier um eine Sulcusplastik in Verbindung mit transossärer Refixation des Retinaculums, wobei jedoch ein Kontakt der Sehne mit freiliegender Spongiosa vermieden wird. Zöllner u. Chancy [255] sowie Arrowsmith et al. [9] berichten über 11 Patienten mit ausschließlich sehr guten Ergebnissen.

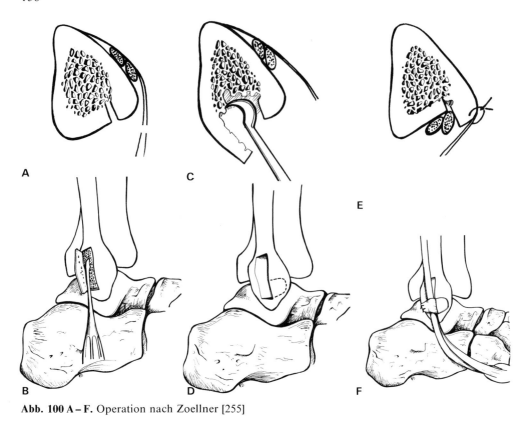

Abb. 100 A–F. Operation nach Zoellner [255]

Operation an primär nicht die Peronaeussehnen stabilisierenden Strukturen (ausschließlich chronischen Fällen vorbehalten)

Die Fascia cruris als Ersatz oder Verstärkung für das Retinaculum wird erstmals mit Erfolg von Marshall [140] verwendet, sonst lediglich von Anderson [7] und Nicolas [165] empfohlen, ohne daß diese über Ergebnisse berichten. Bonnin [25] empfiehlt die Fascia cruris, nur wenn sie von guter Struktur ist, in den anderen Fällen verwendet er die Fascia lata.

Die Fascia lata wurde bereits 1937 von Kirschner (zit. nach [164]) und später auch von Ruerr (zit. nach [164]) (Abb. 101 B) verwendet, wobei ein gedoppeltes Fascia-lata-Blatt an Calcaneus und Außenknöchel fixiert wird. Lange u. Hipp [121] (Abb. 101 C) modifizieren diese Methode insofern, als sie den Fascienstreifen fächerförmig legen und damit den Ursprung an der Fibula verbreitern. 1968 verstärken Decoulx u. Ducloux [48] einen Knochen-Periost-Lappen mit einem Hautstreifen, Huber u. Imhoff [104] ziehen einen in Cialith eingelegten Hautstreifen von der Fibulaspitze zum Calcaneus. Im Gegensatz zu Kirschner und Lange u. Hipp [121], die den Fascienstreifen zum Knöchel hinnähen, halten sich Huber u. Imhoff [104] an die von Jäger u. Wirth [107] angegebene Operationstechnik. Diese ziehen einen Streifen lyophilisierte Dura transossär durch einen von proximal dorsal nach distal ventral gelegten 2,5–3 mm starken Bohrkanal knapp proximal der Außenknöchelspitze.

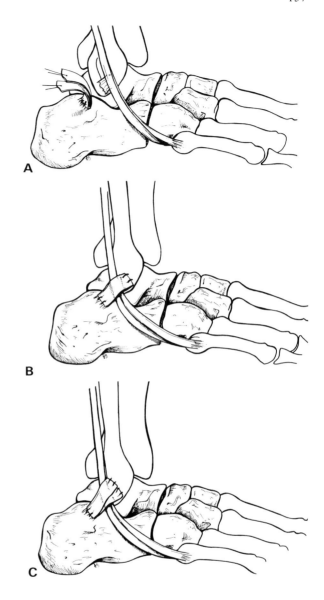

Abb. 101. A Ersatz des Retinaculum superius durch die Fascia lata, **B** Methode Kirschner-Ruerr, **C** Methode nach Lange [121]

Eher als kurios ist die 1942 von Tashiro [229] angegebene Methode anzusehen. Er zieht eine Schlinge aus nicht-resorbierbarem Nahtmaterial vom Außenknöchel zum Fersenbein und versucht dadurch, die Peronaeussehnenluxation zu verhindern (Abb. 102). Stover u. Bryan [226] berichten über die Möglichkeit, die Plantarissehne als Sicherung zu verwenden, gibt jedoch nicht an, ob er die Sehne gestielt oder frei verwendet hat.

Miller [151] verwendet zur Sicherung der Peronaeussehnen die distal gestielte Plantarissehne, die bei 93,3% der Patienten vorhanden sein soll. Seine Technik ist jedoch aufwendig, sie muß in Bauchlage ausgeführt werden und verlangt 3 Hautschnitte. Der erste Schnitt verläuft dorsomedial etwas distal der Wadenmitte. Hier wird die Plantarissehne

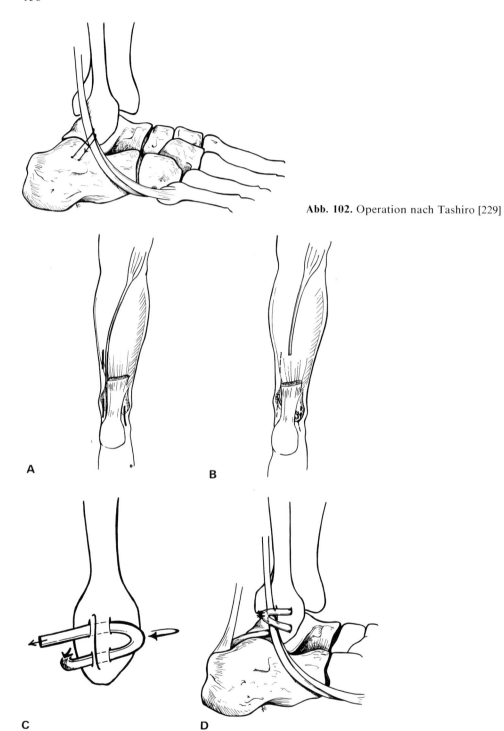

Abb. 102. Operation nach Tashiro [229]

Abb. 103 A–D. Operation nach Miller [151]

aufgesucht. Die 2. Incision erfolgt medial der Achillessehne, wo ebenfalls die Plantarissehne aufgesucht werden muß. Erst die 3. Incision erfolgt am Außenknöchel, die distal gestielte Sehne wird nun ventral der Achillessehne nach lateral gezogen, wobei auch noch auf den N. suralis geachtet werden muß. Anschließend werden 2 Bohrkanäle durch die Außenfläche des Außenknöchels in sagittaler Richtung angelegt, die Plantarissehne durch beide Kanäle gezogen und mit sich selbst vernäht. Durch die Länge der Plantarissehne und die Möglichkeit der Verschiebung zwischen Achillessehne und oberem Sprunggelenk ist die Gefahr der Bewegungseinschränkung allerdings geringer (Abb. 103).

Die Möglichkeit der Sicherung der Peronaeussehne durch eine andere Sehne stammt ursprünglich von Lexer [131], der ebenso wie Eden [60] über die Möglichkeit der Verwendung der frei transplantierten Palmaris-longus-Sehne berichtete. Lexer [131] beginnt mit einer Vertiefung des retromalleolaren Sulcus (Sulcusplastik) und legt anschließend ein Bohrloch „nicht weit von seinem Hinterrand" durch den Außenknöchel. Durch dieses Bohrloch wird die Palmarissehne so durchgezogen, daß sie die Peronaealsehnen schleifenförmig umfaßt und festhält. Nachdem die Enden der Sehnenschleife geknüpft sind, wird das eine Ende an der Außenseite des Knöchels, das andere längere noch hinter den Sehnen am Periost festgenäht. Der Nachteil dieser Methode liegt darin, daß ein zusätzlicher Eingriff am Unterarm notwendig ist und die Operation an das Vorhandensein einer Palmaris-longus-Sehne gebunden ist.

Becker [15] versucht 1986 den Nachteil der Transplantatgewinnung dadurch zu umgehen, daß er anstatt der Palmarissehne einen Zügel aus lyophylisiertem bovinen Epigard-Periguard® bildet. Nach seinen Angaben hat er die von Jäger u. Wirth [107] empfohlene lyophilisierte Dura als Ersatzmaterial verlassen, weil dieses Material zu mürbe ist und sich auch mit Schrauben nicht fixieren läßt. Bei seiner Methode wird ein Zügel aus Periguard um die Peronaeussehnen gelegt und beide Enden des Zügels mit Navicularesschrauben fixiert. Reste des Retinaculums werden an den Periguardzügel fixiert (Abb. 104).

Eine ähnliche Methode in Verbindung mit einer Sulcusplastik stellten bereits Estor u. Aimes [68] vor, die die Peronaeussehnen durch einen Zügel aus Silberdraht fixierten und vereinzelt mit einer Periostplastik kombinierten (Abb. 105).

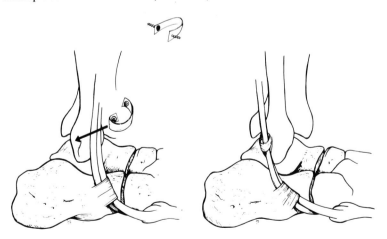

Abb. 104. Operation nach Becker [16]

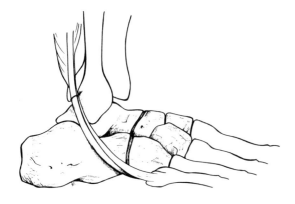

Abb. 105. Operation nach Estor [68]

Während von den bisherigen Methoden nur Fallberichte, teilweise ohne Angaben der Ergebnisse, zu finden sind, existieren für die Methode nach Jones [111] (Abb. 106) Nachuntersuchungsergebnisse von 24 Patienten. Die Peronaeussehnenscheide wird bei dieser Technik überhaupt nicht eröffnet. Jones [111] verwendet als Zügel einen am Fersenbein gestielten Streifen der Achillessehne, den er medial der Peronaeussehne durch einen Bohrkanal im Außenknöchel zieht und sowohl mit sich selbst vernäht, als auch im Periost fixiert. Die Nähte knüpft er in Dorsalextension und maximaler Supination (Abb. 106).

Rocher [196] modifizierte die Methode nach Jones [111] insofern, als er den Achillessehnenzügel lateral der Peronaeussehnen zieht (Abb. 107).

Rocher [197], Jones [111] Escalas et al. [67], Das De u. Balasubramaniam [46] und Arrowsmith et al. [9] konnten 20mal ein sehr gutes Ergebnis erreichen, bei 4 Patienten war der Bewegungsumfang des oberen Sprunggelenks für die Dorsalextension und im unteren Sprunggelenk für die Supination eingeschränkt, eine Patientin hatte subjektiv ein Instabilitätsgefühl (sie war nicht mehr sportfähig). Reluxationen wurden nicht festgestellt.

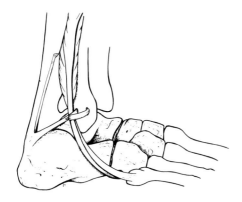
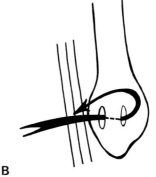

Abb. 106 A, B. Operation nach Jones [111]

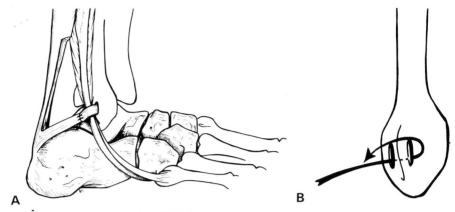

Abb. 107 A, B. Operation nach Rocher II [196]

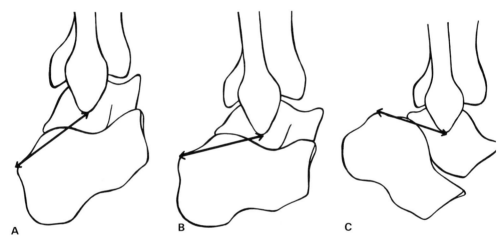

Abb. 108 A–C. Änderung des Abstands Fersenbein-Außenknöchel bei Dorsalextension-Plantarflexion

Für die Methode Jones [111] konnten Nakano et al. [164] zeigen, daß sich der Abstand von Achillessehnenursprung zur Fibula zwischen maximaler Dorsalextension und maximaler Plantarflexion um 6 mm ändert (Abb. 108). Die Gefahr der Bewegungseinschränkung bei nicht isometrischer Lage des Ersatzgewebes bestätigen Escalas et al. [67]. Bei 4 ihrer Patienten verblieb eine Bewegungseinschränkung im oberen Sprunggelenk, obwohl die Fäden in Dorsalextension geknüpft worden waren (wie er ausdrücklich betont!).

Alle bisher zitierten Methoden bergen also Gefahren in sich: Es drohen Bewegungseinschränkung, Probleme bei der Transplantatgewinnung, Probleme durch das Einbringen von Fremdmaterial oder die Metallentfernung nach erfolgreicher Therapie.

Schon 1934 versuchte Lohe [135] dieses Problem mit Hilfe der Fixation der Longussehne durch Umleiten der Brevissehne zu lösen. Er fixierte diese dabei medialseitig am Calcaneus. Zu diesem Zweck wurde die Sehne des M. peronaeus longus percutan am

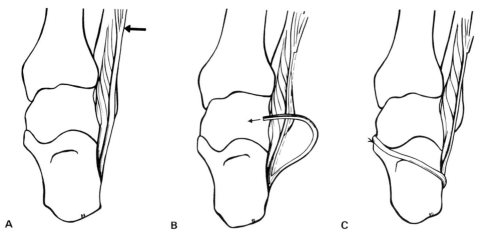

Abb. 109 A–C. Operation nach Lohe [135]

äußeren Fußrand abgeschnitten, aus der Sehnenscheide herausgezogen und um die Sehne des M. peronaeus brevis herum, zwischen Achillessehne und Talocruralgelenk auf die Innenseite des Fersenbeins gezogen. Dort wurde die Sehne z. T. subperiostal vernäht, z. T. an die medialen Fasern der Achillessehne fixiert. Die Verankerung erfolgt in starker Spitzfußstellung (Abb. 109), anschließend 4 Wochen Gips in maximaler Spitzfußstellung. Schon die Problematik der Verankerung und der Nachbehandlung zeigt die Grenzen dieser Methoden auf. So hat bereits 1939 Hohmann (zit. nach [180]) Bedenken gegen diese Technik vorgebracht. Ein Vorteil dieser Technik liegt jedoch darin, daß damit gleichzeitig ein Pes planuvalgus behandelt werden kann, ein Krankheitsbild, das durch die insuffiziente Peronaealmuskulatur verschlechtert werden kann. Lohe [135] selbst gibt zu bedenken, daß für seine Opertionstechnik die Peronaeus-brevis-Sehne eher geeignet wäre, was auch Arrowsmith et al. [9] erwähnen. Da es sich bei seinem Patienten jedoch um eine isolierte Luxation der Sehne des M. peronaeus longus handelte, hat er sich ihrer Transposition entschlossen.

Arrowsmith et al. [9] stellen eine eigene Operationsmethode vor, die einen abgespaltenen Anteil des M. peronaeus brevis als Ersatz verwendet (Abb. 110).

1979 stellte Gurewitz [88] eine Operationstechnik vor, mit der er ebenfalls 2 Probleme erfolgreich behandelte: die Luxation der Peronaeussehnen und eine chronische Instabilität des oberen Sprunggelenks. Er benützt dafür eine modifizierte Elmslie-Technik [66], die dieser zur Behandlung der chronischen Sprunggelenkinstabilität präsentierte. Bei der Modifikation nach Gurewitz [88] werden die Peronaeussehnen von ca. 6 cm proximal des oberen Sprunggelenks beginnend bis zum V. Mittelfußknochen (!!) dargestellt und anschließend ein distal gestielter Teil der Peronaeus-brevis-Sehne abgespalten. Dieser Sehnenzügel wird durch Bohrlöcher in Talus und Außenknöchel an die Hinterwand der Fibula geführt. Von dieser biegt dann der Sehnenzügel zum Calcaneus um, wird durch diesen durchgezogen und schließlich in maximaler Eversionsstellung des Vorfußes fixiert. Postoperativ erfolgt eine 8wöchige Gipsfixation.

Die Nachteile der Methoden von Lohe [135], Arrowsmith et al. [9] und Gurewitz [88] sind die Schwächung der Pronatoren des oberen Sprunggelenks, die Notwendigkeit der großzügigen Freilegung der Peronaeussehnen, bzw. mehrerer Incisionen zur Veranke-

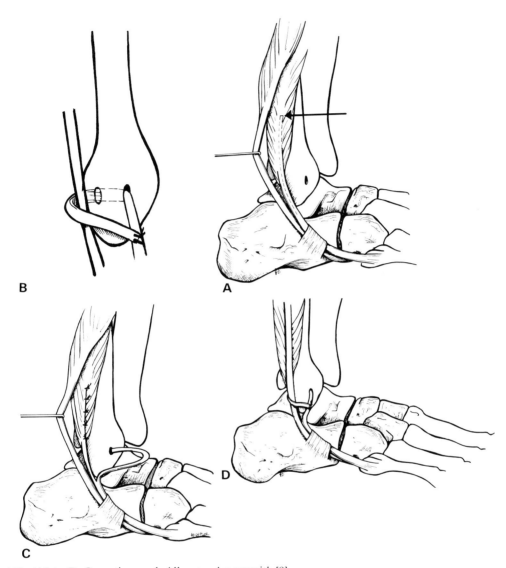

Abb. 110 A–D. Operation nach Allman – Arrowsmith [9]

rung der Sehnen, sowie sicherlich auch die sehr anspruchsvolle Operationstechnik. In speziell gelagerten Fällen, eben bei zusätzlicher Instabilität des oberen Sprunggelenks oder Pes planu-valgus, sollten die angegebenen Verfahren jedoch in Erwägung gezogen werden.

Platzgummer [180] stelle 1967 eine ganz andere Technik vor. Er verlagert die Peronaeussehnen unter das Lig. calcaneofibulare. In der Originalmethode nach Platzgummer [180] wird das Lig. calcaneofibulare durchtrennt, die Sehnen tiefer gelegt und das Band wieder genäht (Abb. 111). Leach u. Lower [127] verbinden diese Methode 1985 mit einer Sulcusplastik. 1968 osteotomiert Leitz [128] (Abb. 112) die Außenknöchelspitze, trennt also das Lig. calcaneofibulare knöchern ab, verlagert die Sehne hinter das Lig. calcaneofibulare und refixiert die abgetrennte Knöchelspitze mit Bohrdrähten. Bei dieser Technik besteht die Möglichkeit, das Außenknöchelfragment nach dorsal zu versetzen, um damit, ähnlich der Technik nach Kelly [112], eine knöcherne Barriere bei Fehlen der retromalleolaren Gleitrinne zu bilden. Pöll u. Duijfjes [181] sowie Pozo u. Jackson [182] modifizieren diese Methode nach Leitz [128], indem sie Stapler bzw. eine Schraube zur Refixation benützen.

Die Möglichkeit, das Lig. calcaneofibulare vom Fersenbein auszumeißeln und dann die Peronaeussehnen unter das Band zu verschieben, stellen Pöll u. Duijfjes [181] vor (Abb. 113). Als letzte Maßnahme haben schließlich Sarmiento u. Wolf [205] die Peronaeussehnen durchtrennt, unter dem Lig. calcaneofibulare durchgezogen und dann wieder vernäht. Von allen diesen sehr nahe verwandten Methoden existieren Nachuntersuchungsergebnisse bei 20 Patienten. In keinem Fall kam es zur Reluxation, 18mal waren die Ergebnisse sehr gut; bei 2 Patienten, die nach der Methode Sarmiento u. Wolf [205] (Tenotomie) behandelt wurden, verblieben eine geringe Schwellneigung und Belastungsschmerzen bzw. ein geringes Steifigkeitsgefühl im oberen Sprunggelenk.

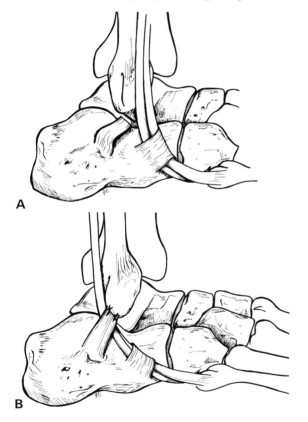

Abb. 111 A, B. Operation nach Platzgummer [180]

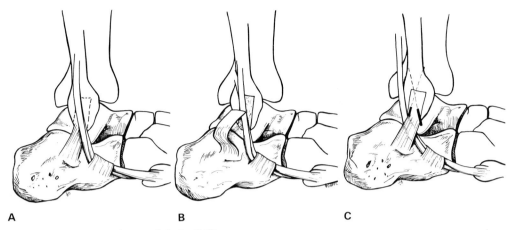

Abb. 112 A–C. Operation nach Leitz [128]

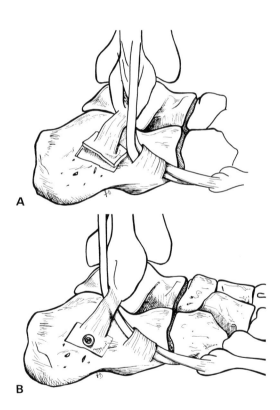

Abb. 113 A, B. Operation nach Pöll [181]

Zum Abschluß der Darstellung der Operationsmethoden soll noch auf die Methode von Mick u. Lynch [149], Kelikian [111 a] und Le Noir [129] verwiesen werden. Mick u. Lynch [149] beschrieben 1987 den extrem seltenen Fall einer rezidivierenden Peronaeussehnenluxation mit gleichzeitigem Vorhandensein eines M. peronaeus quartus, der sich am Fersenbein verankerte. Sie verwendeten diese Sehne als Sicherung für die beiden Peronaeussehnen, indem sie die Peronaeus-quartus-Sehne bogenförmig über den Außenknöchel spannten und in einer Nut verankerten (Abb. 114).

Kelikian [111 a] stellt schließlich die Möglichkeit, nur die Sehne des M. peronaeus brevis zu sichern, vor. Er verwendet dazu einen Lappen, den er aus der Gelenkkapsel des unteren Sprunggelenks gewinnt (Abb. 115).

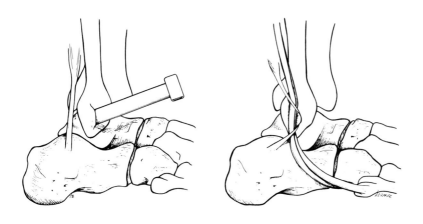

Abb. 114 A, B. Operation nach Mick [149]

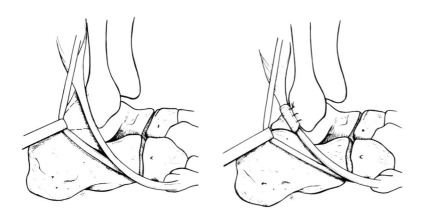

Abb. 115 A, B. Operation nach Kelikian [111 a]

Le Noir [129] schließlich wählte als bisher einziger die Möglichkeit des Belassens der Luxation. Er präparierte die verkürzte und luxierten Sehnen zusammen mit der Sehnenscheide aus und verlagerte sie nach ventral.

Ich bin der Ansicht, daß gerade die aufgezeigten Möglichkeiten und die guten Ausheilungsergebnisse nach Operation einer chronischen Luxation eine derartige Methode nicht rechtfertigen, ganz besonders deshalb, da bereits 1974 Beck u. McGlamry [14] einen ähnlich gelagerten Fall mit Fußdeformität und Verkürzung der Peronaeussehnen erfolgreich mit Hilfe der Sulcusplastik, Periostlappenplastik sowie Tenotomie plus Verlängerung der Sehnen behandelten.

10 Differentialdiagnose

Frische Verletzungen

Sowohl die Erfahrung im eigenen Krankengut, als auch die Durchsicht der Literatur zeigen, daß Peronaeussehnenluxationen sehr oft erst verspätet diagnostiziert werden. Die im Akutstadium anderen Sprunggelenkverletzungen ähnliche Symptomatik erschwert die primäre Diagnostik. Auch die Erhebung einer exakten Anamnese ist oftmals schwierig, da die Patienten den Unfallmechanismus, im Gegensatz zum Kniegelenk, meist nicht genau schildern können.

Verletzungen des Außenknöchel-Band-Apparates

Am häufigsten werden Verletzungen der Peronaeussehnen mit Bandverletzungen am oberen Sprunggelenk verwechselt [39, 175, 191, 249]. Das klinische Bild und die klinische Untersuchung lassen aber eine Differenzierung zu, wobei jedoch bedacht werden muß, daß Peronaeussehnenluxationen, wie in Kap. 8.6 dargestellt, auch mit Bandverletzungen am oberen Sprunggelenk kombiniert sein können. Gurevitz [88] betont zusätzlich, daß häufig chronische Instabilitäten des oberen Sprunggelenks mit einer Peronaeussehnenluxation verbunden sind, und berichtet über 5 derartige Fälle.

Differentialdiagnostisches Vorgehen.

Eingehende Untersuchungen zur Anatomie des Außenknöchel-Band-Apparates haben gezeigt, daß das Lig. talofibulare anterius knapp proximal der Außenknöchelspitze entspringt und in Rechtwinkelstellung des Sprunggelenks um 0–10° (durchschnittlich 6°) von der Fibula gegen den Talus ansteigt. Das Lig. calcaneofibulare entspringt medial der Außenknöchelspitze von dessen Innenseite und zieht in Rechtwinkelstellung des oberen Sprunggelenks nach distal und dorsal. Der Winkel zur Fibulalängsachse schwankt dabei zwischen 0 und 60°. Da beide Strukturen knapp unterhalb der Haut liegen, sind sie der klinischen Untersuchung gut zugänglich. Entscheidend für die Klinik ist die Bestimmung der Schmerzzone. Es hat sich dabei als verläßlich erwiesen, digital, mit entsprechender Vorsicht von dorsocranial beginnend, den Außenknöchel abzutasten. Der Finger umfährt dabei die Knöchelkontur bis zur vorderen Syndesmose. Die Patientenangaben zur Zu- oder Abnahme des Druckschmerzes sind dabei als Kriterium zu werten. Besonders für die Untersuchung des Lig. calcaneofibulare ist es wichtig, dies bei völlig entspannter Peronaealmuskulatur auszuführen, da angespannte Peronaealsehnen ein Abdrücken des Lig. calcaneofibulare verhindern können.

Isolierte Verletzungen des Lig. talofibulare anterius zeigen dabei eine auf die Außenknöchelvorderkante bis zum Talushals beschränkte Druckdolenz. Charakteristisch für eine Peronaeussehnenluxation ist jedoch eine Druckdolenz der lateralen Außenknöchelhinterkante und der Außenfläche des Außenknöchels. Bei isolierten Rupturen des Lig. talofibulare anterius fehlt auch in den meisten Fällen die retromalleolare Schwellung im Bereich der Peronaeussehnenscheide.

Schwieriger abzugrenzen ist eine Peronaeussehnenluxation von Verletzungen, die sowohl das Lig. talofibulare anterius als auch calcaneofibulare betreffen. Hier erstreckt sich die Schmerzzone weiter nach dorsal um den Außenknöchel, endet aber knapp proximal desselben. Die Druckdolenz der lateralen Außenknöchelhinterkante reicht kaum nach cranial, die Außenfläche des Knöchels ist praktisch schmerzfrei.

Zur Abklärung kann die Streßtenographie empfohlen werden, wie sie von Evans u. Frenyo [69] und Zwipp [256] zur Diagnose von Außenknöchel-Band-Rupturen vorgeschlagen wurde. Evans [70] kombiniert dabei eine Tenographie der Peronaeussehnenscheide mit einer gehaltenen Aufnahme des oberen Sprunggelenks im a.-p.- und seitlichen Strahlengang. Aufgrund der Aufklappbarkeit bzw. Subluxierbarkeit des Sprunggelenks kann er dabei auf eine Verletzung des Lig. talofibulare anterius schließen, der Austritt von Kontrastmittel aus der Sehnenscheide in das obere Sprunggelenk deutet auf eine Mitverletzung des Lig. calcaneofibulare. Bei 28 untersuchten Patienten konnte er in 27 Fällen Art und Ausmaß der Bandverletzung bestimmen. Instilliert man zusätzlich noch gefilterte Luft und fertigt Übersichtsbilder des oberen Sprunggelenks in a.-p.- und seitlichem Strahlengang sowie bei 20°-Innenrotation an (s. Abschn. „Diagnostik der Peronaeussehnenluxation", S. 99), läßt sich mit dieser einzigen Untersuchung das ganze Ausmaß der Verletzung erfassen, da dabei auch der Austritt des Kontrastmittels um den Außenknöchel als Zeichen der Peronaeussehnenluxation zur Darstellung kommt. Therapeutisch kommt nur die operative Revision und Rekonstruktion des Außenknöchel-Band-Apparates sowie der Peronaeussehnenscheide in Frage. Postoperativ sollte aufgrund der Mitverletzung der Peronaeussehnenscheide eine mehrwöchige Ruhigstellung im Unterschenkelgips erfolgen.

Epiphysenlösung
Differentialdiagnostische Probleme können lediglich gegenüber der Epiphysenlösung vom Typ Salter I auftreten. Neben der klinischen Symptomatik ist die Verletzung lediglich anhand des verbreiterten Weichteilschattens im Übersichtsröntgenbild des oberen Sprunggelenks zu erkennen. Epiphysenlösungen von Typ Salter II–IV dürften aufgrund des eindeutigen Röntgenbefunds keinerlei Probleme bringen. Zur differentialdiagnostischen Abklärung sollte eine Tenographie der Peronaeussehnenscheide durchgeführt werden.

Peronaeussehnenruptur
Ruptur der Peronaeussehnen sind seltene Ereignisse. Lipscomb u. Kelly [134] sowie Müller [158] erwähnen diese Verletzung in ihren Übersichtsarbeiten über Muskel- und Sehnenverletzungen der unteren Extremitäten überhaupt nicht. Anzel et al. [8] analysierten 1959 das Krankengut der Mayo-Klinik der Jahre 1945–1954 und fanden unter 1014 Muskel- und Sehnenrissen nur 2 Rupturen der Peronaeus-longus-Sehne. Daneben finden sich noch entsprechende Mitteilungen bei Burman [32], Evans [70], Abraham u. Stirnaman [3], Davies [47] und Cross et al. [45]. Evans [70] berichtete 1966 über eine isolierte Ruptur der Sehne des M. peronaeus longus zwischen Außenknöchel und Os cuboideum, Davies [47] über einen Abriß der Sehne des M. peronaeus longus vom Muskelbauch oberhalb des Außenknöchels mit darauffolgendem Compartmentsyndrom.

Abraham u. Stirnaman [3] stellen den Fall einer 48jährigen Diabetikerin mit seit 4 Jahren bestehenden rezidivierenden Supinationstraumen und chronischer Sprunggelenkinstabilität vor. Ursache war eine Ruptur beider Peronaeussehnen proximal des Retinaculum superius bei intaktem Außenknöchel-Band-Apparat. Die Diagnose wurde erst intraoperativ gestellt, obwohl im bereits 2 Jahre zuvor angefertigten Tenogramm die Ruptur zu erkennen war. Dieser Fall bestätigt, daß die Insuffizienz der Peronaeussehnen eine funktionelle Instabilität des oberen Sprunggelenks trotz intakten Bandapparats verursachen kann, und zeigt die Bedeutung des intakten aktiven Halteapparates des oberen Sprunggelenks für dessen funktionelle Stabilität.

Cross et al. [45] berichten 1988 über den Fall einer Aplasie des M. peronaeus longus mit Ruptur der Sehne des M. peronaeus brevis bei einer 23jährigen Ballettänzerin. Hier kam es bei einer seit 12 Monaten bestehenden chronischen Tenosynovitis, die mit Corticoiden behandelt wurde, letztendlich zur Ruptur der Sehne des M. peronaeus longus.

Bezüglich der Differentialdiagnose s. unten. Therapeutisch kommt nur die Sehnennaht in Frage, wobei bei isolierten Rupturen einer Peronaeussehne eine Naht an die intakte Sehne möglich ist.

Fraktur eines Os peronaeum
Eine der Ruptur der Peronaeussehnen ähnliche Verletzung ist die Fraktur eines Os peraoneum. Dieses Sesambein ist in die Sehne des M. peronaeus longus eingelagert und liegt bevorzugt in Höhe des Os cuboideum. Die Angaben über die Häufigkeit des Auftretens eines Os peronaeum schwanken zwischen 14 und 26% [33, 84]; 24% der Os peronaei bestehen aus mehreren Knochenkernen [29, 33]. Berichte über Frakturen eines Os peronaeum stammen von Stropeni [227], Haguier [94], Ginieys [81], Hadley [93], Brav u. Chewning [29], Grisolia [86], Mains u. Sullivan [137], Peacock et al. [178] und Tehranzadeh [230].

Lediglich Peacock et al. [178], Mains u. Sullivan [137] und Tehranzadeh [230] berichten über dislozierte Frakturen eines Os peronaeum; diese entsprechen funktionell Sehnenrupturen.

Klinisch besteht eine Schwellung und Druckdolenz zwischen der Außenknöchelspitze und der Basis des V. Mittelfußknochens. Die aktive Eversion des Vorfußes ist stark schmerzhaft eingeschränkt. Die Diagnose läßt sich radiologisch stellen und zeigt bei dislozierten Frakturen 2 Knochenschatten im Verlauf der Sehne des M. peronaeus longus in Höhe des Calcaneus und des os cuboideum.

Differentialdiagnostisch kommt ein knöcherner Abriß von der Basis des V. Mittelfußknochens (knöcherner Abriß der Peronaeus-brevis-Sehne), eine Tendinitis calcarea sowie die Traumatisierung eines bereits vor dem Unfall mehrgeteilten os peronaeum in Frage. Zur Abklärung empfiehlt sich die Streßtenographie, die Ultraschalluntersuchung und ein Kontrollröntgenbild der Gegenseite. Therapeutisch kommt bei dislozierten Fragmenten nur eine Operation in Frage.

Peacock et al. [178] behandelten ihren Fall, indem sie die Knochenfragmente beließen und die Sehnenstümpfe erfolgreich mit Hilfe transossärer, durch beide Teile des Os peronaeum geführten Nähten adaptierten. Postoperativ erfolgte eine Ruhigstellung für 6 Wochen im Unterschenkelgips.

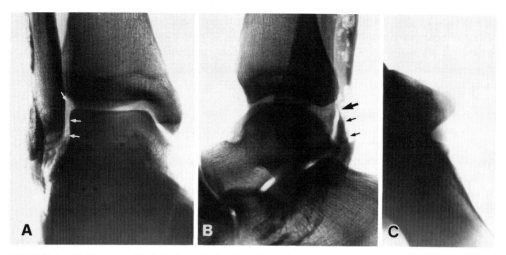

Abb. 116 A–C. Tenographie bei einer Patientin mit Impingement des hypertrophen Muskelbauchs des M. peronaeus brevis. **A** Kontrastmittelaustritt in das obere Sprunggelenk als Zeichen der chronischen Sprunggelenkinstabilität (*weiße Pfeile*). **B** Kontrastmittelstop (*schwarzer Pfeil*) als Zeichen der Stenose. **C** Flacher Sulcus

Chronisches Zustandsbild

Impingement eines hypertrophen Muskelanteils
Ein bisher in der Literatur nicht beschriebenes Krankheitsbild stellt der Fall einer 30jährigen Handballspielerin dar. Bei dieser Patientin entwickelte sich beim Training eine Druckdolenz an der Hinterkante des Außenknöchelfläche, die sich bei Dorsalextension und Eversion des Vorfußes deutlich verstärkte. Die Peronaeussehnen waren deutlich in Höhe Außenknöchelhinterkante zu tasten, eine eigentliche Luxation der Sehnen ließ sich jedoch nicht nachweisen. Die Tenographie zeigte einen Kontrastmittelaustritt in das obere Sprunggelenk als Zeichen einer chronischen Sprunggelenkinstabilität sowie einen zungenförmigen Kontrastmittelstopp in Höhe der Außenknöchelspitze (Abb. 116).
Bei der operativen Revision fand sich ein bis zur Außenknöchelspitze reichender Muskelbauch des M. peronaeus brevis. Der Muskel selbst war von kräftiger Struktur und die Dorsalextension führte zur Einklemmung des Muskelbauches unter das Retinaculum superius. Das Retinaculum selbst war intakt, der Außenknöchelbandapparat hingegen elongiert, narbig verändert und insuffizient. Durch transossäre Reinsertion der Außenknöchelbänder in korrekter Länge und Periostverstärkung, sowie Resektion des distalsten Anteils des Muskelbauches des Peronaeus brevis wurde die Patientin beschwerdefrei.
  Es handelt sich also um den Fall einer chronischen Sprunggelenkinstabilität mit konsekutiver Hypertrophie der Peronealmuskulatur bei weit nach distal reichendem Muskelbauch. Bei dieser Leistungssportlerin führte dies schließlich zu einem Impingement des Muskelbauchs in Höhe des Retinaculums superius. Daß dieselbe Symptomatik auch durch einen M. peronaeus accessorius verursacht werden kann, beschreiben White et al. [246]. Sie berichten über eine 40jährige Frau mit chronischen retromalleolaren Schmer-

zen. Bei der operativen Revision fand sich ein vom M. peronaeus brevis entspringender M. peronaeus accessorius, der durch das osteofibröse Rohr nach distal zog und an der Sehne des M. peronaeus longus ansetzte. Durch Excision des Muskels wurde die Patientin beschwerdefrei.

Tendosynovitis – Tendovaginitis
Über entzündliche Veränderungen der Peronaeussehnen bzw. Peronaeussehnenscheide existieren mehrere Mitteilungen. Die entzündlichen Veränderungen können dabei in der gesamten Länge der Sehnenscheide auftreten, d. h. hinter dem Außenknöchel, in Höhe des Retinaculum inferius, des lateralen Fußrandes in Höhe des Os cuboideum und im Verlauf des Fußgewölbes bis zur Basis des I. Mittelfußknochens. Die Ausdehnung der Sehnenscheide von proximal des Außenknöchels bis distal des Retinaculum inferirus erklärt dabei auch die differentialdiagnostische Schwierigkeit zur frischen Peronaeussehnenluxation. Beide Krankheitsbilder gehen mit Schmerzen bei der Eversion sowie Schwellneigung im Verlauf der Sehnenscheide einher. Zeichen der Entzündung wie Überwärmung oder Rötung können fehlen und sind in der Literatur auch kaum beschrieben. Das wichtigste Kriterium ist das Fehlen eines entsprechenden Traumas, wobei der Patient jedoch dazu neigt, die Beschwerden auf ein eher banales Ereignis zurückzuführen. Als Ursache für das Auftreten einer Tendovaginitis werden angegeben: Verstauchungen des Sprunggelenks mit oder ohne Außenknöchelverletzung, ein Bruch des Processus trochlearis calcanei, eine Überlastung der Peronaealsehnen, ein direktes Trauma, die Fraktur eines Os peronaeum, der Zustand nach Frakturen des Fersenbeins sowie die Tenosynovitis als frühes Anzeichen einer rheumatoiden Arthritis (zit. nach [31]).

Im folgenden soll das Krankheitsbild entsprechend seiner Lokalisation anhand von Literaturbeispielen dargestellt werden. Die Lokalisation retromalleolar in Höhe des Sulcus ist relativ selten – es finden sich 1 Fall bei Vecsei u. Perneczky [237], 2 bei Trevino et al. [235] und 3 bei Schweitzer [213]. Die Symptome entsprachen den oben angeführten. Zur Therapie stellen Trevino et al. [235] ein differenziertes Konzept vor, das darauf abzielt, alle gefundenen Veränderungen an Sehne und Sehnenscheide zu beheben. Sie gehen dabei in 6 Schritten vor:

Nach Resektion der hypertrophen Sehnenscheide (1) behandelten sie die veränderte Sehne. Üblicherweise ist die Sehne in Höhe der Stenose verdünnt, distal davon jedoch verdickt. Der Glanz fehlt, sie erscheint gelblich und matt. Besteht lediglich eine poststenotische Verdickung, empfehlen sie die Excision eines länglichen Keils der Sehne, so daß diese wieder auf ihren ursprünglichen Durchmesser reduziert wird.

Ist die Sehne teilweise eingerissen und verdickt, werden die freien Enden getrimmt und die Sehne ebenfalls durch eine Keilexcision auf ihren ursprünglichen Durchmesser reduziert. Besteht eine Sehnenruptur, wird diese genäht, fehlende Länge wird evtl. durch eine Z-Plastik gewonnen (2). Eine neue Gleitrinne für die Sehne wird durch Ausmeißeln eines Sulcus gebildet (3), ein neuer Halteapparat für die Sehnen entsteht aus den Resten des Retinaculums bzw. der Sehnenscheide (4). Nach Bildung einer neuen Sehnenscheide durch Vernähen der umliegenden Fascienblätter (5) erfolgt der Wundverschluß. Die postoperative Nachbehandlung ist funktionell, 4 Wochen wird entlastet (6). Alle nach dieser Technik von Trevino et al. [235] behandelten Fälle erreichten ein gutes Ergebnis.

Diese sehr aufwendige Rekonstruktion hat ihre Berechtigung im Bereich der hohen mechanischen Beanspruchung retromalleolar, wenn das Retinaculum superius in den Prozeß miteinbezogen ist. Schweitzer [213] gibt nur an, daß bei seinen Patienten die konservative Therapie, trotz Instillation von Corticoiden, versagt hat und die Patienten operiert werden mußten. Der Fall von Vecsei u. Perneczky [237] stellt insofern eine Besonderheit dar, da seine „Peronaeussehnenkontraktur als Komplikation nach distaler Unterschenkelfraktur mit Sprunggelenksbeteiligung" aufgetreten war. Er behandelte seinen Fall durch Excision der Narbenstränge, Resektion der Außenknöchelspitze sowie einer Sulcusplastik. So konnte er ein Bewegungsausmaß von 15-0-30 erreichen.

Unterhalb des Außenknöchels können jedoch weniger aufwendige Verfahren zur Anwendung kommen. Parvin u. Ford [176] behandelten ihre Fälle mit der Excision eines 3 mm breiten Streifens der hypertrophen Sehnenscheide, die sie anschließend offen ließen; sie vernähten lediglich die Fascie. Da die Verdickung nur distal der Außenknöchelspitze bestand, behandelten sie funktionell nach. 1968 berichtet Webster [244] über eine Tenosynovitis der Peronaeussehne mit Pseudotumorbildung der Sehne. Bei diesem Patienten entwickelte sich innerhalb von einigen Monaten eine zunehmende Schwellung unterhalb und dorsal des Außenknöchels. Die Schwellung war druckempfindlich und die Inversion sowie die Eversion des Vorfußes schmerzhaft. Fußdeformitäten, Crepitation oder Entzündungszeichen fanden sich nicht. Bei der operativen Revision war die Peronaeus-longus-Sehne unauffällig, die Peronaeus-brevis-Sehne auf etwa 1,5 cm spindelförmig verdickt, ausgefranst und teilweise eingerissen. Die Verdickung war palpatorisch von faserknorpeliger Konsistenz. Der Tumor konnte bei einem Patienten ausgeschält werden, einmal mußte er in toto resiziert werden. In diesem Fall wurden die beiden freien Sehnenenden an die Sehne des M. peronaeus longus angenäht. Postoperativ erfolgte eine 4wöchige Gipsruhigstellung, histologisch fand sich lediglich fibröses und faserknorpeliges, teilweise in Resorption befindliches Gewebe. Hackenbroch [92], Woltereck [251], Jagerink [108], Liavaag [132] und Burman [31] berichten ebenfalls über entzündliche Stenosen der Peronaeussehnenscheide distal des Außenknöchels. Die größte Zusammenstellung findet sich dabei bei Burman [31], der über 10 Fälle berichtet. Bei diesen handelt es sich um Stenosen in Höhe des Processus trochlearis calcanei, dem er auch große Bedeutung für das Auftreten einer Tenosynovitis beimißt. Er erklärt die Häufung von stenosierenden Tenosynovitiden in Höhe des Processus trochlearis calcanei damit, daß bei Inversionstraumen an dieser Stelle die höchste Zugbelastung der Sehnen auftritt, weshalb der Ausformung und insbesondere einer Hypertrophie des Processus trochlearis calcanaei große Bedeutung zukommt, da es in diesem Fall zur lokalen Überlastung, Entzündung und Stenose kommen soll.

Eine andere Erklärung, die Burman [31] für die Häufung der Beschwerden in Höhe des Processus trochlearis calcanei angibt, ist seiner Meinung nach eine Folge der Mehrbelastung der Peronaeussehnen beim spastischen Plattfuß. Der dabei erhöhte Dauerzug an den Sehnen führt zu einer Hypertrophie des Processus trochlearis calcanei mit Überlastung, Entzündung und Stenose. Über die letzte mögliche Lokalisation einer Tenosynovitis im Bereich der Peronaeussehnen – in der Fußsohle bis zur Basis des I. Mittelfußknochens – berichtet Aberle-Horstenegg [2]. Er fand diese bei einem 10jährigen Mädchen, bei dem es nach wiederkehrender Belastung der Peronaeussehnen zu dieser Entzündung gekommen war.

Bemerkenswert ist, daß kein Autor in seinen Berichten über die Tenosynovitis der Peronaeussehnen eine Crepitation erwähnt, die bei der Tendovaginitis crepitans am Handgelenk geläufig ist [251].

Peritendinitis calcarea
Ähnlich wie am Schultergelenk läßt sich auch im Verlauf der Peronaeussehnen eine mit akuten Entzündungserscheinungen einhergehende „Kalkablagerung" finden. Als erster hat Miller [150] darauf hingewiesen und betont, daß er als Ursache eine Überlastung nach langem Stehen auf einer Leiter vermutet. Bei den 3 von Roggatz u. Urban [199] berichteten Fällen soll ebenfalls eine lang andauernde mechanische Überlastung der Peronaeussehnen zur akuten Entzündung in Höhe des Umlenkpunktes der Sehne des M. peronaeus longus in die Fußsohle geführt haben. Alle berichteten Fälle gingen mit Rötung, Schwellung und extremer Druckdolenz einher.

Die Therapie bestand bei Miller [150] in einem Versuch der Aspiration des Kalkbreis und Instillation eines Lokalanaestheticums sowie antiphlogistischen Maßnahmen. Seine Therapie war ebenso erfolgreich wie die von Roggatz u. Urban [199], die rein konservativ mit Ruhigstellung und Antiphlogistica behandelten.

Peritendinitis nach Calcaneusfraktur
Die unmittelbare Nachbarschaft des Fersenbeins und der Peronaeussehnen erlangt nach Frakturen eine große Bedeutung. Obwohl die Problematik der Behandlung von Fersenbeinfrakturen weithin bekannt ist, und bereits Heller u. Hungate [100] 1932 eine Einengung und Behinderung der Peronaeussehnen durch Callusdruck nach Fersenbeinfrakturen vorstellten, wird bei der Beurteilung der Ergebnisse nach Fersenbeinfrakturen der Funktion der Peronaeussehnen nur wenig Beachtung geschenkt. Die Ursache liegt wahrscheinlich darin, daß die Fersenbeinfraktur als intraarticuläre, das untere Sprunggelenk betreffende Fraktur eine Bewegungseinschränkung desselben sehr leicht erklären läßt. Dies ist um so eher möglich, als die Fersenbeinfraktur nach wie vor bevorzugt durch Immobilisatioon behandelt wird. Daß den Peronaeussehnen im Rahmen von Fersenbeinfrakturen mehr Beachtung geschenkt werden soll, zeigt bereits eine Mitteilung von Fitzgerald et al. [73]. Sie stellen 1975 2 Fälle vor, bei denen nach einer Calcaneusfraktur eine starke Bewegungseinschränkung verblieben war. Einem Patienten war bereits zur Triplearthrodese geraten worden. Die Tenographie der Peronaeussehnen zeigte bei beiden Patienten einen Kontrastmittelstop in Höhe des Fersenbeins, bei der Revision fanden sich die Peronaeussehnen komplett mit der lateralen Fersenbeinwand verwachsen. Durch Lösen der Verwachsungen konnte bei beiden Patienten eine deutliche Verbesserung der Funktion mit teilweiser Wiedererlangung der Sportfähigkeit erreicht werden. Eine Arthrodese war bei keinem Patienten mehr notwendig. Deyerle [52] stellte bei der Nachuntersuchung von 50 Patienten mit Trümmerfraktur des Fersenbeins fest, daß der Befreiung der Peronaeussehnen aus ihren Verwachsungen mit dem Fersenbein große Bedeutung zukommt.

Resnick u. Goergen [193] konnten 1975 anhand von Tenographien zeigen, daß es nach Fersenbeinfrakturen neben einer Verklebung der Sehnen mit dem Fersenbein, auch zum Einklemmen der Sehnen zwischen Außenknöchel und Fersenbein oder zur Verlagerung der Sehnen um den Außenknöchel im Sinne einer Peronaeussehnenluxation kommen kann.

Heger et al. [97] konnten diese „Ummauerung" der Peronaeussehnen durch ein posttraumtisch verbreitertes Fersenbein im CT nachweisen. Dies läßt folgende Schlußfolgerung zu: verbleiben nach Fersenbeinfrakturen Beschwerden, muß immer gezielt die Funktion des unteren Sprunggelenks geprüft sowie nach Problemen im Verlauf der Peronaeussehnen gesucht werden. Bereits 1975 zählten Garcia u. Parkes [76] Peronaeussehnenstenosen nach Fersenbeinfrakturen zu den 4 Hauptproblemen nach derartigen Verletzungen.

Zur Diagnose bietet sich neben der Tenographie [80, 193] besonders das CT an [90, 97, 203, 215, 218, 219].

Längsrupturen der Peronaeussehnen
Bei rezidivierenden Peronaeussehnenluxationen kommt es infolge der ständigen mechanischen Beanspruchung durch die Luxation zur Auffaserung, Verdickung und Längsspaltung der Sehnen. Munk u. Davis [160] berichten über einen Fall von chronischen retromalleolaren Schmerzen im Verlauf der Peronaeussehnen, die von einer Sehnenverdickung im Bereich des osteofibrösen Rohrs und gleichzeitiger Längsspaltung der Peronaeus-brevis-Sehne herrühren. Er excidierte den verdickten Sehnenanteil und vernähte die Sehnenstümpfe des M. peronaeus brevis mit der Sehne des M. peronaeus longus.

Auch Arrowsmith et al. [9] berichten über die Längsspaltung der Peronaeus-brevis-Sehne bei chronischer Peronaeussehnenluxation, Martens et al. [141] stellten bei 11 Patienten 2mal Längsrisse im Verlauf der Peronaeus-longus-Sehne fest, Nicholas [165] zeigt einen Fall von partieller Sehnennekrose bei rezidivierender Peronaeussehnenluxation, Borovoy u. Beresh [26] weisen darauf hin, daß die Sehnen bei chronischer Luxation häufig aufgefranst sind. Diese Mitteilungen sind ein deutlicher Hinweis dafür, daß die chronische Luxation die Sehnen mechanisch stark beansprucht und bereits aus diesem Grund nicht bagatellisiert werden darf (Abb. 117).

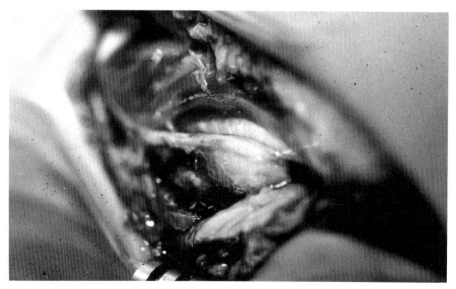

Abb. 117. Matte und rauhe Oberfläche der Peronaealsehnen bei chronischer Peronaeussehnenluxation als Folge der ständigen Traumen

Compartmentsyndrom

Abschließend soll noch auf das Compartmentsyndrom im Bereich der Peronaealmuskulatur eingegangen werden. Obwohl die Beschwerden proximal des Außenknöchels lokalisiert sind, ist eine Ausdehnung des Schmerzes bis hinter den Außenknöchel möglich; deshalb ist eine Beschreibung an dieser Stelle gerechtfertigt.

Als erste hatten Blandy u. Fuller [20] auf eine ischämische Myositis der Peronaealmuskulatur hingewiesen, weitere Mitteilungen stammen von Reszel et al. [194], Lunceford [136], Edwards [62] sowie Lipscomb u. Ibrahim [133]. Auch die Mitteilung von Harrold [96] kann als ein Compartmentsyndrom gedeutet werden. Er stellte den Fall eines kontrakten valgischen Spitzfußes bei einem 6jährigen Mädchen vor. Bei diesem war es vermutlich im Kleinkindesalter durch eine über die Subcutis am Unterschenkel erfolgte Infusionstherapie zur ischämischen Muskelkontraktur gekommen.

Klinisch stehen beim peronaealen Compartmentsyndrom, ebenso wie bei allen anderen Compartmentsyndromen, starke Schmerzen im Vordergrund. Die Schwellung ist auf den lateralen Unterschenkel beschränkt und reicht bis zum Sprunggelenk, die Muskulatur ist hart und gespannt, nach einiger Zeit treten Parästhesien im Versorgungsgebiet des R. superficialis nervi peronaei und schließlich auch eine motorische Peronaeuslähmung auf. Therapie der Wahl ist die sofortige Fasciotomie und breite Eröffnung des Compartments. Die Fälle von Lipscomb u. Ibrahim [133] und Edwards [62] zeigen, daß selbst 13 bzw. 24 h nach Beginn der Beschwerden noch gute Ergebnisse erzielt werden können.

11 Schlußfolgerungen

1. Die Ausformung der retromalleolaren knöchernen Gleitrinne zeigt individuelle Unterschiede.
2. Breite und Tiefe der knöchernen Rinne lassen kein für die Aufnahme der Peronaeussehnen geeignetes Bett entstehen.
3. Das osteofibröse Führungsrohr erfährt erst durch die Weichteile seine eigentliche Ausformung und Dimensionierung.
4. Die Ausformung der knöchernen retromalleolaren Gleitrinne hat für die Entstehung einer Peronaeussehnenluxation nur untergeordnete Bedeutung, lediglich ein fehlender oder konvexer Sulcus darf als disponierender Faktor angesehen werden.
5. Das Retinaculum superius ist die für die retromalleoläre Führung der Peronaeussehnen entscheidende anatomische Struktur.
6. Das Retinaculum superius ist eine regelmäßig darstellbare anatomische Struktur mit eigenständigem Charakter.
7. Die Ausbildung des Retinaculum superius läßt individuelle Unterschiede erkennen.
8. Die Verankerung des Retinaculum superius am Außenknöchel zeigt individuelle Unterschiede.
9. Form, Ausbildung und Verankerung des Retinaculum superius erlauben eine Erklärung für die verschiedenen Arten der Peronaeussehnenluxation.
10. Unterschiede im Rechts-links-Vergleich bestehen, eine einseitige Disposition ist möglich.
11. Die Dorsalextension, Abduktion und Eversion des Vorfußes ist als bevorzugte Ausgangsstellung für die Peronaeussehnenluxation anzusehen.
12. Durch extreme Plantarflexion können die Peronaeussehnen von der Fibula abgehoben werden, so daß sich diese an die schwächer ausgebildete Fascia cruris anlegen können. Eine Peronaeussehnenluxation ist in dieser Fußstellung unter Umgehung des Retinaculum superius durch die Fascia cruris hindurch denkbar.
13. Entscheidend für eine Luxation ist die starke Muskelkontraktion.
14. Peronaeussehnenluxationen entstehen bevorzugt auf traumatischer Basis.
15. Die Tenographie der Peronaeussehnenscheide erlaubt die Diagnose sowohl der frischen als auch der chronischen Peronaeussehnenluxation.
16. Die Beurteilung der retromalleolaren Gleitrinne ist mit Hilfe von Tangentialaufnahmen bzw. der Computertomographie zuverlässig möglich.

17. Bestehen Zweifel an der Diagnose einer Peronaeussehnenluxation, erlaubt die Tangentialaufnahme des retromalleolaren Sulcus nach Instillation von Kontrastmittel die Abklärung.
18. Die Peronaeussehnenluxation ist häufig mit Begleitverletzungen im Bereich des Sprunggelenks verbunden.
19. Begleitverletzungen können die Symptomatik der Peronaeussehnenluxation so weit überdecken, daß diese übersehen wird.
20. Die Ergebnisse nach konservativer Therapie einer frischen Peronaeussehnenluxation sind schlecht.
21. Die primär operative Therapie ist zu empfehlen.
22. Bei der frischen Verletzung ist die Verstärkung eines schwach ausgebildeten Retinaculums durch einen Periostreifen zu empfehlen.
23. Eine Vertiefung des retromalleolaren Sulcus ist nur bei konkavem oder fehlendem Sulcus angezeigt.
24. Bei der chronischen Luxation ist die Integration des Luxationssackes in die Rekonstruktion zu empfehlen.
25. Die Osteotomie der lateralen Knöchelwand und die Schraubenfixation des aus dem Luxationssack gebildeten Retinaculumersatzes unter der Knochenschuppe kann für Fälle mit kräftigem Luxationssack empfohlen werden. Bei fehlendem oder konvexem Sulcus kann die Schuppe um einige Millimeter nach dorsal verschoben und evtl. auch der Sulcus vertieft werden (Beck-Operation).
26. Steht kein geeignetes Ersatzgewebe für das Retinaculum zur Verfügung, kann durch alleinige Dorsalverschiebung einer dachfirstartig geformten Knochenschuppe eine ausreichende Sicherung erreicht werden (Methode Kelly-Orthner).
27. Rekonstruktive Eingriffe, die lediglich die Weichteile betreffen, haben eine höhere Rezidivrate als rekonstruktive Eingriffe, die sowohl die Fibula als auch die Weichteile verändern.
28. Der freien Gleitfunktion der Peronaeussehnen nach Calcaneusfraktur sollte mehr Augenmerk geschenkt werden.

12 Zusammenfassung

Die Luxation der Peronaeussehnen ist eine seltene, aber häufig übersehene Verletzung. Nach Darstellung der systematischen Anatomie der Muskulatur, der Vagina synovialis, der Fascie sowie der Retinacula und der retromalleolaren Gleitrinne wird anhand der systematischen Untersuchung von 50 Außenknöchelpräparaten (25 Paaren) die Anatomie des osteofibrösen Führungsrohrs der Peronaealsehnen untersucht. Es kann gezeigt werden, daß erst durch die Weichteile eine Leitstruktur für die Peronaeussehnen entsteht, der Ausformung der retromalleolaren Gleitrinne kommt nur geringe Bedeutung für die Sicherung der Peronaeussehnen zu. Histologische Serienuntersuchungen zeigen individuelle Unterschiede in der Ausformung des Retinaculum superius musculi peronaei.

Es werden 3 Typen unterschieden: Typ I wird als Minusvariante, Typ II als Standardtyp und Typ III als Maximalvariante bezeichnet. Die Unterschiede in der Ausbildung des Retinaculum superius lassen eine Erklärung für die verschiedenen Formen der Peronaeussehnenluxation zu.

Die Entwicklung eines biomechanischen Modells konnte zeigen, daß durch eine maximale Muskelkontraktion selbst bei fixiertem Sprunggelenk eine Luxation der Peronaeussehnen provoziert werden kann. Die Dorsalextension, Abduktion und Eversion des Vorfußes ist als Ausgangsstellung für die Luxation bei fixiertem Fuß anzusehen. Die Häufung beim Skisport erklärt sich aus der Tatsache, daß besonders die älteren halbhohen Skischuhmodelle vor einem Knöchelbruch schützten, jedoch weiterhin eine aktive Stabilisierung des Sprunggelenks notwendig war. Dies provozierte eine Luxation der Sehnen, ohne äußere Stabilisierung kommt es eher zum bimalleolären Knöchelbruch. Übergangsformen zwischen beiden Verletzungen werden gezeigt.

Die Diagnose der Peronaeussehnenluxation ist durch Tenographie sowohl im akuten wie auch im chronischen Stadium möglich. Mögliche Dispositionen werden besprochen und verschiedene Wege zu deren Diagnose aufgezeigt. Eine eigene Röntgentechnik zur Darstellung der retromalleolaren Gleitrinne wird vorgestellt. Mit dieser Technik ist sowohl die Darstellung des knöchernen Sulcus als auch die Beurteilung der Ausdehnung einer Luxation möglich. Die Bedeutung der Begleitverletzungen nach Peronaeussehnenluxationen wird betont, die verschiedenen Verletzungskombinationen werden aufgezeigt und eine pathomechanische Erklärung für die Kombinationen gegeben. Die Analyse der Ergebnisse nach konservativer und operativer Therapie zeigt, daß die Sofortoperation die besten Ergebnisse erwarten läßt, eine konservative Therapie ist abzulehnen (Rezidivrate von 53,2%).

Die in der Literatur angeführten Operationsmethoden werden zusammengefaßt, nach Operationsprinzipien geordnet und kritisch beurteilt. Es zeigt sich, daß bei frischer Luxation die Naht der verletzten Strukturen und die Verstärkung mit ortsständigem Gewebe (Periost, Fascie) die besten Ergebnisse bringt. In chronischen Fällen ist die von Beck [13] angegebene Methode besonders zu empfehlen; fehlen hingegen ausreichend dimensionierte Ersatzstrukturen für das Retinaculum superius, ist die Verschiebung der lateralen Außenknöchelfläche nach dorsal zu empfehlen, für die eine eigene Methode entwickelt wurde. Die klinische Beurteilung der Differentialdiagnose sowie die Darstellung anderer, die Peronaeussehnen betreffende Krankheitsbilder schließen das Buch ab.

Literatur

1. Abbott LC, Saunders JB de CM (1939) Acute traumatic dislocations of the tendons of the long head of the biceps brachii; report of 6 cases with operative findings. Surgery 6: 817
2. Aberle-Horstenegg W (1932) Über einen eigenartigen Fußschmerz. MMW 79: 946–948
3. Abraham E, Stirnaman JE (1979) Neglected rupture of the peroneal tendons causing recurrent sprains of the ankle. J Bone Joint Surg [Am] 61: 1247–1248
4. Allaria A, Franz A (1953) La lussazione traumatica dei muscoli peronei laterali. Minerva Ortop 4: 203
5. Allen WM (1895) Dislocation of peroneus longus tendon. Br Med J 2: 1161–1163
6. Alm A, Lamke LO, Liljedahl SO (1975) Surgical treatment of dislocation of the peroneal tendons. Injury 7: 14–19
7. Anderson LD (1971) Affections of muscles tendons and tendon sheats. In: Crenshaw AH (ed) Campbell's operative orthopedics, 5th edn, vol 2. Mosby, St. Louis, pp 1493–1495
8. Anzel SH, Covey KW, Weiner AD, Lipscomb PR (1959) Disruptions of muscles and tendons an analysis of 1,014 cases. Surgery 45: 406–414
9. Arrowsmith SR, Fleming LL, Allman FL (1983) Traumatic dislocations of the peroneal tendons. Am J Sports Med 11: 142–146
10. Bassett FH (1985) Sports injuries: mechanism, prevention and treatment, chapt 41. Williams & Wilkins, Baltimore, p 794
11. Baumgartl F, Kremer K, Schreiber HW (1980) Spezielle Chirurgie für die Praxis: Bd III Teil 2: Haltungs- und Bewegungsapparat – Traumatologie. Thieme, Stuttgart
12. Beach HAA (1876) Dislocation of the tendon of the peroneus longus muscle. Boston Med Surg J 64: 231
13. Beck E (1981) Operative treatment of recurrent dislocation of the peroneal tendons. Arch Orthop Trauma Surg 98: 247–250
14. Beck EL, McGlamry ED (1974) Surgical construction of peroneal grove and peroneal retinaculum. J Am Pediatr Med Assoc 64: 111–120
15. Becker D (1986) Ein objektives Zeichen für das Vorliegen einer Luxation der Peronaeussehne? Z Orthop 124: 762–764
16. Becker D (1987) Die Luxation der Peronaeussehnen. Neue Möglichkeiten der Diagnostik und der Operation. Unfallchirurg 90: 523–527
17. Beltran J, Noto AM, Mosure JC, Shamam OM, Weiss KL, Zuelzer WA (1986) Ankle: Surface coil MR imaging at 1.5 Tl. Radiology 161: 203–209
18. Bertrand P, Franck R (1955) Luxation traumatique récidivante des tendons peroniers latéraux. Rev Med Nancy 80: 333
19. Biedert R, Müller W (1985) Die Bedeutung der Peronealsehnenscheide in der operativen Behandlung der fibulatarsalen Bandläsion. Schweiz Z Sportmed 33: 85–88
20. Blandy JP, Fuller R (1957) March gangrene ischaemic myositis of the leg muscles from exercise. J Bone Joint Surg [Br] 39: 679–693
21. Blanulet L (1875) De la luxation des tendons des muscles péroniers latéraux. Theses, Paris, pp 242, 241
22. Blencke BA, Zwirner R (1972) Die Peronaeussehnenluxation. Chirurg 43: 182–184
23. Böhler L (1977) Die Technik der Knochenbruchbehandlung. Maudrich Wien München Bern (12 u. 13. Aufl, Nachdruck)
24. Bogutskaia EV (1967) Habitual dislocation of tendons of peroneal muscles in sportsmen. Khirurgiia (Mosk) 48: 83
25. Bonnin JG (1950) Injuries to the ankle Grune & Stratton, New York, p 302
26. Borovoy M, Beresh AS (1982) Approaches to lateral ankle repair: Recurrent ankle sprains. J Foot Surg 21: 127–131

27. Bragard K (1934) Bandage gegen Luxation der Peronealsehnen. MMW 81: 2008–2009
28. Braus H (1918) Über das Sprunggelenk. MMW 65: 826–827
29. Brav EA, Chewning JR (1949) Fracture of the os peroneum: a case report. Milit Surg 105: 369
30. Bürkle de la Camp H, Schwaiger M (Hrsg) (1965) Handbuch der gesamten Unfallheilkunde. Enke, Stuttgart
31. Burman M (1953) Stenosing tendovaginitis of the foot and ankle. Arch Surg 67: 686–698
32. Burman M (1956) Subcutaneous tear of the tendon o the peroneus longus. Arch Surg 73: 216–219
33. Burman MS, Lapidus PW (1931) The functional disturbances caused by the inconstant bones and sesamoids of the foot. Arch Surg 22: 936
34. Calcagni V (1964) Sulla lussazione traumatica dei tendini peronei. Min Ortop 15: 604–610
35. Campbell's operative orthopedics 5th edn, vol 2 (1971) Mosby, St. Louis
36. Catalano V (1953) Riparazione chirurgica della lussazione abituale anteriore dei tendini peronei. Arch Putti Chir Organi Mov 3: 520–525
37. Chojnacki K (1877) Über Sehnenluxationen Dissertation, Greifswald
38. Church CC (1977) Radidographic diagnosis of acute peroneal tendon dislocation AJR 129: 1065–1068
39. Cohen I, Lane S, Koring W (1983) Peroneal tendon dislocations: a review of the literature. J Foot Surg 22: 15–20
40. Coltart WO (1951) sprained ankle. Br Med J 2: 957–961
41. Cooper (1694) Myotomia reformata. London, p 149 (zit. nach [145])
42. Cooper A (1844) A treatise on fractures and dislocations. Lea & Blanchard, Philadelphia, pp 339–342
43. Coudane H, Beck M, Mole D, Fery A, Sommelet J (1984) La luxation post-traumatique des tendens péroniers latéraux. Ann Med Nancy Est 23: 487–490
44. Cozzolino A (1960) La lussazione dei tendini peroneali. Arch Ortop (Milano) 23: 115–123
45. Cross MJ, Crichton KJ, Gordon H, Mackie IG (1988) Peroneus brevis rupture in the absence of the peroneus ongus muscle and tendon in a classical ballt dancer. Am J Sports Med 16: 677–678
46. Das De S Balasubramaniam P (1985) A repair operation for recurrent dislocation of peroneal tendons. J Bone Joint Surg [Br] 585–587
47. Davies JAK (1979) Peroneal compartment syndrome secondary to rupture of the peroneus longus. J Bone Joint Surg 61 [Am]: 783–784
48. Decoulx P, Ducloux M (1962) La luxation des tendons péroniers. Rev Chir Orthop 48: 578–583
49. DeHaven KE, Allman FL, Cox JS et al. (1979) Symposium: Ankle sprains in athletes. Contemp Orthop 1: 56–78
50. Deutsch P, Schink W (1973) Transossäre Sehnenscheidenplastik zur Behandlung der habituellen Peronäussehnen-Luxation. MMW 115: 237–240
51. De Vries HL (1980) Campbell's operative orthopedics, vol II. Mosby, St. Louis, pp 1401–1402
52. Deyerle WM (1973) Long term follow-up of fractures of the os calcis. Orthop Clin North Am 4: 213–227
53. Diamant-Berger L (1971) La luxation des tendons péroniers latéraux. Presse Med 79: 17–21
54. Dick W, Schlatter S, Delley A, Widmer LK (1984) Bewegungsumfang des oberen Sprunggelenkes bei 1441 erwachsenen Probanden. In: Hackenbroch MH, Refior HJ, Jäger M, Plitz W (Hrsg) Funktionelle Anatomie und Pathomechanik des Sprunggelenks. Thieme, Stuttgart New York
55. Dolgo-Saburoff BA (1930) Die Bedeutung der Muskeln für die Morphogenese des Skeletts. 1. Zur Frage über die Morphologie des Knochenreliefs an den Ursprungs- und Insertionsstellen der Muskeln. Bull Inst Lesshaft 16: 123–159
56. Dupuytren B (1833) Clinical lectures on surgery. Carter & Hendee, Boston, pp 192–193
57. Earle AS, Moritz JR, Saviers GB, Ball JD (1962) Ski injuries. JAMA 180: 285–288
58. Earle AS, Moritz JR, Tapper EM (1972) Dislocation of the peroneal tendons at the ankle. Northwest med 71: 108–110
59. Eckert WR, Davis EA (1976) Acute rupture of the peroneal retinaculum. J bone Joint Surg [Am] 58: 670–673
60. Eden R (1912) Zur Behandlung der Luxatio peroneorum. MMW 62: 636–638

61. Edwards ME (1928) The relations of the peroneal tendons to the fibula, calcaneus, and cuboideum. Am J Anat 42: 213–242
62. Edwards PW (1969) Peroneal compartment syndrome. J Bone Joint Surg [Br] 51: 123–125
63. Ehrich (1910) Angeborene habituelle Luxation der Peronealsehnen beiderseits. Zentralbl Chir 37: 118–119
64. Eichelberger RP, Lichtenstein BG, Brogdon BG (1982) Peroneal tenography. JAMA 247: 2587–2591
65. Ellison AE (1977) Skiing injuries. Clin Symp 29: 1–40
66. Elmslie RC (1934) Recurrent subluxation of the ankle joint. Ann Surg 100: 364
67. Escalas F, Figueras JM, Merino JA (1980) Dislocation o the peroneal tendons. Long-term results of surgical treatment. J Bone Joint Surg [Am] 62: 451–453
68. Estor E, Aimes A (1923) La luxation congénitale des tendons des muscles péroniers latéraux. Rev Orthop 10: 5–18
69. Evans GA, Frenyo SD (1979) The stress-tenogram in the diagnosis of ruptures o the lateral ligament of the ankle. J Bone Joint Surg [Br] 61: 347–351
70. Evans JD (1966) Subcutaneous rupture of the tendon of peroneus longus. J Bone Joint Surg [Br] 48: 507–509
71. Exner A (1909) Zur Behandlung frischer Peroneussehnenluxation. Zentralbl Chir 36: 1794–1795
72. Fink G (1975) Untersuchungen zur Morphologie des Sulcus malleolaris lateralis. Dissertation, TU München
73. Fitzgerald RH, Gross RM, Johnson KA (1975) Traumatic peroneal tendinitis. A complication of calcaneal fractures. Minn Med 58: 787–791
74. Folschveiller J (1967) Abriß des Retinaculum Musculi fibularium proximale und seine Folgen. Hefte Unfallheilkd 92: 98–100
75. Galli GA (1960) Lussazione inveterata anteriore, traumatica, dei tendini dei muscoli peronei. Min Ortop 3: 626–630
76. Garcia A, Parkes J (1973) Fractures of the foot. In: Giannestras N (ed) Foot disorders, medical and surgical management. Lea & Febiger, Philadelphia
77. Garrick JG (1977) The frequency of injury, mechanisms of injury, and epidemiology of ankle sprains. Am J Sports Med 5: 241–242
78. Gegenbaur C (1887) Über die Malleoli der Unterschenkelknochen. Gegenbaurs Morphol Jahrb 12: 306
79. Giannangeli F, Zaccarello L (1968) Lussazione traumatica dei tendini peronei. Minerva Orthop 19: 578–582
80. Gilula LA, Oloff L, Caputi R, Destouet JM, Jacobs A, Solomon MA (1984) Ankle tenography: a key to unexplained symptomatology. Radiology 151: 581–587
81. Ginieys L (1939) Fracture isolée d'un os supernumeraire du tarse (os perineum). Traitement par l'infiltration Novocainique. Rev Orthop 26: 243–247
82. Golebiewski E (1900) Atlas und Grußriß der Unfallheilkunde sowie der Nachkrankheiten der Unfallverletzungen.
83. Gould N (1986) Repair of dislocating peroneal tendons. Op Foot Ankle 6: 208–213
84. Grant JCB (1962) An atlas of anatomy, 5th edn. Williams & Wilkins, Baltimore (Fig. 356)
85. Griffiths JC (1965) Tendon injuries around the ankle. J Bone Joint Surg [Br] 47: 686–689
86. Grisolia A (1963) Fracture of the os peroneum. Clin Orthop 28: 213–215
87. Gruber W (1877) Über den eine Thierbildung repräsentierenden normalen, und über den exostotisch gewordenen processus trochlearis callcanei. Virchows Arch [A] 70: 128–132
88. Gurevitz SL (1979) Surgical correction of subluxing peroneal tendons with a case report. J Am Pediatr Med Assoc 69: 357–363
89. Gutierez I (1877) De la luxation des tendons des muscles péroniers latéraux. Theses (Paris) 356: 381
90. Guyer BH, Levinsohn EM, Fredrickson Be, Bailey GL, Formikell M (1985) Computed tomography of calcaneal fractures: anatomy, pathology, dosimetry, and clinical relevance. AJR 145: 911–919
91. Haberer (1902) Diskussionsbemerkung. Dtsch Z Chir 191
92. Hackenbroch M (1932) Eine seltene Lokalisation der stenosierenden Tendovaginitis der distalen Sehnenscheide des Peronaeus longus. MMW 79: 932

93. Hadley HG (1942) Unusual fracture of sesamum peroneum. Radiology 38: 90–91
94. Haguier P (1937) Fracture isolée d'un osselet surnuméraire du tarse (os peroneum): présence d'un os tibiale externum bilatéral. Rev Orthop 24: 356
95. Hanson R (1930) Operative treatment of a case of luxation habitualis tend. peroneal bilat. Acta Orthop Scand I: 276
96. Harrold AJ (1965) Rigid valgus foot from fibrous contracture of the peronei. J Bone Joint Surg [Br] 47: 743–745
97. Heger L, Wulff K, Seddiqi MSA (1985) Computed tomography of calcaneal fractures. AJR 145: 131–137
98. Heim D, Heim U (1982) Die Peronealsehnenluxation. Helv Chir Acta 49: 269–277
99. Heim U (1970) Die atypische Achillessehnenruptur. Helv Chir Acta 37: 198–205
100. Heller EP, Hungate CP (1932) Complete forward displacement of the peroneal tendons due to callus. Ann Surg XCV: 629–630
101. Henle J (1871) Handbuch der systematischen Anatomie des Muskels. Vieweg, Braunschweig
102. Hildebrand O (1907) Tendovaginitis chronica deformans and Luxation der Peronealsehnen. Dtsch Z Chir 86: 526–531
103. Hohmann G (1939) Bein und Fuß. Bergmann, München
104. Huber H, Imhoff A (1988) Habituelle Peronealsehnenluxation. Z Orthop 126: 609–612
105. Hundemer W (1981) Die transmalleoläre Fixationsnaht zur Behebung der Peroneussehnenscheidenverrenkung. Unfallheilkunde 84: 237–239
106. Hyrtl J (1860) Über die Trochlearfortsätze der menschlichen Knochen. Denkschriften der Kaiserlichen Akademie der Wissenschaften. Mathematisch-Naturwissenschaftliche Classe, Bd 18, S 141–156, Wien
107. Jäger M, Wirth CJ (1978) Kapselbandläsionen. Thieme, Stuttgart
108. Jagerink TH (1928) Über zwei noch nicht beschriebene Formen von Tendovaginitis stenosans. Z Orthop Chir 50: 703
109. Johnson RJ, Ettlinger LF, Campbell RJ, Pope MH (1980) Trends in skiing injuries. Am J Sports Med 8: 106–113
110. Jonasch E (1967) Traumatische Peroneussehnen-Luxationen. MMW 109: 2320–2321
111. Jones E (1932) Operative treatment of chronic dislocation of the peroneal tendons. J Bone Joint Surg 14: 574–576
111a. Kelikian H, Kelikian AM (1985) Disorders of the ankle. Saunders, Philadelphia
112. Kelly RE (1920) An operation for the chronic dislocation of the peroneal tendons. Br J Surg 7: 502–504
113. König F (1886) Lehrbuch der speziellen Chirurgie, Bd III. Hirschwald, Berlin, S 570
114. König F (1899) Operation einer doppelseitigen Luxation der Peronealsehnen. Dtsch Med Wochenschr 24: 132–134
115. Kramer W (1895) Über die Luxation der Peroneussehnen. Centralbl Chir 22: 641–643
116. Kraske (1895) Über die Luxation der Peronäussehnen. Centralbl Chir 22: 569–573
117. Krause W (1909) Skelett der oberen und unteren Extremität. Fischer, Jena v. Bardeleben's Handbuch der Anatomie des Menschen, Bd 1, Abs 3
118. Künzli HF (1976) Sehnenluxationen am Fuß. Helv Chir Acta 43: 205–209
119. Küsswetter H, Wirth CJ (1984) Simultane Dehnungsmessungen des Kapselbandapparates am oberen Sprunggelenk unter physiologischen und pathologischen Bedingungen. In: Hackenbroch MH, Refior HJ, Jäger M, Plitz W (Hrsg) Funktionelle Anatomie und Pathomechanik des Sprunggelenks. Thieme, Stuttgart New York
120. Landois-Rosemann F (1935) Lehrbuch der Physiologie. Urban & Schwarzenberg, Wien
121. Lange M, Hipp E (1921) Lehrbuch der Orthopädie und Traumatologie. Enke, Stuttgart
122. Lanelongue in Balard d'Herlinville (1890) Contribution à l'étude de la luxation des tendons des muscles péroniers latéraux. Theses, Paris
123. Lanz-Wachsmuth J (1972) Praktische Anatomie. Bein und Statik. Springer, Berlin Heidelberg New York
124. Larsen E, Flink-Olsen M, Seerup IK (1984) Surgery for recurrent dislocation o the peroneal tendons. Acta Orthop Scand 55: 554–555
125. Lauber P, Müller W (1985) Die traumatische Peroncalsehnenluxation (PSL). Schweiz Z Sportmed 33: 89–95

126. Lauge-Hansen N (1963) Knöchelbrüche und Bandverletzungen des Fußgelenkes und des Fußes. Genetische Röntgendiagnose und Klassifizierung. Zentralbl Chir 14: 528–541
127. Leach RE, Lower G (1985) Ankle injuries in skiing. Clin Orthop 198: 127–133
128. Leitz G (1968) Modifikation des von Platzgummer angegebenen Verfahrens zur operativen Behandlung der habituellen Peronealsehnenluxation. Arch Orthop Unfallchir 64: 245–251
129. LeNoir JL (1986) A new surgical treatment of peroneal subluxation-dislocation. Orthopedics 9: 1689–1691
130. Lewis WH (1910) Die Entwicklung des Muskelsystems. In: Keibel F, Mall FP (Hrsg) Handbuch der Entwicklungsgeschichte des Menschen, 1. Bd. Hirzel, Leipzig
131. Lexer E (1911) Operation wegen habitueller Luxation der Peroneussehnen. MMW 58: 2770
132. Liavaag K (1945) Über die stenosierende Tendovaginitis. Nord Med 28: 2617
133. Lipscomb AB, Ibrahim AA (1977) Acute peroneal compartment syndrome in a well conditioned athlete: report of a case. Am J Sports Med 5: 154–157
134. Lipscomb PR, Kelly PJ (1955) Injuries o the extensor tendons in the distal part of the leg and in the ankle. J Bone Joint Surg [Am] 37: 1206–1213
135. Lohe R (1934) Die gewohnheitsmäßige Peronealsehnenluxation und ihre operative Beseitigung. Zentralbl Chir 61: 1154–1158
136. Lunceford EM (1965) The peroneal compartment syndrome. South Med J 58: 621
137. Mains DB, Sullivan RC (1973) Fracture of the os peroneum. J Bone Joint Surg [Am] 55: 1529–1530
138. Mankinen CB, Sears JW, Alvarez VR (1976) Terminal (1) (q43) long-arm delection of chromosomes no. 1 in a three-year-old female. Birth Defects XXII 5: 131–136
139. Marquardt G (1897) Über Sehnenluxationen. Inaugural-Dissertation der medizinischen Fakultät zu Erlangen
140. Marshall FW (1932) An operation for the cure of "snapping ankle". J R Army Med Corpos 58: 52–54
141. Martens MA, Noyez JF, Mulier JC (1986) Recurrent dislocation of the peroneal tendons. Am J Sports Med 14: 148–150
142. Marti R (1977) Dislocation of the peroneal tendons. Am J Sports Med 5: 19–22
143. Martini M, Essafi Z, Henneing L (1961) Luxation traumatique des tendons des péroniers latéraux. Tunis Med 49: 99–104
144. Mauclaire P (1910) Inclusion intramalléolaire des tendons péroniers luxés. Zentralbl Chir 37: 1414
145. Maydl C (1882) Über Sehnenluxationen. Allg Wien Med Z 27/5
146. McConkey JP, Favero KJ (1987) Subluxation of the peroneal tendons within the peroneal tendon sheath. Am J Sports Med 15: 511–513
147. McLennan IG (1980) Treatment of acute and chronic luxations of the peroneal tendons. Am J Sports Med 8: 432–436
148. Meary R (1968) Luxation récidivantes des tendons péroniers. Rev Prat 18: 4559–4564
149. Mick CA, Lynch F (1987) Reconstruction o the peroneal retinaculum using the peroneus quartus. J Bone Joint Surg [Am] 69: 296–297
150. Miller CF (1949) Occupational calcareous peritendinitis of the feet. Am J Roentgenol 61: 506–510
151. Miller JW (1967) Dislocation of the peroneal tendons – a new operative procedure. Am J Orthop 9: 136–137
152. Molliere (1879) Lyon méd. XXXII (zit. nach [116])
153. Monteggia GB (1803) Observat Chir Tom (Mailand) V: 336–341
154. Moritz JR (1959) Ski injuries. Am J Surg 98: 493–505
155. Morrison GM, Coughlin EJ (1950) Ski injuries. Am J Surg 80: 630–636
156. Mounier-Kuhn A, Marsan C (1968) Le syndrome des tendons péroniers. Ann Chir 22: 641–649
157. Moutier G (1921) De la luxation des tendons péroniers latéraux. These 284
158. Müller W (1979) Häufige Sportverletzung der Muskeln und Sehnen der unteren Extremitäten. Unfallheilkunde 82: 161–169

159. Müller WE, Hackenbruch W, Zumstein M (1984) Funktionelle Nachbehandlung nach primären Bandnähten bei frischem Riß und nach Spätrekonstruktionen bei veraltetem Trauma mit vergleichenden klinischen Resultaten. In: Hackenbroch MH, Refior HJ, Jäger M, Plitz W (Hrsg) Funktionelle Anatomie und Pathomechanik des Sprunggelenks. Thieme, Stuttgart New York (1976)
160. Munk RL, Davis PH (1976) Longitudinal rupture of the peroneus brevis tendon. J Trauma 16: 803–806
161. Muralt RH v (1956) Luxation der Peronäalsehnen. Z Orthop 87: 263–274
162. Murr S (1961) Dislocation of the peroneal tendons with marginal fracture of the lateral malleolus. J bone Joint Surg [Br] 43: 563–565
163. Muskat G (1916) Die Luxation der Peroneussehnen. Verh Dtsch Ges Orthop 35: 271–277
164. Nakano K, Hatanaka J, Chen V (1980) Beitrag zur Behandlung der Peronaeussehnenluxation. Orthop Praxis 16: 857–865
165. Nicholas JA (1974) Ankle injuries in athletes. Orthop Clin North Am 5: 153–175
166. Oden RR (1987) Tendon injuries about the ankle resulting from skiing. Clin Orthop 216: 63–69
167. O'Donoghue DH (1976) Treatment of injuries to athletes, 3rd edn. Saunders, Philadelphia, pp 704–705
168. Ombredanne L (1907) Muscles, aponévroses, tendons, tissues, peritendineux, bourses, sereuses. Nouveau Traite de Chirurgie 121. Balliere, Paris
169. Orthner E, Polcik J (im Druck) Möglichkeiten zur radiologischen Darstellung der retromalleolaren Gleitrinne, Unfallchirurgie
170. Orthner E, Schabus R (1987) Die Tenographie der Peroneussehnenscheide – ein Weg zur Diagnose der peroneussehnenluxation. Aktuel Traumatol 17: 38–40
171. Orthner E, Wagner M (im Druck) Zur Luxation der Peroneussehnen. Sportverletzung, Sportschaden
172. Orthner E, Weinstabl R, Schabus R (1986) Die Peroneussehnenluxation – ihre Entstehung, Diagnose und Therapie. Acta Chir Austriaca 3: 284–285
173. Orthner E, Polcik J, Schabus R (im Druck) Die Luxation der Peroneussehnen. Unfallchirurgie
174. Otto AW (1816) Seltene Beobachtungen zur Anatomie, Physiologie und Pathologie gehörig, H.1. Holäufer, Breslau
175. Papp L, András M, Levente G (1985) Peroneus – in ficam. Magy Traumatol Orthop Helyreallito Sebesz 28: 87–90
176. Parvin RW, Ford LT (1956) Stenosing tenosynovitis of the common peroneal tendon sheath. J Bone Joint Surg [Am] 38: 1352–1357
177. Patterson WR, Fitz DA, Smith WS, Arbor A (1968) The pathologic anatomy of congenital convex pes valgus. J Bone Joint Surg [Am] 50: 458–466
178. Peacock KC, Resnick EJ, Thoder JJ (1986) Fracture of the os peroneum with rupture of the peroneus longus tendon. Clin Orthop 202: 223–226
179. Pfitzner W (1896) Beiträge zur Kenntnis des menschlichen Extremitätenskeletts. VII: Die Sesambeine des menschlichen Körpers. Morphologische Arbeiten 6: 245–527
180. Platzgummer H (1967) Über ein einfaches Verfahren zur operativen Behandlung der habituellen Peronaeussehnenluxation. Arch Orthop Unfallchir 61: 144–150
181. Pöll RG, Duijfjes F 6184) The treatment of recurrent dislocation of the peroneal tendons. J Bone Joint Surg [Br] 66: 98–100
182. Pozo JL, Jackson M (1984) A rerouting operation for dislocation of peroneal tendons: operative technique and case report. Foot Ankle 5: 42–44
183. Purnell ML, Drummond DS, Engber WD, Breed AL (1983) congenital dislocation of the peroneal tendons in the calcaneovalgus foot. J Bone Joint Surg [Br] 65: 316–319
184. Puyhaubert A (1908) Luxation congénitale des tendons péroniers. Z Orthop Chir XXI: 667
185. Radke J (1972) Sehnenluxationen beim Sport und Möglichkeiten der Wiederherstellung. Fortschr. Med 90: 801–802
186. Radke J, Fink G (1975) Zur Morphologie des Sulcus malleolaris lateralis – ein Beitrag zur Ätiologie der Peronäalsehnenluxationen. Z Orthop 113: 858–863
187. Rask MR, Steinberg LII (1979) The pathognostic sign of tendoperoneal subluxation. Report of a case treated conservatively. Orthop Rev 8: 65–68

188. Rechfeld H (1976) Ruptures of ligaments in the ankle and foot. Reconstr Surg Traumatol 15: 70–80
189. Reerink H (1901) Die Behandlung der frischen Luxation der Peroneussehnen. Zentralbl Chir 28: 33–36
190. Refior HJ (1975) Therapie von Band- und Retinaculaverletzungen des Rückfußes. Z Orthop 113: 709–713
191. Regan TP, Hughston JC (1977) Chronic ankle "sprain" secondary to anomalous peroneal tendon. Clin Orthop 123: 52–54
192. Reimann R (1982) Der laterale Bereich des Unterschenkels und des Fußrückens in funktioneller und phylogenetischer Sicht. Gegenbaurs Morphol Jahrb 128: 211–213
193. Resnick D, Goergen TG (1975) Peroneal tenography in previous calcaneal fractures. Radiology 115: 211–213
194. Reszel PA, Janes JM, Spittell JA (1963) Ischemic necrosis of the peroneal musculature, a lateral compartment syndrome: report of case. Mayo Clin Proc 38: 130–136
195. Richard M (1930) Über Sehnenluxationen. Dtsch Z Chir 226: 156–159
196. Rocher MH-L (1951) La luxation traumatique du tendon long péronier. L'opération précoce est-elle indiquée? Acta Ortop Belg 17: 33–35
197. Rockwood CA jr, Green DP (1975) Fractures. Lippincott, Philadelphia Toronto
198. Rodineau J, Daubinet G (1981) Problems diagnostiques et thérapeutiques de la luxation des péroniers latéraux au cours des activités sportives. Ann Med Phys 24: 238–246
199. Roggatz J, Urban A (1980) The calcaneous peritendinitis of the long peroneal tendon. Arch Orthop Trauma Surg 96: 161–164
200. Romanus R (1947) Luxatio tendinum peroneorum. Nord Med 109: 2407–2410
201. Rombouts R (1948) Luxation des tendons péroniers latéraux. Acta Orthop Belg 14: 84–87
202. Rosenberg ZS, Feldman F, Singson RD (1986) Peroneal tendon injuries. Radiology 161: 743–748
203. Rosenberg ZS, Feldman F, Singson RD, Price GJ (1987) Peroneal tendon injury associated with calcaneal fractures: CT findings. AJR 149: 125–129
204. Ruerr (zit. nach [164])
205. Sarmiento A, Wolf M (1975) Subluxation of peroneal tendons. J Bone Joint Surg [Am] 57: 115–116
206. Savastano AA (1978) Surgical treatment of recurrent dislocation of the peroneal tendons. Orthop Trans 2: 282–283
207. Scheller AD, Kasser RA, Quigley TB (1980) Tendon injuries about the ankle. Orthop Clin North Am 11: 801–811
208. Scheuba G (1969) Die Luxation der Tibialis posterior-Sehne. Monatsschr Unfallheilkd 72: 540
209. Schildt E (1947) Luxatio tendinum peroneorum. Nord Med 109: 837–840
210. Schmidt JM, Jäger M (1984) Anatomische Studie an 400 Leichensprunggelenken unter besonderer Berücksichtigung möglicher Varianten bezüglich Beschaffenheit und Verlauf der fibularen Bänder (Ergebnisse und klinische Relevanz). In: Hackenbroch MH, Refior HJ, Jäger M, Plitz W (hrsg) Funktionelle Anatomie und Pathomechanik des Sprunggelenks. Thieme, Stuttgart New York
211. Schneider (Zit. nach [116])
212. Schönbauer HR (1960) Sehnenverletzungen am Bein beim Skilauf. Klin Med 15: 428–430
213. Schweitzer GJ (1982) Stenosing peroneal tenovaginitis. S Afr Med J 61: 521–523
214. Seiler H (1982) Anatomie und Funktion des oberen Sprunggelenks – Überprüfung bisheriger Konzepte und Korrektur – eine experimentelle Studie. Habilitationsschrift, Medizinische Fakultät Homburg/Saar
215. Seltzer SE, Weissman BN, Braunstein EM, Adams DF, Thomas WH (1984) Computed tomography of the hindfoot. J comput Assist Tomogr (1979) 8: 488–497
216. Skrika T, Rott Z (1979) Treatment of luxation of peroneal tendons by the De Vries method. Acta Chir Orthop Traumatol Cech 46: 432–435
217. Slätis P, Aalto K (1979) Medial dislocation of the tendon of the long head of the biceps brachii. Acta Orthop Scand 50: 73–77
218. Solomon MA, Gilula LA, Oloff LM, Oloff J, Compton T (1986) CT scanning o the foot and ankle: 1. Normal anatomy. JAR 146: 1192–1203

219. Solomon MA, Gilula LA, Oloff LM, Oloff J (1986) CT scanning of the foot and ankle: 2. Clinical applications and review of the literature. AJR 146: 1204–1214
220. Spalteholz W (1923) Handatlas of human anatomy, 4th edn, vol 1. Lippincott, Philadelphia London, pp 151–159
221. Stein RE (1987) Reconstruction of the superior peroneal retinaculum using a portion of the peroneus brevis tendon. J Bone Joint Surg [Am] 69: 298–299
222. Stieda L (1889) Der M. peroneus longus und die Fußknochen. Anat Anz 4: 652–661
223. Stieda L (1889) Der M. peroneus longus und die Fußknochen. Anat Anz 4: 624–640
224. Stieda L (1889) Der M. peroneus longus und die Fußknochen. Anat Anz 4: 600–607
225. Stover CN (1980) Recognition and management of soft tissue injuries of the ankle in the athlete. Prim Care 7: 183–198
226. Stover CN, Bryan DR (1962) Traumatic dislocation of the peroneal tendons. Am J Surg 103: 180–186
227. Stropeni L (1920) Frattura isolata di un osso sopranumerario del tarso (os peroneum externum). Arch Ital Chir 2: 556
228. Szczukowski M, Pierre RKST, Fleming LL, Somogyi J (1983) Computerized tomography in the evaluation of peroneal tendon dislocation. Am J Sports Med 11: 444–447
229. Tashiro K (1942) Jpn Orthop Assist 17: 958
230. Tehranzadeh J (1984) Posterior migration of the os peroneum. Skeletal Radiol 12/1: 44–47
231. Teller G (1899) De la luxation des tendons péroniers latéraux, étiologie, symptomes, traitement. Theses 40, Paris
232. Thomson A (1923) Osteology, textbook of anatomy, 5th edn. Wood, New York, pp 272, 281
233. Tracey EA (1909) The calcaneo-fibular ligament and its neighborhood based on dissections. Boston Med J 160: 369–371
234. Treves A (1936) In: Ombrédanne, Mathieu (eds) Traité de chirurgie orthopedique. Masson, Paris, vol 5, pp 4035–4048
235. Trevino S, Gould N, Korson R (1981) Surgical treatment of stenosing tenosynovitis at the ankle. Foot Ankle 2: 37–45
236. Tropp H (1986) Pronator muscle weakness in functional instability of the ankle joint. Int J Sports Med 7: 291–294
237. Vécsei V, Perneczky G (1976) Peronäussehnenkontaktur – eine ungewöhnliche Komplikation nach distaler Unterschenkelfraktur mit Sprunggelenkbeteiligung. Unfallheilkunde 79: 105–107
238. Viernstein K, Rosemeyer B (1972) Ein Operationsverfahren zur Behandlung der rezidivierenden Peronaealsehnenluxation beim Leistungssportler. Arch Orthop Unfallchir 74: 175–181
239. Volkmann J (1937) Zur Pathologie und Behandlung der Peroneussehnenluxation. Arch Orthop Unfallchir 38: 262–263
240. Walsham WJ (1895) On the treatment of dislocation of the peroneus longus tendon. Br Med J 2: 1086
241. Warwick R, Williams PL (1973) Gray's anatomy, 35th edn. Saunders, Philadelphia, pp 378, 573–574, 578
242. Watson-Jones R (1940) Fractures and joint injuries, vol 2. Williams & Wilkins, Baltimore
243. Webb FB (1980) Recurrent dislocation of peroneus longus: surgical management. J Bone Joint Surg [Br] 62: 266–267
244. Webster FS (1968) Peroneal tenosynovitis with pseudotumor. J bone Joint Surg [Am] 50: 153–157
245. Weigert M (1968) Ein einfaches Verfahren zur operativen Behandlung der habituellen Peronaealsehnenluxation. Z Orthop 105: 273–274
246. White AA, Johnson D, Griswold DM (1974) Chronic ankle pain associated with the peroneus accessorius. Clin Orthop 103: 53–55
247. Whitman R (1930) A treatise on orthopadeic surgery, 9th edn. Kimpton, London
248. Wirth CJ (1983) Frische und rezidivierende Peronealsehnenluxation. Orthop Prax 6: 449–451
249. Witt AN (1947) Die Skiverletzung der Fußaußenbänder. Med Klin 3: 111–112
250. Wobbes T (1975) Dislocation of the peroneal tendons. Arch Chir Neerl 27: 209–215
251. Woltereck K (1927) Über die stenosierende Tendovaginitis (de Quervain) und ihre atypischen Lokalisationen. Inaugural-Dissertation, Cologne
252. Yuwahara T (1965) Dislocations of the peroneal tendons. Clin Orthop Surg Jpn 16: 222

253. Zadravecz G (1978) Complaints after fractures of the os-calcissignificance of the peroneal tendons. Magy Traumatol Orthop Helyreallito Sebesz 21: 95–104
254. Zichner L (1981) Zur operativen Behandlung der habituellen Luxation der Peronäussehnen. Orthop Prax 17: 746–748
255. Zoellner G, Clancy W (1979) Recurrent dislocation of the peroneal tendon. J Bone Joint Surg [Am] 61: 292–294
256. Zwipp H (1986) Die anterolaterale Rotationsinstabilität des oberen Sprunggelenks. Springer Berlin Heidelberg New York Tokyo (Hefte zur Unfallheilkunde 177)

Sachverzeichnis

Abduktion 12, 35, 62, 65, 66, 68–70, 73, 77, 83, 85, 87, 94, 96, 97, 101, 110, 117, 118, 179, 181
Abriß, knöcherner
–, –, Retinaculum musculorum peroneorum superius 3, 78–80, 88, 91, 97, 99, 116, 120, 122, 136, 140
Achillessehne 9, 17, 159, 160, 161, 162
–, Ruptur 116, 117, 119
Achillessehnenzügel 131, 160
Adduktion 65, 68, 69, 96
Anatomie 3 ff
–, funktionelle 12 ff
Anlagebedingte Veränderungen 88
Aplasie
–, Retinaculum superius 3, 62, 83, 84, 86, 89
Arbeit 67
Arthritis 173
–, rheumatoide 173
Articulatio subtalaris 14
– fibiofibularis 7
Aufnahme, gehaltene 106, 114 ff, 170
Außenknöchel, s. Malleolus lateralis
Außenrotation 67, 97, 118
Außenrotationsfehlstellung 89
Azanfärbung 36

Ballett 3
Ballsport 67
Bandausriß, knöcherner 62, 109
–, – oberes Sprunggelenk 109
Becker'sches Zeichen 106, 114 ff
Begleitverletzungen 89, 94, 99, 116 ff, 181
Beidseitigkeit 62, 66, 77, 83–86
Belastung, axiale 84
Belastungsschmerzen 164
Bewegungseinschränkung 123, 130, 136, 150, 159, 161
Biomechanik 73
Breite, Retinaculum superius 19, 39
–, Sulcus retromalleolaris 20, 30, 136

Calcaneus 7, 9, 10, 13, 19, 33, 117, 134, 142, 143, 151, 156, 157, 160–162, 166, 171, 175
–, Fraktur 116, 119, 173, 175, 180
–, processus trochlearis 7, 8, 10, 173, 174
–, Valgusstellung 85
Callusdruck 175
Chondrocyt 40, 56

Chromosomenanomalie 84
Cialith 156
Combat 67
Compartmentsyndrom 170, 177
Cortison 174
Crepitation 174
Crista musculi peronaei longi 7
CT 74, 110 ff, 122, 175, 176, 179

Defekt, genetischer 85, 86
Diagnostik 93 ff
Differentialdiagnose 169 ff, 182
Disposition 77, 83, 87
Distorsion, s. auch Sprunggelenk, oberes 66, 67
Doppelung 140
Dorsalextension 4, 13, 35, 62, 65, 66, 69, 70, 73, 74, 76–78, 87, 96, 97, 101, 110, 117–119, 160, 161, 172, 179, 181
Dreieck, muskelfreies 10
Druckdolenz 175
Dura, Lyophilisierte 156, 159
Duraplastik 124, 125
–, Retinaculum musculorum peronaeorum superius 124, 125
Durchmesser, Peronealsehnen 28, 29
Dynamik 72, 76

Einteilung der Peronaeussehnenluxation 79 ff
Eislaufen 67
Elasticafärbung 36
Epiphysenfuge 94, 170
Epiphysenlösung 94, 170
Eversion 12, 35, 62, 65, 66, 68–70, 73, 77, 78, 83, 87, 94, 96, 97, 101, 110, 117, 118, 120, 162, 171–173, 179, 181
Extension 65

Fascia cruris 5, 7, 9 ff, 11, 15, 19, 30, 35, 37, 61, 62, 110, 151, 156, 173, 174, 179, 181
–, Doppelung 124, 125, 134
–, Lamina profunda 9
–, Lamina superficialis 9
Fascia lata 156
Fasciotomie 177
Faserknorpel 40, 46, 54, 57, 63
Fasern, elastische 37, 46, 57
–, kollagene 10, 37, 46, 48, 54, 56, 57, 60

Faserverlauf 19, 51
Fersenbein, s. Calcaneus
Fibula 1, 4–7, 9–11, 15, 19, 35, 46, 56, 57, 61, 62, 137, 143, 148, 152, 153, 155, 161, 169
–, crista anterius
–, –, crus anterius 10
–, –, crus posterius 10
–, Epiphysenlösung 94, 170
–, facies lateralis 5, 7, 10, 37, 40, 60, 61, 136, 152, 153
–, facies medialis 56
–, facies posterior 11, 18, 33, 36, 37, 40, 51, 54, 56, 57, 61, 62, 74, 79, 87, 100, 104, 110, 116, 122, 136, 138, 148, 162
–, Fraktur 150
–, Längsachse 169
–, margo anterius 5, 10
–, margo posterius 5, 37, 40, 93, 97, 136, 151
–, –, Druckempfindlichkeit 94
–, Operationen 127 ff, 130, 150
–, rekonstruktive Eingriffe 124
Fibulaosteotomie 133
Fingerstrecksehne 3
Fremdmaterial 161
Fußball 67
Fußdeformitäten 83–87, 167, 174
Fußgewölbe 83 ff
–, Abflachung 85
Fußskelett 89
Fußsohle 174, 175

Gefäße 54, 62
Gehakt 12
Gelenkskapsel, Zerreißung 93
Gleitstrecke 12
Gleitlager 46
Gleitrinne
–, retromalleolare 10 ff, 13, 18, 20, 30, 32–36, 61, 62, 68, 72, 75, 84, 85, 87, 88, 99, 103–105, 109, 110, 113, 115, 136, 143, 147, 151, 159, 164, 173, 179, 180, 181
–, –, Breite 20, 26, 30, 136
–, –, Länge 20, 26
–, –, Tiefe 22, 26, 32, 136
–, –, Typen 11
–, –, Vertiefung 105, 124, 125, 131–134, 136, 137, 143–145, 150, 151, 155, 159, 163, 167, 173, 174, 180
Grenzschicht 48
Gymnastik 86

Hakenfuß 83, 85
Hämatoxylin-Eosin-Färbung 36
Häufigkeit 91
Haushalt 67
Hautschnitt 136

Histologie 35 ff, 88
Hohlfuß 89
Hydrocephalus 83
Hypomochlion 73

Immobilisation, postoperative 124, 136
Impingement 172
Innenknöchel 3
Innenrotation 96, 97, 120
Innervation 9
Instabilitätsgefühl 160
Intrauterine Lageanomalie 85
Inversion 12, 65, 66, 73, 174

Jockey 35, 62, 87

Kalkablagerung 175
Kernspintomographie 115
Klassifikation 79 ff
Klumpfuß 84
Knickfuß 84
Knochenabsprengung 3, 78–80, 88, 91, 97, 99, 116, 120, 122, 136, 140
Knochenkeil (Methode De Vries), Fraktur 150
Knochenperiostlappen 131, 136, 151, 156
Knochenschuppe
–, Probleme mit 130
–, Resorption 130
Knochenwachs 150
Kollagenosen 89
Komplikation 123, 130, 150
Kontraktion der Muskulatur 65, 66, 69, 78, 179, 181
Kontrastmitteldarstellung 99, 103, 105, 122, 170, 172, 175, 180

Laufen 67, 86
Länge, Gleitrinne retromalleolare 20, 26
Licht, polarisiertes 37, 46, 51, 62
Lig. calcaneocuboideum plantare 7
Lig. calcaneofibulare 7, 13–17, 27, 76, 93, 99, 116–118, 120, 124, 125, 132, 134, 163, 164, 169, 170
Lig. carpi transversum 3
Lig. cruciforme 10
Lig. intermusculare fibulae 7
Lig. talofibulare anterius 14–16, 76, 93, 117, 118, 120, 169, 170
Lig. talofibulare posterius 46, 56
Limitatio motilitatis, s. Bewegungseinschränkung
–, akut 79, 103, 110, 121, 124, 126, 135, 137, 138, 140, 142, 179
–, –, Konservative Therapie 3, 121 ff, 124, 135, 181
–, –, operative Therapie 3, 123, 135, 181

–, angeborene 83, 84
–, beidseitig 62, 66, 77, 83–86
–, chronische 79, 97, 103, 110, 129, 136, 137, 142, 152, 153, 155, 167, 176, 179, 181
–, –, konservative Therapie 124
–, –, operative Therapie 124 ff, 152 ff, 167
–, Einteilung 79 ff
–, Erwachsene 79, 87 ff
–, erworbene habituelle Form 83
–, frisch, s. Luxation akut
–, habituelle 3, 66, 67, 79, 83, 84, 86, 87, 105, 113
–, – traumatische 87, 110
–, interligamentär 62, 103
–, isolierte 75
–, kindliche 79, 83, 87
–, – traumatische 85
–, knöchern 62
–, Provokationstest 87, 96 ff
–, subperiostal 62, 63, 80, 103, 136, 138, 140
–, traumatische 85–87, 116
–, Typen 79–81, 83 ff, 103

Malledus lateralis 1, 3, 5, 10, 11, 14, 15, 18, 37, 39, 94, 101, 103, 105, 110, 128, 136, 143, 145, 151, 155–157, 159–161, 166, 169, 170, 173–175, 179
– apex 7, 11, 17, 20, 28, 33, 37, 68, 69, 74, 88, 100, 101, 103, 106, 109, 110, 113, 114, 142, 156, 162–164, 169, 171, 172
– –, Resektion 174
–, Aplasie 88
–, Außenseite 93, 103, 169, 170, 172
–, Bandapparat 12, 13, 35, 89, 93, 94, 116–118, 169–172
–, –, Anatomie 169
–, –, Ruptur 170
–, –, Spannungsverhalten 118
–, Bandverletzung 93, 116, 117, 120
Malleolus lateralis
–, Epiphysenlösung 94, 170
–, Fraktur 88, 116–118, 173, 181
–, Hinterkante 169, 170, 172
–, Kontur 147, 153
–, muskelfreies Dreieck 10
–, Rückfläche 26, 33, 170
–, Vorderkante 169
Malleolus medialis
–, Fraktur 78, 116, 118, 124
Membrana interossea 17
Metallentfernung 161
Militär 67
Mittelfußknochen, s. Os metatarsale
Mittelhandknochen, capitulum 3
M. abductor pollicis longus, Sehnenluxation 3
M. biceps brachii, Sehnenluxation 3

M. extensor digitorum longus 8
M. extensor digitorum, Sehnenluxation 3
M. flexor digitorum longus 12
M. interosseus externus dorsalis primus 7
Mm. peronaei, Kraft 12
Mm. peronaei accessorii 4, 172, 173
Mm. peronaei digitorum 4
M. palmaris longus, als Plastik 130, 131, 159
M. peronaeus accessorius Imus 4
M. peronaeus accessorius inferius 4
M. peronaeus accessorius medius 4
M. peronaeus accessorius superius 4
M. peronaeus brevis 1, 4, 5, 7 ff, 9, 101
–, Hypertrophie 172
–, Impingement 172
– als Plastik 134
–, Sehne 1, 29, 33, 74, 75, 171
M. peronaeus longus 1, 4–6 ff, 7, 9, 101
–, Aplasie 171
–, isolierte Sehnenluxation 5, 162
–, isolierte Sehnenruptur 170
–, Sehne 1, 28, 74
–, Umschlingung 131, 161, 162
M. peronaeus quartus
– als Plastik 134, 166
M. plantaris longus
– als Plastik 131–134, 157, 159
M. tibialis posterior, Sehnenluxation 3
M. triceps surae 12
Muskulatur, Kontraktion 65, 66, 69, 78, 117, 179, 181
Myositis, ischämische 177

Nachbehandlung 8, 131–134
–, funktionelle 153
N. peronaeus profundus 5
N. peronaeus r. superficialis 5, 6, 8, 143, 177
N. suralis 159
Neurom 150

Oligohydramnion 67, 85
Operation nach Arrowsmith 162, 163
– Allman 163
– Beck 133, 136, 137, 152, 153, 154, 180, 181
– Becker 134, 159
– Das De 136, 138, 140
– Decoulx 156
– De Vries 133, 145, 146, 150
– Elmslie 162
– Estor 159, 160
– Gould 134, 150
– Gurewitz 162
– Haberer 152
– Hanson 131, 142, 143
– Heim 141
– Houtte 151
– Huber 156

- Jones 131, 133, 134, 160, 161
- Kelikian 166
- Kelly 87, 110, 119, 124, 125, 130, 133, 134, 136, 137, 143–145, 147–149, 164, 180
- Kelly-Watson-Jones 133
- Kirschner-Ruerr 156, 157
- König 131, 151, 152
- Kramer 131, 151, 152
- Kraske 151, 152
- Künzli 133
- Lange 156, 157
- Lannelongue 131, 141, 142
- Leach u. Lower 163
- Leitz 163, 165
- Lexer 159
- le Noir 134, 166
- Lohe 131, 161, 162
- Mauclaire 152
- Maydl 143
- Meary 125, 134, 136, 138, 139
- Mick 134, 166
- Miller 131, 157
- Muralt 131, 153, 155
- O' Donouchue 155
- Orthner 138, 148, 149, 180
- Platzgummer 132, 163
- Pöll 134, 164, 165
- Pozo und Jackson 164
- Rocher 137, 160, 161
- Sarmiento und Wolf 164
- Stein 134
- Stover 157
- Tashiro 158
- Viernstein-Rosemeyer 152
- Watson-Jones 134, 151
- Viernstein 134, 153
- Walsham 142
- Weigert 138, 140
- Whitman 150
- Wobbes 145
- Zoellner 155, 156

Operationstechnik, offen 3, 124, 137 ff
–, subcutane 3
Os cuboideum 7, 8, 10, 17, 33, 75, 170, 171, 173
Os cuneiforme I 7
Os cuneiforme mediale 7
Os metacarpale 3
Os metatarsale 7, 33, 72, 75, 78, 171, 173, 174
–, Fraktur 116, 117, 119
Os metatarsale V, tuberositas 7, 8, 33, 162, 171
Os peronaeum
–, Fraktur 171, 173
–, Häufigkeit des Auftretens 171
Os sesamoideum in der Peronaeussehne 171

Pathomechanik 5, 65 ff, 117, 135, 181
Periguard® 134, 159
Periost 37, 39, 46, 57, 61, 127, 130, 136, 143, 145, 148, 151, 159, 160, 180, 181
Periostlappen 131, 133, 134, 136, 142, 151
Periostplastik 124, 131–133, 142, 159, 167
Peritendinitis calcarea 175
–, nach Calcaneusfraktur 175
Peronealmuskulatur
–, reflektorische Kontraktion, s. Muskelkontraktion
–, Insuffizienz 4
Peronaeus brevis, Plastik 133
Peronaeussehnen 28 ff
–, Durchmesser 29, 176
– Gleitlager (s. auch Gleitrinne retromalleolare) 46
–, Gleitstrecke 176
–, Längsruptur 176
–, Luxation 91 ff
–, –, Häufigkeit 91
–, Nekrose 176
–, Pseudotumor 174
–, Schlaffheit 83, 89
–, Subluxation 4, 68, 69, 76, 85,
–, Tenotomie 133, 167
Peronaeussehnenruptur 170
Peronaeussehnenscheide, s. Vagina synovialis tendinis musculi peronaeu
Pes calcaneovalgus 84, 87
Pes planovalgus 162, 163
Phylogenese 4, 8, 77
Planta pedis 4, 10
Plantarflexion 4, 9, 12, 33, 65, 68, 69, 73, 74, 76, 96, 119, 120, 123, 150, 161
–, Einschränkung 150
Platt-Knick-Fuß 83
Plattfuß, spastischer 174
Processus subfibularis tali 106, 114
Pronation 4, 12, 65, 76, 77, 96, 117, 118, 120
Pronator 162
Provokationstest 96 ff
Pseudarthrose, nach De Vries Operation 150
Pseudotumor 174

Quergewölbe 4, 12, 75

Radfahren 67, 86
Radiologische Untersuchungen 97
Rechts-links Differenz 19, 20, 22, 26–30, 33, 84, 179
Reiben, retromalleolar 150
Reiten 67, 86, 87
Reiter, militärische 62
Reluxation 121, 122, 124, 127, 130, 134, 136, 143, 147, 150, 160, 164

Retinaculum musculorum extensorum
   inferius 10, 16, 33, 88
Retinaculum musculorum peronaeorum
   inferius 7, 9 ff, 13, 14, 17, 72, 88, 102,
   104, 116, 117, 120, 173, 181
-, Breite 19
-, Rechts-links-Differenz 19
Retinaculum musculorum peronaeorum superius 3, 4, 9 ff, 13-19, 30, 35-37, 46, 48,
   54, 57, 60-62, 68-70, 72, 74-76, 79, 84,
   85, 87-89, 99, 103, 109, 110, 113, 115,
   117-120, 124, 135, 136, 138, 140, 143,
   150-153, 155, 159, 171-173, 179, 181
-, Abriß, knöcherner 3, 78-80, 88, 91, 97,
   99, 116, 120, 122, 136, 140
-, Aplasie 3, 62, 83, 84, 86, 89
-, Breite 19, 39
-, Doppelung 140
-, Durchtrennung 88
-, Histologie 39 ff
-, Hypoplasie 62
-, Interposition (Typ IV) 80
-, Kirschner Draht Fixation 124, 125
-, Lappenplastik 134
-, Naht 124, 125, 131-133, 137, 138, 142
-, Periostplastik 125, 136
-, Rechts-links Differenz 19
-, Refixation 124, 125, 136, 138, 140, 152
-, Rekonstruktion 136
-, Ruptur, inkomplette 89
-, -, intraligamentär 80, 81, 89, 136, 137
-, Schraubenfixation 124, 125, 141, 145
-, Seitendifferenz 19
-, subperiostale Abhebung 79-81, 136
-, transossäre Refixation 138-140
-, Überlastung 86
Rezidiv, s. Reluxation
Ringen 67
Rinne, knöcherne 60
-, -, Tiefe 60
Rohr, osteofibröses 18, 29, 32, 35-37, 46,
   54, 56, 60, 61, 76, 176
-, -, Durchmesser 27
Röntgen (s. auch Tangentialaufnahme) 97 ff
Rötung 175
Rugby 67
Ruhigstellung, postoperativ 124, 136

Sackhüpfen 67
Schmerzen 130, 164, 175, 176
Schmerzverstärkung bei Provokationstest 97
Schnappen 94
Schraubenfixation des Retinaculum 159, 180
Schraubentour der Sehnen 5, 7, 74
Schraubenwanderung nach Osteosynthese 150

Schuhrandprobleme nach Operation 130,
   147, 148, 150
Schwellung, retromalleolare 169, 175
Schwellzustände 130, 164, 171
Sehnenluxation
-, isolierte 5, 162
-, M. abductor pollicis longus 3
-, M. biceps brachii 3
-, M. extensor carpi ulnaris 3
-, M. tibialis posterior 3
-, Provokation 93, 96 ff
- Typen 79-81, 93
Sehnenruptur 170 ff, 173
Sehnenscheide, Vagina synovialis
Sensibilitätsminderung nach Operation 130,
   150, 177
Septum intermusculare fasciae cruris
   anterius 5, 7, 10, 11
Septum intermusculare fasiae cruris
   posterius 5, 7, 10, 11
Sesambein in der Peronaeussehne 171
Silberdraht als Retinaculumersatz 159
Skateboard 67
Skihocke 97
Ski nordisch 67
Skischuh 73, 77
Skisport 1, 3, 66, 67, 73, 77, 91, 181
Sonographie 115, 171
Spitzfuß, kontrakter, valgischer 177
Sprunggelenk
-, Fraktur 77, 78
-, oberes 9, 12, 13, 17, 19, 33, 67-69, 76,
   77, 89, 101, 106, 114, 116, 117, 119, 145,
   159-162, 164, 169, 170, 180, 181
-, -, Aufklappbarkeit 170
-, -, Bandverletzungen 109, 169, 170
-, -, Distorsion 173
-, -, Gelenkskapsel 93
-, -, Subluxierbarkeit 170
-, -, unteres 4, 13, 101, 160, 166, 175
-, -, Gelenkskapsel 166
-, Verletzung 91, 98
Sprunggelenksinstabilität, chronische 1, 3,
   89, 99, 162, 163, 169, 170, 172
-, subjektive 1, 171
Steigbügelfunktion 74
Streßtenographie 170, 171
Sturz 67
Subluxation 4, 68, 69, 76, 85, 93, 94, 96, 97,
   110
Sudeck'sche Dystrophie 150
Sulcusplastik, s. auch Gleitrinne retromalleolare Vertiefung
Sulcus retromalleolaris, s. auch Gleitrinne
   retromalleolare
Supination 4, 12, 13, 65, 66, 73, 76, 93, 96,
   117, 118, 160

Syndesmose
-, hintere 17
-, vordere 13, 17, 35, 169
Syphilis, congenitale 83

Talus 169
-, Fraktur 78, 116, 117, 119, 162
-, processus lateralis 116
Tangentialaufnahme 30, 68, 72, 87, 99, 101, 103, 105 ff, 147, 179, 180
Tanzen 67, 86
Tauchen 67, 86
Tendinitis calcarea 171
Tendo achill, s. auch Achillessehne
Tendovaginitis 173
Tennis 67
Tenographie 99 ff, 104-106, 113, 115, 120, 122, 170, 172, 175, 176, 179, 181
Tenosynoritis, chronische 171, 173, 174
Tenotomie 167
Therapie, konservative 3, 121 ff, 124, 135, 180
-, -, Ergebnisse 123
-, operative 3, 123 ff, 135, 180
Tibia 5
-, Condylus lateralis 4, 7
Transplantatgewinnung 142, 151, 162 ff
-, Probleme mit 161
Trauma, direktes 66, 76
Trennschicht 63
Triplearthrodese des USG 175

Typ I-Verletzung 77-81, 103, 120, 122, 136, 140, 181
Typ II-Verletzung 79-81, 103, 120, 122, 136, 140, 181
Typ III-Verletzung 79-81, 120, 122, 124, 136, 181

Übersichtsröntgen 97
Ultraschall 115, 171
Umknicken 67
Untersuchungen, dynamische 69, 88
-, mechanische 66
-, statische 68

Vagina synorialis tendinis musculi peronaei 10, 17, 76, 93, 101, 117, 151, 160, 162, 169, 170, 173, 174, 181
-, Entzündung 173, 174
-, Nervenendigungen 76, 117
-, Ruptur 117
-, Stenose 174
-, Zerrung 91
Vagina synorialis tendinis musculi peronaei longi plantaris 10, 76
Valgustreß 118
Varusstreß 117
Verkehrsunfall 67

Wandern 67, 86
Weichteiloperation 127, 130, 150, 152
Winkel, retromalleolarer 26, 33

Hefte zur Unfallheilkunde

Beihefte zur Zeitschrift „Der Unfallchirurg". Herausgeber: J. Rehn, L. Schweiberer, H. Tscherne

Heft 204: L. Gotzen, F. Baumgaertel (Hrsg.)
Bandverletzungen am Sprunggelenk
Grundlagen, Diagnostik, Therapie
1989. Etwa 156 S. 55 Abb. Brosch. Ca. DM 78,-
ISBN 3-540-51318-3

Heft 203: R. Wolff (Hrsg.)
Zentrale Themen aus der Sportorthopädie und -traumatologie
Symposion anläßlich der Verabschiedung von Herrn. Prof. Dr. G. Friedebold, Berlin, 25.-26. März 1988
1989. Etwa 220 S. 131 Abb. 14 Tab. Brosch. Ca. DM 120,- ISBN 3-540-51325-6

Heft 202: P. Habermeyer, H. Resch
Isokinetische Kräfte am Glenohumeralgelenk / Die vordere Instabilität des Schultergelenks
1989. XIV, 166 S. 65 Abb. 57 Tab.
Brosch. DM 86,- ISBN 3-540-51122-9

Heft 201: W. Hager (Hrsg.)
Brüche und Verrenkungsbrüche des Unterarmschaftes
22. Jahrestagung der Österreichischen Gesellschaft für Unfallchirurgie, 2.-4. Oktober 1986, Salzburg
1989. XIX, 431 S. 191 Abb. 240 Tab. Brosch. DM 198,- ISBN 3-540-50741-8

Heft 200: A. Pannike (Hrsg.)
5. Deutsch-Österreichisch-Schweizerische Unfalltagung in Berlin 18.-21. November 1987
1988. LV, 716 S. 179 Abb. Brosch. DM 178,-
ISBN 3-540-50085-5

Heft 199: V. Bühren, H. Seiler (Hrsg.)
Aktuelle Aspekte in der arthroskopischen Chirurgie
Grundlagen, Techniken, Alternativen
1988. X, 203 S. 120 Abb. 55 Tab. Brosch. DM 124,-
ISBN 3-540-50073-1

Heft 198: R. Wolff
Knochenstabilität nach Kontakt- und Spaltheilung
Eine tierexperimentelle Studie
1989. XIV, 104 S. 46 Abb. Brosch. DM 75,-
ISBN 3-540-50107-X

Heft 196: A. Biewener, D. Wolter
Komplikationen in der Unfallchirurgie
Computergestützte Datenanalyse über einen Fünfjahreszeitraum
1989. VIII, 192 S. 23 Abb. 165 Tab. Brosch. DM 89,-
ISBN 3-540-50004-9

Springer-Verlag Berlin
Heidelberg New York London
Paris Tokyo Hong Kong

Preisänderungen vorbehalten

Hefte zur Unfallheilkunde

Beihefte zur Zeitschrift „Der Unfallchirurg". Herausgeber: J. Rehn, L. Schweiberer, H. Tscherne

---

Heft 195: P. Habermeyer, P. Krueger, L. Schweiberer (Hrsg.)

Verletzungen der Schulterregion

VI. Münchener Innenstadt-Symposium, 16. und 17. September 1987

1988. XIV, 300 S. 162 Abb. 46 Tab. Brosch. DM 156,– ISBN 3-540-19316-2

Heft 194: S. B. Kessler, L. Schweiberer

Refrakturen nach operativer Frakturenbehandlung

1988. XI, 73 S. 75 Abb. Brosch. DM 68,– ISBN 3-540-19018-X

Heft 193: I. Scheuer, G. Muhr

Die Meniskusnaht

Eine sinnvolle Therapie

1988. VIII, 102 S. 40 Abb. Brosch. DM 78,– ISBN 3-540-18957-2

Heft 192: C. Eggers

Einbauverhalten autologer Knochentransplantate

Bedeutung der Transplantatverdichtung und der Lagerstabilität

1989. VIII, 114 S. 87 Abb. 17 Tab. Brosch. DM 69,– ISBN 3-540-50514-8

Heft 191: L. Faupel

Durchblutungsdynamik autologer Rippen- und Beckenspantransplantate

1988. VIII, 72 S. 38 Abb. 13 Tab. Brosch. DM 53,– ISBN 3-540-18456-2

Preisänderungen vorbehalten

Heft 190: J. Hanke

Luxationsfrakturen des oberen Sprunggelenkes

Operative Behandlung und Spätergebnisse

1989. XI, 131 S. 76 Abb. 16 Tab. Brosch. DM 78,– ISBN 3-540-18225-X

Heft 189: A. Pannike (Hrsg.)

50. Jahrestagung der Deutschen Gesellschaft für Unfallheilkunde e.V., 19.–22. November 1986, Berlin

Präsident: H. Cotta
Redigiert von A. Pannike

1987. LXXV, 1243 S. (in zwei Bänden, die nur zusammen abgegeben werden). 486 Abb. Brosch. DM 348,– ISBN 3-540-17434-6

Heft 188: R. Op den Winkel

Primäre Dickdarmanastomosen bei Peritonitis

Eine Kontraindikation?

1987. VIII, 122 S. 102 Abb. Brosch. DM 98,– ISBN 3-540-17428-1

Heft 187: W. Hohenberger

Postsplenektomie-Infektionen

Klinische und tierexperimentelle Untersuchungen zu Inzidenz, Ätiologie und Prävention

1987. XI, 112 S. 11 Abb. Brosch. DM 46,– ISBN 3-540-17429-X

Springer-Verlag Berlin
Heidelberg New York London
Paris Tokyo Hong Kong

Springer